高校经典教材同步辅导丛书

经济数学——线性代数
（第三版）
同步辅导及习题全解

主 编 高 宇

中国水利水电出版社
www.waterpub.com.cn
·北京·

内 容 提 要

本书是与高等教育出版社出版，吴传生主编的《经济数学——线性代数》（第三版）一书配套的同步辅导和习题全解辅导书。

本书共 7 章：线性方程组的消元法和矩阵的初等变换，行列式、克拉默法则，矩阵的运算，线性方程组的理论，特征值和特征向量、矩阵的对角化，二次型，应用问题。本书按教材内容安排全书结构，各章均包括学习要求、知识点归纳、重点与难点、典型例题与解析、考研真题解析、习题解析、总习题、小结 8 部分内容，针对各章节习题给出详细解答，思路清晰、逻辑性强，循序渐进地帮助读者分析并解决问题，内容详尽、简明易懂。

本书可作为高等院校"经济数学——线性代数"课程的辅导教材，也可作为研究生入学考试备考辅导教材，同时可供教师备课命题参考。

图书在版编目（C I P）数据

经济数学. 线性代数（第三版）同步辅导及习题全解/
高宇主编. -- 北京 ： 中国水利水电出版社，2018.5
（高校经典教材同步辅导丛书）
ISBN 978-7-5170-6491-6

Ⅰ．①经… Ⅱ．①高… Ⅲ．①经济数学－高等学校－
教学参考资料②线性代数－高等学校－教学参考资料
Ⅳ．①F224.0②O151.2

中国版本图书馆CIP数据核字(2018)第117341号

策划编辑：杨庆川　责任编辑：张玉玲　加工编辑：焦艳芳　孟宏　封面设计：李佳

书　名	高校经典教材同步辅导丛书 **经济数学——线性代数（第三版）同步辅导及习题全解** JINGJI SHUXUE——XIANXING DAISHU（DI-SAN BAN） TONGBU FUDAO JI XITI QUANJIE
作　者	主编 高宇
出版发行	中国水利水电出版社 （北京市海淀区玉渊潭南路 1 号 D 座　100038） 网址：www.waterpub.com.cn E-mail: mchannel@263.net（万水） 　　　　sales@waterpub.com.cn 电话：（010）68367658（营销中心）、82562819（万水）
经　售	全国各地新华书店和相关出版物销售网点
排　版	北京万水电子信息有限公司
印　刷	三河航远印刷有限公司
规　格	170mm×227mm　16 开本　11.75 印张　260 千字
版　次	2018 年 5 月第 1 版　2018 年 5 月第 1 次印刷
印　数	0001—5000 册
定　价	23.80 元

凡购买我社图书，如有缺页、倒页、脱页的，本社营销中心负责调换

前 言
PREFACE

　　吴传生主编的《经济数学——线性代数》(第三版)以体系完整、结构严谨、层次清晰、深入浅出等特点成为这门课程的经典教材,被全国许多院校采用。

　　为了帮助读者更好地学习这门课程、掌握更多的知识,我们根据多年教学经验编写了这本辅导用书,旨在帮助广大读者理解基本概念、掌握基本知识、学会基本解题方法和技巧,进而提高应试能力。

　　本书作为一种辅助性教材,具有较强的针对性、启发性、指导性和补充性。考虑到"经济数学——线性代数"这门课程的特点,在内容上作了以下安排:

　　1. **学习要求**。简单扼要地说明本章学习目标,明确学习任务。

　　2. **知识点归纳**。对每章知识点做了简练概括,梳理了各知识点之间的脉络联系,突出各章主要定理及重要公式,使读者在各章学习过程中目标明确、有的放矢。

　　3. **重点与难点**。梳理本章重难点,帮助记忆。

　　4. **典型例题与解析**。该部分选取了一些具有启发性或综合性较强的经典例题,对所给例题先进行分析,再给出详细解答,意在抛砖引玉。

　　5. **考研真题解析**。精选历年研究生入学考试中具有代表性的试题进行了详细解答,以开拓广大同学的解题思路,使其能更好地掌握该课程的基本内容和解题方法。

　　6. **习题解析**。教材中课后习题丰富、层次多样,许多基础性问题从多个角度帮助学生理解基本概念和基本理论,促其掌握基本解题方法。对教材中的课后习题给出了详细解答。

　　7 总习题。对教材的总习题给出了详细解答。

　　8. **小结**。对本章内容进行总结。

　　由于编者水平有限,书中难免存在疏漏甚至错误之处,恳请广大读者和专家批评指正。如有疑问,请联系我们(微信:JZCS15652485156 或 QQ:753364288)。

编者

2018 年 1 月

目 录

CONTENTS

目 录
CONTENTS

目 录
CONTENTS

第一章

线性方程组的消元法和矩阵的初等变换

学习要求

1. 理解线性方程组的概念，了解齐次线性方程组和非齐次线性方程组，掌握线性方程组的线性组合，包括加法、常数乘法.

2. 掌握消元法求解线性方程组.

3. 理解矩阵的概念，线性方程组的系数矩阵和增广矩阵.

4. 熟练掌握初等变换、等价矩阵的性质，能够将矩阵转化为标准形矩阵.

知识点归纳

■ 线性方程

用消元法解线性方程组，一般是通过初等变换将方程组的系数矩阵变换为阶梯矩阵，然后求解.

■ 矩阵的初等行变换

（1）对调矩阵的两行（对调第 i,j 两行，记作 $r_i \leftrightarrow r_j$）.

（2）以非零常数 k 乘矩阵某一行的各元（第 i 行乘 k，记作 $r_i \times k$）.

（3）把某一行所有的元素的 k 倍加到另一行对应的元素上去（第 j 行的 k 倍加到第 i 行上，记作 $r_i + kr_j$），初等变换包括初等行变换和初等列变换.

■ 等价矩阵

如果矩阵 A 经过有限次的初等变换变成矩阵 B，就称矩阵 A 与矩阵 B 等价，记作 $A \sim B$. 不难验证，矩阵之间的等价具有下列性质：

(1) 自反性：$A \sim A$.

(2) 对称性：$A \sim B$，则 $B \sim A$.

(3) 传递性：若 $A \sim B$，$B \sim C$，则 $A \sim C$.

系数矩阵等价的齐次线性方程组同解，增广矩阵等价的非齐次线性方程组同解.

重点与难点

1. 在解线性方程组时，所有的初等变换都是行变换，消元法也是行之间的消元.

2. 在利用等价关系解线性方程组时，必须是经过初等行变换得到的等价矩阵.

典型例题与解析

例 1 求解齐次线性方程组

$$\begin{cases} x_1 + 2x_2 + 2x_3 + x_4 = 0, \\ 2x_1 + x_2 - 2x_3 - 2x_4 = 0, \\ x_1 - x_2 - 4x_3 - 3x_4 = 0. \end{cases}$$

【分析】 求解齐次线性方程组，首先将其系数矩阵进行初等行变换，化为行最简矩阵，然后求解行最简矩阵所对应的线性方程组的解，便可求得原方程组的解（利用等系数矩阵等价的齐次方程组同解的性质）.

【解】 对齐次线性方程组的系数矩阵 A 进行初等行变换，化为行最简矩阵.

$$A = \begin{pmatrix} 1 & 2 & 2 & 1 \\ 2 & 1 & -2 & -2 \\ 1 & -1 & -4 & -3 \end{pmatrix} \xrightarrow[r_3 - r_1]{r_2 - 2r_1} \begin{pmatrix} 1 & 2 & 2 & 1 \\ 0 & -3 & -6 & -4 \\ 0 & -3 & -6 & -4 \end{pmatrix} \xrightarrow[r_2 \times \frac{1}{3}]{r_3 + r_2} \begin{pmatrix} 1 & 2 & 2 & 1 \\ 0 & 1 & 2 & \frac{4}{3} \\ 0 & 0 & 0 & 0 \end{pmatrix}$$

$$\xrightarrow{r_1 - 2r_2} \begin{pmatrix} 1 & 0 & -2 & -\dfrac{5}{3} \\ 0 & 1 & 2 & \dfrac{4}{3} \\ 0 & 0 & 0 & 0 \end{pmatrix}.$$

原方程组的同解方程组为 $\begin{cases} x_1 = 2x_3 + \dfrac{5}{3}x_4, \\ x_2 = -2x_3 - \dfrac{4}{3}x_4. \end{cases}$

令 $x_3 = C_1, x_4 = C_2$，则原方程组的解可表述为 $\begin{cases} x_1 = 2C_1 + \dfrac{5}{3}C_2, \\ x_2 = -2C_1 - \dfrac{4}{3}C_2 \\ x_3 = C_1, \\ x_4 = C_2. \end{cases} (C_1, C_2 \in \mathbf{R}),$

写成向量形式 $\begin{pmatrix} x_1 \\ x_2 \\ x_3 \\ x_4 \end{pmatrix} = \begin{pmatrix} 2C_1 + \dfrac{5}{3}C_2 \\ -2C_1 - \dfrac{4}{3}C_2 \\ C_1 \\ C_2 \end{pmatrix} (C_1, C_2 \in \mathbf{R}).$

例 2 求解非齐次线性方程组

$$\begin{cases} x_1 + x_2 - 3x_3 - x_4 = 1, \\ 3x_1 - x_2 - 3x_3 + 4x_4 = 4, \\ x_1 + 5x_2 - 9x_3 - 8x_4 = 0. \end{cases}$$

【分析】 解非齐次线性方程组,对其增广矩阵进行初等行变换,所得到的等价矩阵对应的方程组与原方程组同解.

【解】 对非齐次线性方程组的增广矩阵 $\boldsymbol{B}$ 进行初等行变换,转化为最简形矩阵.

$$\boldsymbol{B} = \begin{pmatrix} 1 & 1 & -3 & -1 & \vdots & 1 \\ 3 & -1 & -3 & 4 & \vdots & 4 \\ 1 & 5 & -9 & -8 & \vdots & 0 \end{pmatrix} \xrightarrow[r_3 - r_1]{r_2 - 3r_3} \begin{pmatrix} 1 & 1 & -3 & -1 & \vdots & 1 \\ 0 & -16 & 24 & 28 & \vdots & 4 \\ 0 & 4 & -6 & -7 & \vdots & -1 \end{pmatrix}$$

$$\xrightarrow[r_3 \times \frac{1}{4}]{r_2 + 4r_3} \begin{pmatrix} 1 & 1 & -3 & -1 & \vdots & 1 \\ 0 & 0 & 0 & 0 & \vdots & 0 \\ 0 & 1 & -\dfrac{3}{2} & -\dfrac{7}{4} & \vdots & -\dfrac{1}{4} \end{pmatrix} \xrightarrow[r_2 \leftrightarrow r_3]{r_1 - r_3} \begin{pmatrix} 1 & 0 & -\dfrac{3}{2} & \dfrac{3}{4} & \vdots & \dfrac{5}{4} \\ 0 & 1 & -\dfrac{3}{2} & -\dfrac{7}{4} & \vdots & -\dfrac{1}{4} \\ 0 & 0 & 0 & 0 & \vdots & 0 \end{pmatrix}.$$

令 $\begin{cases} x_3 = C_1 \\ x_4 = C_2 \end{cases}$($C_1, C_2$ 为任意值),则原方程组的解可表述为 $\begin{cases} x_1 = \dfrac{3}{2}C_1 - \dfrac{3}{4}C_2 + \dfrac{5}{4} \\ x_2 = \dfrac{3}{2}C_1 + \dfrac{7}{4}C_2 - \dfrac{1}{4} \\ x_3 = C_1 \\ x_4 = C_2 \end{cases}$,

写成向量形式 $\begin{bmatrix} x_1 \\ x_2 \\ x_3 \\ x_4 \end{bmatrix} = \begin{bmatrix} \dfrac{3}{2}C_1 - \dfrac{3}{4}C_2 + \dfrac{5}{4} \\ \dfrac{3}{2}C_1 + \dfrac{7}{4}C_2 - \dfrac{1}{4} \\ C_1 \\ C_2 \end{bmatrix} (C_1, C_2 \in \mathbf{R}).$

例 3 解线性方程组

$$\begin{cases} x_1 - 2x_2 + 3x_3 - x_4 = 1, \\ 3x_1 - x_2 + 5x_3 - 3x_4 = 2, \\ 2x_1 + x_2 + 2x_3 - 2x_4 = 3. \end{cases}$$

【分析】 在对增广矩阵进行初等行变换时应注意,非齐次线性方程组可能会无解.

【解】 对增广矩阵 B 进行初等行变换:

$$B = \begin{pmatrix} 1 & -2 & 3 & -1 & \vdots & 1 \\ 3 & -1 & 5 & -3 & \vdots & 2 \\ 2 & 1 & 2 & -2 & \vdots & 3 \end{pmatrix} \xrightarrow[r_3 - 2r_1]{r_2 - 3r_1} \begin{pmatrix} 1 & -2 & 3 & -1 & \vdots & 1 \\ 0 & 5 & -4 & 0 & \vdots & -1 \\ 0 & 5 & -4 & 0 & \vdots & 1 \end{pmatrix} \xrightarrow{r_3 - r_2} \begin{pmatrix} 1 & -2 & 3 & -1 & \vdots & 1 \\ 0 & 5 & -4 & 0 & \vdots & -1 \\ 0 & 0 & 0 & 0 & \vdots & 2 \end{pmatrix}.$$

由第三行所给出的方程 $0x_1 + 0x_2 + 0x_3 + 0x_4 = 2$ 无解,则原方程组无解.

例 4 设矩阵

$$A = \begin{pmatrix} 2 & -4 & 5 & 3 \\ 3 & -6 & 4 & 2 \\ 4 & -8 & 17 & 11 \end{pmatrix},$$

试求(1)A 的行最简形矩阵;(2)A 的标准形.

【解】 (1)对矩阵 A 进行初等行变换:

$$A = \begin{pmatrix} 2 & -4 & 5 & 3 \\ 3 & -6 & 4 & 2 \\ 4 & -8 & 17 & 11 \end{pmatrix} \xrightarrow[r_3 - 2r_1]{r_2 - \frac{3}{2}r_1} \begin{pmatrix} 2 & -4 & 5 & 3 \\ 0 & 0 & -\dfrac{7}{2} & -\dfrac{5}{2} \\ 0 & 0 & 7 & 5 \end{pmatrix}$$

$$\xrightarrow[r_2+r_3\times\frac{1}{2}]{r_1\times\frac{1}{2}}\begin{pmatrix}1 & -2 & \frac{5}{2} & \frac{3}{2}\\ 0 & 0 & 0 & 0\\ 0 & 0 & 7 & 5\end{pmatrix}\xrightarrow[r_3\times\frac{1}{7}]{r_1-\frac{5}{14}r_3}\begin{pmatrix}1 & -2 & 0 & -\frac{2}{7}\\ 0 & 0 & 0 & 0\\ 0 & 0 & 1 & \frac{5}{7}\end{pmatrix}\xrightarrow{r_2\leftrightarrow r_3}\begin{pmatrix}1 & -2 & 0 & -\frac{2}{7}\\ 0 & 0 & 1 & \frac{5}{7}\\ 0 & 0 & 0 & 0\end{pmatrix}.$$

得到 A 的行最简形矩阵.

（2）对 A 的最简形矩阵进行初等列变换：

$$A\rightarrow\begin{pmatrix}1 & -2 & 0 & -\frac{2}{7}\\ 0 & 0 & 1 & \frac{5}{7}\\ 0 & 0 & 0 & 0\end{pmatrix}\xrightarrow[C_4+\frac{2}{7}C_1]{C_2+2C_1}\begin{pmatrix}1 & 0 & 0 & 0\\ 0 & 0 & 1 & \frac{5}{7}\\ 0 & 0 & 0 & 0\end{pmatrix}\xrightarrow[C_2\leftrightarrow C_3]{C_4-\frac{5}{7}C_3}\begin{pmatrix}1 & 0 & 0 & 0\\ 0 & 1 & 0 & 0\\ 0 & 0 & 0 & 0\end{pmatrix}=\begin{pmatrix}E_2 & 0\\ 0 & 0\end{pmatrix}.$$

得到 A 的标准形矩阵.

考研真题解析

1 （2010 年第 20 题）设 $A=\begin{bmatrix}\lambda & 1 & 1\\ 0 & \lambda-1 & 0\\ 1 & 1 & \lambda\end{bmatrix}$，$b=\begin{bmatrix}a\\ 1\\ 1\end{bmatrix}$，已知线性方程组 $Ax=b$ 存在两个不同的解.

（1）求 λ,a；

（2）求方程组 $Ax=b$ 的通解.

【分析】 由非齐次线性方程组有两个解，可推出无穷多解，已知系数矩阵不满秩，行列式为零，可求出 λ 的值，由方程组有解可求出 a，对增广矩阵进行初等行变换，化为行最简形矩阵，可以求得方程组的通解.

【解】 （1）设 $\boldsymbol{\eta}_1,\boldsymbol{\eta}_2$ 为 $Ax=b$ 的两个不同的解，则 $\boldsymbol{\eta}_1-\boldsymbol{\eta}_2$ 是 $Ax=0$ 的一个非零解，故 $|A|=(\lambda-1)^2(\lambda+1)=0$，于是 $\lambda=1$ 或 $\lambda=-1$.

对增广矩阵进行初等行变换：

$$\begin{pmatrix}\lambda & 1 & 1 & a\\ 0 & \lambda-1 & 0 & 1\\ 1 & 1 & \lambda & 1\end{pmatrix}\rightarrow\begin{pmatrix}1 & 1 & \lambda & 1\\ 0 & \lambda-1 & 0 & 1\\ 0 & 0 & 1-\lambda^2 & a+1-\lambda\end{pmatrix}.$$

当 $\lambda=1$ 时，$Ax=b$ 无解.

当 $\lambda=-1$ 且 $a+1-\lambda=0$ 时，即 $\lambda=-1,a=-2$ 时，方程组有多个解.

（2）将增广矩阵化为行最简形矩阵：

$$\begin{pmatrix} -1 & 1 & 1 & -2 \\ 0 & -2 & 0 & 1 \\ 1 & 1 & -1 & 1 \end{pmatrix} \rightarrow \begin{pmatrix} 1 & 0 & -1 & \dfrac{3}{2} \\ 0 & 1 & 0 & -\dfrac{1}{2} \\ 0 & 0 & 0 & 0 \end{pmatrix}.$$

得到 $Ax = b$ 的通解为 $x = k\begin{pmatrix} 1 \\ 0 \\ 1 \end{pmatrix} + \begin{pmatrix} \dfrac{3}{2} \\ -\dfrac{1}{2} \\ 0 \end{pmatrix}$,其中 k 为任意常数.

2 (2005 年第 20 题) 已知齐次线性方程组

(1) $\begin{cases} x_1 + 2x_2 + 3x_3 = 0 \\ 2x_1 + 3x_2 + 5x_3 = 0 \\ x_1 + x_2 + ax_3 = 0 \end{cases}$ 和 (2) $\begin{cases} x_1 + bx_2 + cx_3 = 0 \\ 2x_1 + b^2 x_2 + (c+1)x_3 = 0 \end{cases}$

同解,求 a,b,c 的值.

【分析】 方程组(2)显然有无穷解,则方程组(1)也有无穷解,可确定 a 的值;解出(1)的通解,再代入方程组(2)进而确定 b,c 值.

【解】 对方程组(1)系数矩阵进行初等变换,化为行最简形矩阵:

$\begin{pmatrix} 1 & 2 & 3 \\ 2 & 3 & 5 \\ 1 & 1 & a \end{pmatrix} \rightarrow \begin{pmatrix} 1 & 0 & 1 \\ 0 & 1 & 1 \\ 0 & 0 & a-2 \end{pmatrix}$,可以推出 $a-2=0$,进而解得 $a=2$. 解得方程组(1)的一个基

础解系 $(-1,-1,1)^T$,代入方程组(2)解得 $b=1,c=2$ 或 $b=0,c=1$.

当 $b=1,c=2$ 时,对方程组(2)的系数矩阵进行初等行变换:

$\begin{pmatrix} 1 & 1 & 2 \\ 2 & 1 & 3 \end{pmatrix} \rightarrow \begin{pmatrix} 1 & 0 & 1 \\ 0 & 1 & 1 \end{pmatrix}$,可知与方程组(1)同解.

当 $b=0,c=1$ 时,对方程组(2)的系数矩阵进行初等行变换:

$\begin{pmatrix} 1 & 0 & 1 \\ 2 & 0 & 2 \end{pmatrix} \rightarrow \begin{pmatrix} 1 & 0 & 1 \\ 0 & 0 & 0 \end{pmatrix}$,可知此时方程组(1)与(2)不同解.

因此,当 $a=2,b=1,c=2$ 时,方程组(1)与(2)同解.

3 (2003 年第 9 题)已知齐次线性方程组

$$\begin{cases}(a_1+b)x_1+a_2x_2+a_3x_3+\cdots+a_nx_n=0\\ a_1x_1+(a_2+b)x_2+a_3x_3+\cdots+a_nx_n=0\\ a_1x_1+a_2x_2+(a_3+b)x_3+\cdots+a_nx_n=0\\ \qquad\qquad\qquad\cdots\\ a_1x_1+a_2x_2+a_3x_3+\cdots+(a_n+b)x_n=0\end{cases}$$

其中 $\sum\limits_{i=1}^{n}\neq 0$,试讨论 $a_1,a_2,\cdots,a_n$ 和 b 满足何种关系时,

(1) 方程组仅有零解;

(2) 方程组有非零解. 在有非零解时,求此方程组的一个基础解系.

【分析】 方程个数与变量个数相等时,系数行列式不等于 0 时,方程组仅有零解.

【解】 (1)计算系数矩阵行列式:

$$\begin{vmatrix} a_1+b & a_2 & a_3 & \cdots & a_n\\ a_1 & a_2+b & a_3 & \cdots & a_n\\ a_1 & a_2 & a_3+b & \cdots & a_n\\ \vdots & \vdots & \vdots & & \vdots\\ a_1 & a_2 & a_3 & \cdots & a_n+b \end{vmatrix}=b^{n-1}\left(b+\sum_{i=1}^{n}a_i\right).$$

当 $b\neq 0$ 且 $b+\sum\limits_{i=1}^{n}a_i\neq 0$ 时,$r(\boldsymbol{A})=n$,方程组仅有零解.

(2) 当 $b=0$ 时,原方程组化为 $a_1x_1+a_2x_2+\cdots+a_nx_n=0$.

由 $\sum\limits_{i=1}^{n}a_i\neq 0$ 可知 $a_i(i=1,2,\cdots,n)$ 不全为零. 不妨设 $a_1\neq 0$,解得原方程组的一个基础解系为 $\xi_1=\left(-\dfrac{a_2}{a_1},1,0,\cdots,0\right)^{\mathrm{T}},\xi_2=\left(-\dfrac{a_3}{a_1},0,1,\cdots,0\right)^{\mathrm{T}},\cdots,\xi_n=\left(-\dfrac{a_n}{a_1},0,0,\cdots,1\right)^{\mathrm{T}}.$

当 $b=-\sum\limits_{i=1}^{n}a_i\neq 0$ 时,因 $b\neq 0$,原方程组的系数矩阵可化为:

$$\begin{pmatrix} a_1-\sum\limits_{i=1}^{n}a_i & a_2 & a_3 & \cdots & a_n\\[2mm] a_1 & a_2-\sum\limits_{i=1}^{n}a_i & a_3 & \cdots & a_n\\[2mm] a_1 & a_2 & a_3-\sum\limits_{i=1}^{n}a_i & \cdots & a_n\\[2mm] \vdots & \vdots & \vdots & & \vdots\\[2mm] a_1 & a_2 & a_3 & \cdots & a_n-\sum\limits_{i=1}^{n}a_i \end{pmatrix}\rightarrow\begin{pmatrix} -1 & 1 & 0 & \cdots & 0\\ -1 & 0 & 1 & \cdots & 0\\ \vdots & \vdots & \vdots & & \vdots\\ -1 & 0 & 0 & \cdots & 1\\ 0 & 0 & 0 & \cdots & 0 \end{pmatrix},$$

可得到原方程组的基础解系为 $\xi=(1,1,\cdots,1)^{\mathrm{T}}.$

习题解析

■ 习题 1-1

1 解题过程　　(1) 通过方程间的线性组合进行消元.

方程 2 加上方程 1 的两倍, 方程 3 减方程 1, 得

$$\begin{cases} x_1 + 2x_2 + x_3 = 3, \\ 5x_2 + x_3 = 3, \\ -6x_2 + x_3 = -8. \end{cases}$$

方程 2 减方程 3, 得

$$\begin{cases} x_1 + 2x_2 + x_3 = 3, \\ 11x_2 = 11, \\ -6x_2 + x_3 = -8. \end{cases}$$

得 $x_2 = 1$, 代入方程 3, 得 $x_3 = -2$.

将 $x_2 = 1, x_3 = -2$ 代入方程 1, 得

$$\begin{cases} x_1 = 3 \\ x_2 = 1 \\ x_3 = -2 \end{cases}, \text{即} \begin{pmatrix} x_1 \\ x_2 \\ x_3 \end{pmatrix} = \begin{pmatrix} 3 \\ 1 \\ -2 \end{pmatrix}.$$

(2) 方程 2 和方程 3 消去 x_1, 得

$$\begin{cases} x_1 + x_2 + 2x_3 + 4x_4 = 3, \\ 7x_2 + 5x_4 = 6, \\ 3x_2 + 5x_4 = 4. \end{cases}$$

由方程 2 消去 x_4, 得

$$\begin{cases} x_1 + x_2 + 2x_3 + 4x_4 = 3, \\ 4x_2 = 2, \\ 3x_2 + 5x_4 = 4. \end{cases}$$

进一步消元, 消去方程 3 解 x_2, 方程 1 消去 x_2 和 x_4, 得

$$\begin{cases} x_1 + 2x_3 = \dfrac{1}{2}, \\ x_2 = \dfrac{1}{2}, \\ x_4 = \dfrac{1}{2}. \end{cases}$$

令 $x_3 = C$（C 为任意实数），则原方程的解为

$$\begin{cases} x_1 = \dfrac{1}{2} - 2C, \\ x_2 = \dfrac{1}{2}, \\ x_3 = C, \\ x_4 = \dfrac{1}{2}. \end{cases} \quad 即 \quad \begin{pmatrix} x_1 \\ x_2 \\ x_3 \\ x_4 \end{pmatrix} = \begin{pmatrix} \dfrac{1}{2} - 2C \\ \dfrac{1}{2} \\ C \\ \dfrac{1}{2} \end{pmatrix} \quad (C \in \mathbf{R}).$$

(3) 消去方程 1 和方程 2 中的 x_1，得

$$\begin{cases} -10x_2 - x_3 = -30, \\ -10x_2 + 2x_3 = -14, \\ x_1 + 3x_2 = 8. \end{cases}$$

消去方程 1 中的 x_2，得

$$\begin{cases} -3x_3 = -16, \\ -10x_2 + 2x_3 = -14, \\ x_1 + 3x_2 = 8. \end{cases}$$

将 $x_3 = \dfrac{16}{3}$ 代入方程 2，得 $x_2 = \dfrac{37}{15}$，再代入方程 3，原方程的解为

$$\begin{cases} x_1 = \dfrac{3}{5}, \\ x_2 = \dfrac{37}{15}, \\ x_3 = \dfrac{16}{3}. \end{cases} \quad 即 \quad \begin{pmatrix} x_1 \\ x_2 \\ x_3 \end{pmatrix} = \begin{pmatrix} \dfrac{3}{5} \\ \dfrac{37}{15} \\ \dfrac{16}{3} \end{pmatrix}.$$

2 分析 判断齐次方程组是否存在非零解，主要看解集合中是否存在可任意取值的变量. 此外，通过消元法化简方程组，若方程组中方程数少于变量数，则存在非零解；否则，不存在非零解.

解题过程 (1) 方程 2 减方程 1 的两倍，得 $\begin{cases} x + y + z = 0, \\ -y + 3z = 0. \end{cases}$

进一步化简可得 $\begin{cases} x + 4z = 0, \\ y - 3z = 0. \end{cases}$ 显然存在非零解.

（2）方程 3 减去方程 1 和方程 2，得 $\begin{cases} x+y+z=0, \\ 2x+y+5z=0. \end{cases}$

方程数少于变量个数，显然存在非零解.

习题 1-2

1 分析 对线性方程组的系数矩阵式增广矩阵进行初等行变换，原方程组的解转化为求等价方程的解.

解题过程

（1）$\begin{pmatrix} 1 & 2 & 1 & \vdots & 3 \\ -2 & 1 & -1 & \vdots & -3 \\ 1 & -4 & 2 & \vdots & -5 \end{pmatrix} \xrightarrow[r_3-r_1]{r_2+2r_1} \begin{pmatrix} 1 & 2 & 1 & \vdots & 3 \\ 0 & 5 & 1 & \vdots & 3 \\ 0 & -6 & 1 & \vdots & -8 \end{pmatrix} \xrightarrow{r_3+\frac{6}{5}r_2} \begin{pmatrix} 1 & 2 & 1 & \vdots & 3 \\ 0 & 5 & 1 & \vdots & 3 \\ 0 & 0 & \frac{11}{5} & \vdots & -\frac{22}{8} \end{pmatrix}$

$\xrightarrow[r_2\times\frac{1}{5}]{r_3\times\frac{5}{11}} \begin{pmatrix} 1 & 2 & 1 & \vdots & 3 \\ 0 & 1 & \frac{1}{5} & \vdots & \frac{3}{5} \\ 0 & 0 & 1 & \vdots & -2 \end{pmatrix} \xrightarrow[r_2-\frac{1}{5}r_3]{r_1-2r_2-\frac{3}{5}r_2} \begin{pmatrix} 1 & 0 & 0 & \vdots & 3 \\ 0 & 1 & 0 & \vdots & 1 \\ 0 & 0 & 1 & \vdots & -2 \end{pmatrix}.$

原方程解为 $\begin{pmatrix} x_1 \\ x_2 \\ x_3 \end{pmatrix} = \begin{pmatrix} 3 \\ 1 \\ -2 \end{pmatrix}$

（2）$\begin{pmatrix} 1 & 1 & 2 & 4 & \vdots & 3 \\ 3 & 1 & 6 & 2 & \vdots & 3 \\ -1 & 2 & -2 & 1 & \vdots & 1 \end{pmatrix} \xrightarrow[r_3+r_1]{r_2-3r_1} \begin{pmatrix} 1 & 1 & 2 & 4 & \vdots & 3 \\ 0 & -2 & 0 & -10 & \vdots & -6 \\ 0 & 3 & 0 & 5 & \vdots & 4 \end{pmatrix} \xrightarrow[r_2\times(-\frac{1}{2})]{r_1+\frac{1}{2}r_2} \begin{pmatrix} 1 & 0 & 2 & -1 & \vdots & 0 \\ 0 & 1 & 0 & 5 & \vdots & 3 \\ 0 & 3 & 0 & 5 & \vdots & 4 \end{pmatrix}$

$\xrightarrow{r_3-3r_2} \begin{pmatrix} 1 & 0 & 2 & -1 & \vdots & 0 \\ 0 & 1 & 0 & 5 & \vdots & 3 \\ 0 & 0 & 0 & -10 & \vdots & -5 \end{pmatrix}$

$\xrightarrow[r_2-5r_3]{r_3\times(-\frac{1}{10})} \begin{pmatrix} 1 & 0 & 2 & -1 & \vdots & 0 \\ 0 & 1 & 0 & 0 & \vdots & \frac{1}{2} \\ 0 & 0 & 0 & 1 & \vdots & \frac{1}{2} \end{pmatrix} \xrightarrow{r_1+r_3} \begin{pmatrix} 1 & 0 & 2 & 0 & \vdots & \frac{1}{2} \\ 0 & 1 & 0 & 0 & \vdots & \frac{1}{2} \\ 0 & 0 & 0 & 1 & \vdots & \frac{1}{2} \end{pmatrix}.$

原方程组的同解方程组为

$$\begin{cases} x_1 + 2x_3 = \dfrac{1}{2}, \\ x_2 = \dfrac{1}{2}, \\ x_4 = \dfrac{1}{2}. \end{cases} \quad \text{令 } x_3 = C, \text{可得到解为} \quad \begin{pmatrix} x_1 \\ x_2 \\ x_3 \\ x_4 \end{pmatrix} = \begin{pmatrix} \dfrac{1}{2} - 2C \\ \dfrac{1}{2} \\ C \\ \dfrac{1}{2} \end{pmatrix}.$$

(3) $\begin{pmatrix} 1 & 1 & -2 \\ 2 & -3 & 1 \end{pmatrix} \xrightarrow{r_2 - 2r_1} \begin{pmatrix} 1 & 1 & -2 \\ 0 & -5 & 5 \end{pmatrix} \xrightarrow[r_1 - r_2]{r_2 \times (-\frac{1}{5})} \begin{pmatrix} 1 & 0 & -1 \\ 0 & 1 & -1 \end{pmatrix}.$

解集合为 $\begin{pmatrix} x_1 \\ x_2 \\ x_3 \end{pmatrix} = \begin{pmatrix} C \\ C \\ C \end{pmatrix}$ $(C \in \mathbf{R}).$

(4) $\begin{pmatrix} 1 & 3 & -2 & \vdots & 4 \\ 3 & 2 & -5 & \vdots & 11 \\ 1 & -4 & -1 & \vdots & 3 \\ -2 & 1 & 3 & \vdots & -7 \end{pmatrix} \xrightarrow[\substack{r_3 - r_1 \\ r_4 + 2r_1}]{r_2 - 3r_1} \begin{pmatrix} 1 & 3 & -2 & \vdots & 4 \\ 0 & -7 & 1 & \vdots & -1 \\ 0 & -7 & 1 & \vdots & -1 \\ 0 & 7 & -1 & \vdots & 1 \end{pmatrix} \xrightarrow[r_4 + r_2]{r_3 - r_2} \begin{pmatrix} 1 & 3 & -2 & \vdots & 4 \\ 0 & -7 & 1 & \vdots & -1 \\ 0 & 0 & 0 & \vdots & 0 \\ 0 & 0 & 0 & \vdots & 0 \end{pmatrix}$

$\xrightarrow{r_1 + 2r_2} \begin{pmatrix} 1 & -11 & 0 & \vdots & 2 \\ 0 & -7 & 1 & \vdots & -1 \\ 0 & 0 & 0 & \vdots & 0 \\ 0 & 0 & 0 & \vdots & 0 \end{pmatrix}.$

令 $x_2 = C$, 原方程解为 $\begin{pmatrix} x_1 \\ x_2 \\ x_3 \end{pmatrix} = \begin{pmatrix} 2 + 11C \\ C \\ 7C - 1 \end{pmatrix}$ $(C \in \mathbf{R}).$

(5) $\begin{pmatrix} 1 & -2 & 3 & -1 & \vdots & 1 \\ 3 & -1 & 5 & -3 & \vdots & 2 \\ 2 & 1 & 2 & -2 & \vdots & 3 \end{pmatrix} \xrightarrow[r_3 - 2r_1]{r_2 - 3r_1} \begin{pmatrix} 1 & -2 & 3 & -1 & \vdots & 1 \\ 0 & 5 & -4 & 0 & \vdots & -1 \\ 0 & 5 & -4 & 0 & \vdots & 1 \end{pmatrix}$

$\xrightarrow{r_3 - r_2} \begin{pmatrix} 1 & -2 & 3 & -1 & \vdots & 1 \\ 0 & 5 & -4 & 0 & \vdots & -1 \\ 0 & 0 & 0 & 0 & \vdots & 2 \end{pmatrix}.$

由第三行可知该方程组无解.

(6) $\begin{pmatrix} 1 & 2 & 1 & -1 \\ 3 & 6 & -1 & -3 \\ 5 & 10 & 1 & -5 \end{pmatrix} \xrightarrow[r_3 - 5r_1]{r_2 - 3r_1} \begin{pmatrix} 1 & 2 & 1 & -1 \\ 0 & 0 & -4 & 0 \\ 0 & 0 & -4 & 0 \end{pmatrix} \xrightarrow[r_2 \times (-\frac{1}{4})]{r_3 - r_2} \begin{pmatrix} 1 & 2 & 1 & -1 \\ 0 & 0 & 1 & 0 \\ 0 & 0 & 0 & 0 \end{pmatrix}$

$$\xrightarrow{r_1-r_2} \begin{pmatrix} 1 & 2 & 0 & -1 \\ 0 & 0 & 1 & 0 \\ 0 & 0 & 0 & 0 \end{pmatrix}.$$

同解方程组为 $\begin{cases} x_1+2x_2-x_4=0, \\ x_3=0. \end{cases}$

原方程组的解为 $\begin{pmatrix} x_1 \\ x_2 \\ x_3 \\ x_4 \end{pmatrix} = \begin{pmatrix} C_2-2C_1 \\ C_1 \\ 0 \\ C_2 \end{pmatrix}$ $(C_1,C_2 \in \mathbf{R}).$

2 解题过程

(1) $\begin{pmatrix} 0 & 2 & -3 & 1 \\ 0 & 3 & -4 & 3 \\ 0 & 4 & -7 & -1 \end{pmatrix} \xrightarrow[\substack{r_2-3r_1 \\ r_3-4r_1}]{r_1 \times \frac{1}{2}} \begin{pmatrix} 0 & 1 & -\frac{3}{2} & \frac{1}{2} \\ 0 & 0 & \frac{1}{2} & \frac{3}{2} \\ 0 & 0 & -1 & -3 \end{pmatrix} \xrightarrow[\substack{r_3+2r_2 \\ r_2 \times 2}]{r_1+3r_2} \begin{pmatrix} 0 & 1 & 0 & 5 \\ 0 & 0 & 1 & 3 \\ 0 & 0 & 0 & 0 \end{pmatrix}.$

(2) $\begin{pmatrix} 2 & 3 & 1 & -3 & -7 \\ 1 & 2 & 0 & -2 & -4 \\ 3 & -2 & 8 & 3 & 0 \\ 2 & -3 & 7 & 4 & 3 \end{pmatrix} \xrightarrow[\substack{r_3-3r_2 \\ r_4-2r_2}]{r_1-2r_2} \begin{pmatrix} 0 & -1 & 1 & 1 & 1 \\ 1 & 2 & 0 & -2 & -4 \\ 0 & -8 & 8 & 9 & 12 \\ 0 & -7 & 7 & 8 & 11 \end{pmatrix}$

$\xrightarrow[\substack{r_3-8r_1 \\ r_4-7r_1}]{r_2+2r_1} \begin{pmatrix} 0 & -1 & 1 & 1 & 1 \\ 1 & 0 & 2 & 0 & -2 \\ 0 & 0 & 0 & 1 & 4 \\ 0 & 0 & 0 & 1 & 4 \end{pmatrix}$

$\xrightarrow[\substack{r_2 \times (-1) \\ r_4-r_3}]{r_1 \leftrightarrow r_2} \begin{pmatrix} 1 & 0 & 2 & 0 & -2 \\ 0 & 1 & -1 & -1 & -1 \\ 0 & 0 & 0 & 1 & 4 \\ 0 & 0 & 0 & 0 & 0 \end{pmatrix} \xrightarrow{r_2+r_3} \begin{pmatrix} 1 & 0 & 2 & 0 & -2 \\ 0 & 1 & -1 & 0 & 3 \\ 0 & 0 & 0 & 1 & 4 \\ 0 & 0 & 0 & 0 & 0 \end{pmatrix}.$

3 分析 应用题是需要将题中的限制条件表述为方程式或方程组进行求解.

解题过程 设投资到 A_1,A_2,A_3 的钱分别为 x_1,x_2,x_3，则

总投资钱数为 10 万，可得 $x_1+x_2+x_3=10$，

投资给 A_2 的钱是 A_1 的两倍，可得 $x_2=2x_1$，

期望利润为 2 万元，可得 $0.12x_1+0.15x_2+0.22x_3=2$

由三个方程组成的方程组为 $\begin{cases} x_1+x_2+x_3=10, \\ 2x_1-x_2=0, \\ 0.12x_1+0.15x_2+0.22x_3=2. \end{cases}$

解得 $\begin{bmatrix} x_1 \\ x_2 \\ x_3 \end{bmatrix} = \begin{bmatrix} \dfrac{5}{6} \\ \dfrac{5}{3} \\ \dfrac{15}{2} \end{bmatrix}$.

答：投资给 A_1、A_2、A_3 的钱分别为 $\dfrac{5}{6}$ 万元、$\dfrac{5}{3}$ 万元、$\dfrac{15}{2}$ 万元.

总习题

1 解题过程

$$B = \begin{bmatrix} 0 & -2 & 1 & 1 & 0 & 0 \\ 3 & 0 & -2 & 0 & 1 & 0 \\ -2 & 3 & 0 & 0 & 0 & 1 \end{bmatrix} \xrightarrow{r_2+r_3} \begin{bmatrix} 0 & -2 & 1 & 1 & 0 & 0 \\ 1 & 3 & -2 & 0 & 1 & 1 \\ -2 & 3 & 0 & 0 & 0 & 1 \end{bmatrix}$$

$$\xrightarrow[r_1 \leftrightarrow r_2]{r_3+2r_2} \begin{bmatrix} 1 & 3 & -2 & 0 & 1 & 1 \\ 0 & -2 & 1 & 1 & 0 & 0 \\ 0 & 9 & -4 & 0 & 2 & 3 \end{bmatrix} \xrightarrow[r_3+\frac{9}{2}r_2]{r_1+\frac{3}{2}r_2} \begin{bmatrix} 1 & 0 & -\frac{1}{2} & \frac{3}{2} & 1 & 1 \\ 0 & -2 & 1 & 1 & 0 & 0 \\ 0 & 0 & \frac{1}{2} & \frac{9}{2} & 2 & 3 \end{bmatrix}$$

$$\xrightarrow[r_2-2r_3]{r_1+r_3} \begin{bmatrix} 1 & 0 & 0 & 6 & 3 & 4 \\ 0 & -2 & 0 & -8 & -4 & -6 \\ 0 & 0 & \frac{1}{2} & \frac{9}{2} & 2 & 3 \end{bmatrix} \xrightarrow[r_3\times 2]{r_2\times(-\frac{1}{2})} \begin{bmatrix} 1 & 0 & 0 & 6 & 3 & 4 \\ 0 & 1 & 0 & 4 & 2 & 3 \\ 0 & 0 & 1 & 9 & 4 & 6 \end{bmatrix}.$$

2 解题过程 设各厂到各用户的产品调度数量如下：

	A_1	A_2	A_3
B_1	x_1	x_2	x_3
B_2	x_4	x_5	x_6

总运费 $S = 45x_1 + 58x_2 + 92x_3 + 58x_4 + 72x_5 + 36x_6$

根据题意又可得 $\begin{cases} x_1 + x_4 = 40, \\ x_2 + x_5 = 20, \\ x_3 + x_6 = 10, \\ x_1 + x_2 + x_3 = 45, \\ x_4 + x_5 + x_6 = 25. \end{cases}$

$$\begin{pmatrix} 1 & 0 & 0 & 1 & 0 & 0 & \vdots & 40 \\ 0 & 1 & 0 & 0 & 1 & 0 & \vdots & 20 \\ 0 & 0 & 1 & 0 & 0 & 1 & \vdots & 10 \\ 1 & 1 & 1 & 0 & 0 & 0 & \vdots & 45 \\ 0 & 0 & 0 & 1 & 1 & 1 & \vdots & 25 \end{pmatrix} \xrightarrow{r_4-r_1} \begin{pmatrix} 1 & 0 & 0 & 1 & 0 & 0 & \vdots & 40 \\ 0 & 1 & 0 & 0 & 1 & 0 & \vdots & 20 \\ 0 & 0 & 1 & 0 & 0 & 1 & \vdots & 10 \\ 0 & 1 & 1 & -1 & 0 & 0 & \vdots & 5 \\ 0 & 0 & 0 & 1 & 1 & 1 & \vdots & 25 \end{pmatrix}$$

$$\xrightarrow{r_4-r_2-r_3} \begin{pmatrix} 1 & 0 & 0 & 1 & 0 & 0 & 40 \\ 0 & 1 & 0 & 0 & 1 & 0 & 20 \\ 0 & 0 & 1 & 0 & 0 & 1 & 10 \\ 0 & 0 & 0 & -1 & -1 & -1 & -25 \\ 0 & 0 & 0 & 1 & 1 & 1 & 25 \end{pmatrix} \xrightarrow[r_4\times(-1)]{r_4+r_5} \begin{pmatrix} 1 & 0 & 0 & 1 & 0 & 0 & 40 \\ 0 & 1 & 0 & 0 & 1 & 0 & 20 \\ 0 & 0 & 1 & 0 & 0 & 1 & 10 \\ 0 & 0 & 0 & 1 & 1 & 1 & 25 \\ 0 & 0 & 0 & 0 & 0 & 0 & 0 \end{pmatrix}.$$

用 x_5,x_6 表示 x_1,x_2,x_3,x_4,得

$$\begin{pmatrix} x_1 \\ x_2 \\ x_3 \\ x_4 \end{pmatrix} = \begin{pmatrix} 15+x_5+x_6 \\ 20-x_5 \\ 10-x_6 \\ 25-x_5-x_6 \end{pmatrix},$$ 代入 S 得到 $S=4205+x_5-69x_6$.

根据题意又得 $0\leqslant x_5\leqslant 20,0\leqslant x_6\leqslant 10,0\leqslant x_5+x_6\leqslant 25$,当 $x_5=0,x_6=10$ 时,S 取最小值,得

$$\begin{pmatrix} x_1 \\ x_2 \\ x_3 \\ x_4 \\ x_5 \\ x_6 \end{pmatrix} = \begin{pmatrix} 25 \\ 20 \\ 0 \\ 15 \\ 0 \\ 10 \end{pmatrix}.$$

3 分析 对于非齐次线性方程组,首先分别对其系数矩阵和增广矩阵进行初等行变换,化为行阶梯矩阵,其解个数有如下三种情况:

① 有唯一解:变换后的系数矩阵、增广矩阵的非零行个数相等,并且等于变量个数.

② 无解:变换后的系数矩阵与增广矩阵的非零行个数不相等.

③ 有无穷多解:变换后的系数矩阵与增广矩阵的非零行个数相等,并且小于变量个数.

解题过程

$$\begin{pmatrix} \lambda & 1 & 1 & \vdots & 1 \\ 1 & \lambda & 1 & \vdots & \lambda \\ 1 & 1 & \lambda & \vdots & \lambda^2 \end{pmatrix} \xrightarrow{r_1\leftrightarrow r_3} \begin{pmatrix} 1 & 1 & \lambda & \vdots & \lambda^2 \\ 1 & \lambda & 1 & \vdots & \lambda \\ \lambda & 1 & 1 & \vdots & 1 \end{pmatrix} \xrightarrow[r_3-\lambda r_1]{r_2-r_1} \begin{pmatrix} 1 & 1 & \lambda & \vdots & \lambda^2 \\ 1 & \lambda-1 & 1-\lambda & \vdots & \lambda-\lambda^2 \\ 0 & 1-\lambda & 1-\lambda^2 & \vdots & 1-\lambda^3 \end{pmatrix}$$

$$\xrightarrow{r_3+r_2} \begin{pmatrix} 1 & 1 & \lambda & \vdots & \lambda^2 \\ 1 & \lambda-1 & 1-\lambda & \vdots & \lambda-\lambda^2 \\ 0 & 0 & (1-\lambda)(2+\lambda) & \vdots & (1-\lambda)(1+\lambda)^2 \end{pmatrix}.$$

由于 λ 不能确定是否为 0,因此不能消去.

(1) 当 $\lambda-1\neq0$ 且 $2+\lambda\neq0$ 时,即当 $\lambda\neq1$ 且 $\lambda\neq-2$ 时,有唯一解;

(2) 当 $\lambda+2=0$ 时,即当 $\lambda=-2$ 时,方程组无解;

(3) 当 $\lambda=1$ 时,方程组有无穷多个解.

4 |解题|过程| 对方程增广矩阵进行初等行变换:

$$(A,b)=\begin{pmatrix} \lambda & 1 & 1 & \lambda-3 \\ 1 & \lambda & 1 & -2 \\ 1 & 1 & \lambda & -2 \end{pmatrix} \rightarrow \begin{pmatrix} 1 & 1 & \lambda & -2 \\ 0 & \lambda-1 & 1-\lambda & 0 \\ 0 & 1-\lambda & 1-\lambda^2 & 3\lambda-3 \end{pmatrix}$$

$$\rightarrow \begin{pmatrix} 1 & 1 & \lambda & -2 \\ 0 & \lambda-1 & 1-\lambda & 0 \\ 0 & 0 & 2-\lambda-\lambda^2 & 3\lambda-3 \end{pmatrix}.$$

当 $\lambda-1\neq0$ 且 $2-\lambda-\lambda^2\neq0$,即当 $\lambda\neq1$ 且 $\lambda\neq-2$ 时,$r(A)=r(A,b)=3$,此时方程组有唯一解;

当 $2-\lambda-\lambda^2=0$ 且 $3\lambda-3\neq0$,即当 $\lambda=-2$ 时,$r(A)=2$,$r(A,b)=3$,此时方程组无解;

当 $\lambda-1=0$,即当 $\lambda=1$ 时,$r(A)=r(A,b)=1$,此时方程组有无穷多解.

5 |证明|

(1) 方程组(II)是方程组(I)的线性组合,则(I)通过有限次的组合,包括加法、数乘可以得到(II).同理得到,(II)通过有限次的组合,包括加法、数乘可以得到(III),那么可以推出,对(I)进行有限次加法、数乘得到(II),再进行有限次组合可得到(III),故方程组(III)是方程组(I)的线性组合.

(2) 已知方程组(I)与方程组(II)等价,则知(I)和(II)同解;同理可知方程组(II)与(III)同解,则可得到方程组(I)与方程组(III)同解,故知方程组(I)与方程组(III)等价.

小结

1. 当用消元法解线性方程组时,线性组合只能是加法、减法和非零数乘.

2. 初等变换前后矩阵等价但不相等,因此不能使用等号.

3. 等价矩阵所对应的线性方程组同解.

4. 线性方程组的解集合不唯一，但它们之间是等价的.

5. 解线性方程组，只能使用矩阵的初等行变换.

6. 线性方程组解的个数及其充分条件：

　① 唯一解：系数矩阵的秩与增广矩阵的秩相等，并且等于变量个数.

　② 无穷多解：系数矩阵的秩与增广矩阵的秩相等，并且小于变量个数.

　③ 无解：系数矩阵秩小于增广矩阵的秩.

7. 若方程组有无穷多解，其解集合中变量的个数等于变量个数减去系数矩阵（系数矩阵为初等行变换后的行阶梯矩阵）非零行个数的差.

第二章

行列式 克拉默法则

学习要求

1. 理解行列式的定义，了解对角行列式、三角形行列式.

2. 熟练掌握行列式的性质及计算方法.

3. 了解代数余子式及其性质，并能够对行列式进行展开.

4. 理解克拉默法则.

知识点归纳

■ n 阶行列式

n 阶矩阵

$$A = \begin{pmatrix} a_{11} & a_{12} & \cdots & a_{1n} \\ a_{21} & a_{22} & \cdots & a_{2n} \\ \vdots & \vdots & & \vdots \\ a_{n1} & a_{n2} & \cdots & a_{nn} \end{pmatrix}$$ 的行列式记作 $D = |A| = \begin{vmatrix} a_{11} & a_{12} & \cdots & a_{1n} \\ a_{21} & a_{22} & \cdots & a_{2n} \\ \vdots & \vdots & & \vdots \\ a_{n1} & a_{n2} & \cdots & a_{nn} \end{vmatrix}$ ，简记为 $\det(a_{ij})$ 或 $\det A$，它表示

如下形式的一个代数和：

$$\begin{vmatrix} a_{11} & a_{12} & \cdots & a_{1n} \\ a_{21} & a_{22} & \cdots & a_{2n} \\ \vdots & \vdots & & \vdots \\ a_{n1} & a_{n2} & \cdots & a_{nn} \end{vmatrix} = \sum_{p_1 p_2 \cdots p_n} (-1)^{\tau(p_1 p_2 \cdots p_n)} a_{1p_1} a_{2p_2} \cdots a_{np_n},$$

这里 $\sum$ 表示对 $1,2,\cdots,n$ 这 n 个数的所有的排列 $p_1 p_2 \cdots p_n$ 求和.

此外,n 阶行列式还可定义为

$D = \sum (-1)^{\tau} a_{p_1 1} a_{p_2 2} \cdots a_{p_n n}$,式中 τ 为行标排列 $p_1 p_2 \cdots p_n$ 的逆序数.

■ 行列式的性质

设 n 阶矩阵 $\boldsymbol{A} = (a_{ij})$ 的行列式为 $|\boldsymbol{A}|$,则 $|\boldsymbol{A}^{\mathrm{T}}|$ 称为 $|\boldsymbol{A}|$ 的转置行列式.

(1) 行列式与它的转置行列式相等.

(2) 行列式任意两行或两列互换,行列式变号.

(3) 用数 k 乘行列式某一行或列,行列式变为原来的 k 倍.

(4) 若行列式中存在两行或两列对应元素相同或成比例,则行列式为零.

(5) 行列式某一行(列)的 k 倍加到另一行(列)上,则行列式值不变.

对行列式进行上述初等变换可以简化行列式的计算.

■ 行列式的展开

余子式:在 n 阶行列式 $\det(a_{ij})$ 中,删除 a_{ij} 所在的第 i 行和第 j 列,得到的 $n-1$ 阶行列式称为 a_{ij} 的余子式,记作 M_{ij};$A_{ij} = (-1)^{i+j} M_{ij}$,称作 a_{ij} 的代数余子式.

(1) 行列式等于它的任一行(列)的各元素与其对应的代数余子式乘积之和,以第 i 行展开得:

$$D = a_{i1}A_{i1} + a_{i2}A_{i2} + \cdots + a_{in}A_{in} \quad (i = 1,2,\cdots,n).$$

(2) n 阶行列式中,如果第 i 行中除 a_{ij} 外其余都为零,则行列式等于 a_{ij} 与它的代数余子式的乘积,即 $D = a_{ij}A_{ij}$.

(3) 行列式某一行(列)的元素与另一行(列)对应元素的代数余子式乘积之和等于零,即

$$\sum_{k=1}^{n} a_{ik}A_{jk} = a_{i1}A_{j1} + a_{i2}A_{j2} + \cdots + a_{in}A_{jn} = 0 \quad (i \neq j)$$

或 $\sum_{k=1}^{n} a_{ki}A_{kj} = a_{1i}A_{1j} + a_{2i}A_{2j} + \cdots + a_{ni}A_{nj} = 0 \quad (i \neq j).$

■ 行列式的计算

行列式的主要计算方法如下:

(1) 根据行列式的定义.当行列式中零元素较多时,可以直接根据定义来计算行列式.

(2) 对角线法则.低阶行列式使用对角线法则,二阶、三阶多用对角线法则.

（3）通过行列式的性质化简行列式. 综合使用各性质对行列式进行化简, 目的是减少计算复杂度.

（4）将行列式展开. 观察行列式, 选取零元素最多的行或列进行展开, 不仅可以简化计算, 也是证明题的考点和难点.

（5）拆分行列式为简单或已知行列式. 将行列式拆成简单行列式或已知的行列式的和.

克拉默法则

已知方程组包括的未知量和方程个数均为 n,

$$\begin{cases} a_{11}x_1 + a_{12}x_2 + \cdots + a_{1n}x_n = b_1, \\ a_{21}x_1 + a_{22}x_2 + \cdots + a_{2n}x_n = b_2, \\ \cdots \\ a_{n1}x_1 + a_{n2}x_2 + \cdots + a_{nn}x_n = b_n. \end{cases}$$

分析该方程组的解：

（1）若方程组系数行列式 $D \neq 0$, 那么它有唯一解: $x_i = \dfrac{D_i}{D}$ $(i = 1, 2, \cdots, n)$, 其中 $D_i(i = 1, 2, \cdots, n)$ 是 D 中第 i 列由等号右侧的项替换后得到的 n 阶行列式.

（2）若 $D = 0$, 则方程组无解或有无穷多解, 具体计算与第一章的计算方法相同.

（3）对于齐次方程组来说, 若 $D \neq 0$, 则它只有零解; 否则, 它有非零解.

常见行列式

（1）对角行列式.

① 主对角行列式: 主对角线上的元素是 $\lambda_i(i = 1, 2, \cdots, n)$, 其余全是 0;

$$\begin{vmatrix} \lambda_1 & & & \\ & \lambda_2 & & \\ & & \ddots & \\ & & & \lambda_n \end{vmatrix} = \lambda_1\lambda_2\cdots\lambda_n.$$

② 次对角行列式: 次对角线上的元素是 $\lambda_i(i = 1, 2, \cdots, n)$, 其余全是 0;

$$\begin{vmatrix} & & & \lambda_1 \\ & & \lambda_2 & \\ & \ddots & & \\ \lambda_n & & & \end{vmatrix} = (-1)^{\frac{n(n-1)}{2}}\lambda_1\lambda_2\cdots\lambda_n.$$

（2）三角行列式.

① 上三角形行列式：主对角线以下的元素全是 0；

$$\begin{vmatrix} a_{11} & a_{12} & \cdots & a_{1n} \\ & a_{22} & \cdots & a_{2n} \\ & & \ddots & \vdots \\ & & & a_{nn} \end{vmatrix} = a_{11}a_{22}\cdots a_{nn}.$$

② 下三角形行列式：主对角线以上的元素全是 0.

$$\begin{vmatrix} a_{11} & & & \\ a_{21} & a_{22} & & \\ \vdots & \vdots & \ddots & \\ a_{n1} & a_{n2} & \cdots & a_{nn} \end{vmatrix} = a_{11}a_{22}\cdots a_{nn}.$$

（3）范德蒙德（Vandermode）行列式.

$$D_n = \begin{vmatrix} 1 & 1 & 1 & \cdots & 1 \\ x_1 & x_2 & x_3 & \cdots & x_n \\ x_1^2 & x_2^2 & x_3^2 & \cdots & x_n^2 \\ \vdots & \vdots & \vdots & & \vdots \\ x_1^{n-1} & x_2^{n-1} & x_3^{n-1} & \cdots & x_n^{n-1} \end{vmatrix} = \prod_{1 \leqslant i < j \leqslant n} (x_j - x_i).$$

（4）设 $D_1 = \begin{vmatrix} a_{11} & \cdots & a_{1k} \\ \vdots & & \vdots \\ a_{k1} & \cdots & a_{kk} \end{vmatrix}, D_2 = \begin{vmatrix} b_{11} & \cdots & b_{1k} \\ \vdots & & \vdots \\ b_{k1} & \cdots & b_{kk} \end{vmatrix}, C = \begin{vmatrix} c_{11} & \cdots & c_{1k} \\ \vdots & & \vdots \\ c_{n1} & \cdots & c_{nk} \end{vmatrix},$

则 $\begin{vmatrix} a_{11} & \cdots & a_{1k} & & & \\ \vdots & & \vdots & & 0 & \\ a_{k1} & \cdots & a_{kk} & & & \\ c_{11} & \cdots & c_{1k} & b_{11} & \cdots & b_{1n} \\ \vdots & & \vdots & \vdots & & \vdots \\ c_{n1} & \cdots & c_{nk} & b_{n1} & \cdots & b_{nn} \end{vmatrix} = \begin{vmatrix} D_1 & 0 \\ C & D_2 \end{vmatrix} = D_1 D_2.$

重点与难点

1. 行列式的计算方法：低阶行列式使用定义、对角线法则来进行求解，高阶行列式使用行列式性质进行化简，提高解题效率.

2. 行列式各性质的灵活运用，化简行列式为常见行列式.

3. 行列式的展开，余子式和代数余子式的计算.

4.利用克拉默法则计算或证明线性方程组.

典型例题与解析

例 1　计算

$$
\begin{vmatrix}
0 & a_1 & 0 & \cdots & 0 \\
0 & 0 & a_2 & \cdots & 0 \\
\vdots & \vdots & \vdots & \cdots & \vdots \\
0 & 0 & 0 & \cdots & a_{n-1} \\
a_n & 0 & 0 & \cdots & 0
\end{vmatrix}.
$$

【分析】　行列式中零元素比较多,对行列式按第一列或最后一行进行展开,可快速算出结果.

【解】　按第一列进行展开,计算得到

$$
\begin{vmatrix}
0 & a_1 & 0 & \cdots & 0 \\
0 & 0 & a_2 & \cdots & 0 \\
\vdots & \vdots & \vdots & & \vdots \\
0 & 0 & 0 & \cdots & a_{n-1} \\
a_n & 0 & 0 & \cdots & 0
\end{vmatrix}
= (-1)^{\tau(23\cdots n1)} a_n
\begin{vmatrix}
a_1 & 0 & \cdots & 0 \\
0 & a_2 & \cdots & 0 \\
\vdots & \vdots & & \vdots \\
0 & 0 & \cdots & a_{n-1}
\end{vmatrix}
$$

$$
= (-1)^{n-1} a_1 a_2 \cdots a_n = (-1)^{n-1} \prod_{k=1}^{n} a_k.
$$

例 2　解方程

$$
\begin{vmatrix}
1 & 2 & 3 & \cdots \\
1 & 1+x & 3 & \cdots \\
1 & 2 & 1+x & \cdots \\
\vdots & \vdots & \vdots & \vdots \\
1 & 2 & 3 & \cdots
\end{vmatrix} = 0.
$$

【分析】　考虑对行列式进行化简,第一列所有元素都相等,从第二列开始每一列只有一个不同的元素,因此可以用第一行去减其他行;另外,可以看出当 x 为 $1,2,\cdots,n-1$ 时,行列式为从第 2 列开始分别与第 1 列成比例,此时行列式为 0,因此,行列式所对应的方程的解分别为 1, $2,\cdots,n-1$.

方法 1:

$$\begin{vmatrix} 1 & 2 & 3 & \cdots & n \\ 1 & 1+x & 3 & \cdots & n \\ 1 & 2 & 1+x & \cdots & n \\ \vdots & \vdots & \vdots & & \vdots \\ 1 & 2 & 3 & \cdots & 1+x \end{vmatrix} = \begin{vmatrix} 1 & 2 & 3 & \cdots & n \\ 0 & x-1 & 0 & \cdots & 0 \\ 0 & 0 & x-2 & \cdots & 0 \\ \vdots & \vdots & \vdots & & \vdots \\ 0 & 0 & 0 & \cdots & x-n+1 \end{vmatrix} = \prod_{k=1}^{n-1}(x-k).$$

方法 2：根据行列式对应方程的解，可以直接得到该行列式所对应的多项式：

$$\begin{vmatrix} 1 & 2 & 3 & \cdots & n \\ 1 & 1+x & 3 & \cdots & n \\ 1 & 2 & 1+x & \cdots & n \\ \vdots & \vdots & \vdots & & \vdots \\ 1 & 2 & 3 & \cdots & 1+x \end{vmatrix} = (x-1)(x-2)\cdots(x-n+1) = \prod_{k=1}^{n-1}(x-k).$$

【总结】在解题过程中，方法 1 为基本方法，考核行列式的计算能力；方法 2 需要通过深入观察和发散思维，将其与方程的解结合，能够对多个知识点灵活运用．

例 3　计算行列式

$$\begin{vmatrix} a_1b_1+x & a_1b_2 & a_1b_3 & \cdots & a_1+b_n \\ a_2b_1 & a_2b_2+x & a_2b_3 & \cdots & a_3b_n \\ \vdots & \vdots & \vdots & & \vdots \\ a_nb_1 & a_nb_2 & a_nb_3 & \cdots & a_nb_n+x \end{vmatrix}.$$

【分析】　化简行列式为三角列行列式，由于不知道 a_1 是否为零，不妨设 $a_1 \neq 0$，进行化简，然后再单独求解 $a_1 = 0$ 时的情况．

【解】　首先假设 $a_1 \neq 0$，用第一行乘 $-\dfrac{a_i}{a_1}$ 加到第 i 行，可以得到

$$\begin{vmatrix} a_1b_1+r & a_1b_2 & a_1b_3 & \cdots & a_1b_n \\ a_2b_1 & a_2b_2+x & a_2b_3 & \cdots & a_2b_n \\ a_3b_1 & a_3b_2 & a_3b_3+x & \cdots & a_3b_n \\ \vdots & \vdots & \vdots & & \vdots \\ a_nb_1 & a_nb_2 & a_nb_3 & \cdots & a_nb_n+x \end{vmatrix} = \begin{vmatrix} a_1b_1+x & a_1b_2 & a_1b_3 & \cdots & a_1b_n \\ -\dfrac{a_2}{a_1}x & x & 0 & \cdots & 0 \\ -\dfrac{a_3}{a_1}x & 0 & x & \cdots & 0 \\ \vdots & \vdots & \vdots & & \vdots \\ -\dfrac{a_n}{a_1}x & 0 & 0 & \cdots & x \end{vmatrix}.$$

进一步，第 j 列乘以 $\dfrac{a_j}{a_1}$ 加到第一列上得到

$$
\begin{vmatrix}
a_1b_1+x & a_1b_2 & a_1b_3 & \cdots & a_1b_n \\
a_2b_1 & a_2b_2+x & a_2b_3 & \cdots & a_2b_n \\
a_3b_1 & a_3b_2 & a_3b_3+x & \cdots & a_3b_n \\
\vdots & \vdots & \vdots & & \vdots \\
a_nb_1 & a_nb_2 & a_nb_3 & \cdots & a_nb_n+x
\end{vmatrix}
$$

$$
=
\begin{vmatrix}
x+a_1b_1+a_2b_2+\cdots+a_nb_n & a_1b_2 & a_1b_3 & \cdots & a_1b_n \\
0 & x & 0 & \cdots & 0 \\
0 & 0 & x & \cdots & 0 \\
\vdots & \vdots & \vdots & & \vdots \\
0 & 0 & 0 & 0 & x
\end{vmatrix}
$$

$$
= x^{n-1}(x+a_1b_1+a_2b_2+\cdots+a_nb_n).
$$

当 $a_1=0$ 时,可得到

$$
\begin{vmatrix}
a_1b_1+x & a_1b_2 & a_1b_3 & \cdots & a_1b_n \\
a_2b_1 & a_2b_2+x & a_2b_3 & \cdots & a_2b_n \\
a_3b_1 & a_3b_2 & a_3b_3+x & \cdots & a_3b_n \\
\vdots & \vdots & \vdots & & \vdots \\
a_nb_1 & a_nb_2 & a_nb_3 & \cdots & a_nb_n+x
\end{vmatrix}
=
\begin{vmatrix}
x & 0 & 0 & \cdots & 0 \\
a_2b_1 & a_2b_2+x & a_2b_3 & \cdots & a_2b_n \\
a_3b_1 & a_3b_2 & a_3b_3+x & \cdots & a_3b_n \\
\vdots & \vdots & \vdots & & \vdots \\
a_nb_1 & a_nb_2 & a_nb_3 & \cdots & a_nb_n+x
\end{vmatrix}
$$

$$
= x
\begin{vmatrix}
a_2b_2+x & a_2b_3 & \cdots & a_2b_n \\
a_3b_2 & a_3b_3+x & \cdots & a_3b_n \\
\vdots & \vdots & & \vdots \\
a_nb_2 & a_nb_3 & \cdots & a_nb_n+x
\end{vmatrix}.
$$

进一步进行递归计算得到

原式 $= x^{n-1}(x+a_2b_2+\cdots+a_nb_n) = x^{n-1}(x+a_1b_1+a_2b_2+\cdots+a_nb_n).$

例 4 计算 5 阶行列式

$$
D =
\begin{vmatrix}
1 & 2 & 3 & 4 & 5 \\
2 & 3 & 4 & 5 & 1 \\
3 & 4 & 5 & 1 & 2 \\
4 & 5 & 1 & 2 & 3 \\
5 & 1 & 2 & 3 & 4
\end{vmatrix}.
$$

【分析】 可以看出行列式中各行和各列的和都是 15,可以考虑将第 2,3,4,5 行先加到第 1 行上,然后进行化简;此外,还可对各行进行减法化简,然后化简为简单行列式.

方法 1:

$$D = \begin{vmatrix} 15 & 15 & 15 & 15 & 15 \\ 2 & 3 & 4 & 5 & 1 \\ 3 & 4 & 5 & 1 & 2 \\ 4 & 5 & 1 & 2 & 3 \\ 5 & 1 & 2 & 3 & 4 \end{vmatrix} = 15 \begin{vmatrix} 1 & 1 & 1 & 1 & 1 \\ 2 & 3 & 4 & 5 & 1 \\ 3 & 4 & 5 & 1 & 2 \\ 4 & 5 & 1 & 2 & 3 \\ 5 & 1 & 2 & 3 & 4 \end{vmatrix}.$$

对各列进行化简,得到

$$D = 15 \begin{vmatrix} 0 & 0 & 0 & 0 & 1 \\ -1 & -1 & -1 & 4 & 1 \\ -1 & -1 & 4 & -1 & 2 \\ -1 & 4 & -1 & -1 & 3 \\ 4 & -1 & -1 & -1 & 4 \end{vmatrix} = 15 \begin{vmatrix} -1 & -1 & -1 & 4 \\ -1 & -1 & 4 & -1 \\ -1 & 4 & -1 & -1 \\ 4 & -1 & -1 & -1 \end{vmatrix}.$$

$$\xrightarrow{r_1 + r_2 + r_3 + r_4} 15 \begin{vmatrix} 1 & 1 & 1 & 1 \\ -1 & -1 & 4 & -1 \\ -1 & 4 & -1 & -1 \\ 4 & -1 & -1 & -1 \end{vmatrix} \xrightarrow{r_4 + r_1} 15 \begin{vmatrix} 1 & 1 & 1 & 1 \\ 0 & 0 & 5 & 0 \\ 0 & 5 & 0 & 0 \\ 5 & 0 & 0 & 0 \end{vmatrix}$$

$$= 15 \times 5 \times 5 \times 5 = 1875$$

方法 2:

对行列式进行化简,后一行减前一行,可以得到

$$D = \begin{vmatrix} 1 & 2 & 3 & 4 & 5 \\ 1 & 1 & 1 & 1 & -4 \\ 1 & 1 & 1 & -4 & 1 \\ 1 & 1 & -4 & 1 & 1 \\ 1 & -4 & 1 & 1 & 1 \end{vmatrix} = \begin{vmatrix} 1 & 1 & 1 & 1 & 1 \\ 1 & 0 & 0 & 0 & -5 \\ 1 & 0 & 0 & -5 & 0 \\ 1 & 0 & -5 & 0 & 0 \\ 1 & -5 & 0 & 0 & 0 \end{vmatrix}$$

$$\xrightarrow{r_1 + \frac{1}{5}(r_2 + r_3 + r_4 + r_5)} \begin{vmatrix} 3 & 1 & 2 & 3 & 4 \\ 0 & 0 & 0 & 0 & -5 \\ 0 & 0 & 0 & -5 & 0 \\ 0 & 0 & -5 & 0 & 0 \\ 0 & -5 & 0 & 0 & 0 \end{vmatrix} = 1875.$$

例 5 计算 n 阶行列式

$$D = \begin{vmatrix} a_1 & 1 & \cdots & 1 \\ 1 & a_2 & \cdots & 0 \\ \vdots & 0 & \ddots & \\ 1 & & & a_n \end{vmatrix}, 其中 a_1 a_2 \cdots a_n \neq 0.$$

【分析】 由于 $a_i \neq 0$，可对第一行进行化简，消去第一行中所有的 1.

【解】

$$D \xrightarrow{r_1 - \sum\limits_{i=2}^{n} r_i \frac{1}{a_i}} \begin{vmatrix} a_1 - \sum\limits_{i=2}^{n} \dfrac{1}{a_i} & 0 & \cdots & 0 \\ 1 & a_2 & \cdots & 0 \\ \vdots & & \ddots & \\ 1 & & & a_n \end{vmatrix} = \left(a_1 - \sum_{i=2}^{n} \frac{1}{a_i} \right) \begin{vmatrix} a_2 & & \\ & \ddots & \\ & & a_n \end{vmatrix} = a_2 \cdots a_n \left(a_1 - \sum_{i=2}^{n} \frac{1}{a_i} \right).$$

【注】 还可按第一行展开求得行列式.

例 6 $F_n = \begin{vmatrix} 1 & 1 & & \\ -1 & 1 & \ddots & \\ & \ddots & \ddots & 1 \\ & & -1 & 1 \end{vmatrix}$，试写出关于 F_n 的递推式（F_n 叫斐波那契（Fibonacci）数列）.

【分析】 按照行或列展开，注意代数余子式的计算.

【解】 将行列式按第一列展开，可得到

$$F_n = \begin{vmatrix} 1 & 1 & & \\ -1 & 1 & \ddots & \\ & \ddots & \ddots & 1 \\ & & -1 & 1 \end{vmatrix} = \begin{vmatrix} 1 & 1 & & \\ -1 & 1 & \ddots & \\ & \ddots & \ddots & 1 \\ & & -1 & 1 \end{vmatrix}_{(n-1)} + (-1)^{1+2}(-1) \begin{vmatrix} 1 & 0 & & \\ -1 & 1 & \ddots & \\ & \ddots & \ddots & 1 \\ & & -1 & 1 \end{vmatrix}_{(n-1)}$$

$$= F_{n-1} + \begin{vmatrix} 1 & 0 & & \\ -1 & 1 & \ddots & \\ & \ddots & \ddots & 1 \\ & & -1 & 1 \end{vmatrix}_{(n-1)},$$

再将最右端 $n-1$ 阶行列式按第一行展开，即有

$$F_n = F_{n-1} + F_{n-2}.$$

同时 $F_2 = \begin{vmatrix} 1 & 1 \\ -1 & 1 \end{vmatrix} = 2, F_3 = \begin{vmatrix} 1 & 1 & 0 \\ -1 & 1 & 1 \\ 0 & -1 & 1 \end{vmatrix} = 3.$

例 7 计算

$$D = \begin{vmatrix} 1 & 1 & 1 & 1 & 1 \\ x_1 & x_2 & x_3 & x_4 & x_5 \\ x_1^2 & x_2^2 & x_3^2 & x_4^2 & x_5^2 \\ x_1^3 & x_2^3 & x_3^3 & x_4^3 & x_5^3 \\ x_1^5 & x_2^5 & x_3^5 & x_4^5 & x_5^5 \end{vmatrix}.$$

【分析】 通过构造范德蒙德行列式求解，或都按行展开来计算.

【解】 构造 6 阶范德蒙德行列式：

$$F(y) = \begin{vmatrix} 1 & 1 & 1 & 1 & 1 & 1 \\ x_1 & x_2 & x_3 & x_4 & x_5 & y \\ x_1^2 & x_2^2 & x_3^2 & x_4^2 & x_5^2 & y^2 \\ x_1^3 & x_2^3 & x_3^3 & x_4^3 & x_5^3 & y^3 \\ x_1^4 & x_2^4 & x_3^4 & x_4^4 & x_5^4 & y^4 \\ x_1^5 & x_2^5 & x_3^5 & x_4^5 & x_5^5 & y^5 \end{vmatrix} = \prod_{i=1}^{5}(y - x_i) \prod_{1 \leqslant j < i \leqslant 5}(x_i - x_j).$$

可以看出 D 为 y^4 的代数余子式，根据上式可以得到 y^4 的代数余子式为

$$-\left(\sum_{i=1}^{5} x_i\right) \prod_{1 \leqslant j < i \leqslant 5}(x_i - x_j),$$

由此得出 $D = -\left(\sum_{i=1}^{5} x_i\right) \prod_{1 \leqslant j < i \leqslant 5}(x_i - x_j).$

例 8 已知 xy 平面上的三个定点 $A(x_1, y_1), B(x_2, y_2), C(x_3, y_3)$，求由三个定点所构成的三角形的面积.

【分析】 根据三角形面积的求解公式，将三个点的坐标代入可以求得.

【解】 将三角形三个点的坐标代入面积公式 $S_{\triangle ABC} = \dfrac{1}{2}|\overrightarrow{AB} \times \overrightarrow{AC}|$，

首先求得 $\overrightarrow{AB} \times \overrightarrow{AC} = \begin{vmatrix} i & j & k \\ x_2 - x_1 & y_2 - y_1 & 0 \\ x_3 - x_1 & y_3 - y_1 & 0 \end{vmatrix} = \begin{vmatrix} x_2 - x_1 & y_2 - y_1 \\ x_3 - x_2 & y_3 - y_1 \end{vmatrix} k$，

由此可以得到三角形面积为 $\dfrac{1}{2} \begin{vmatrix} x_2 - x_1 & y_2 - y_1 \\ x_3 - x_2 & y_3 - y_1 \end{vmatrix}$ 的绝对值.

例 9 判断线性方程组 $\begin{cases} a_1 x_1 + a_2 x_2 + \cdots + a_n x_n = b_1 \\ a_1^2 x_1 + a_2^2 x_2 + \cdots + a_n^2 x_n = b_2 \\ \cdots \\ a_1^n x_1 + a_2^n x_2 + \cdots + a_n^n x_n = b_n \end{cases}$ 是否有唯一解，

其中 $a_1, \cdots, a_n$ 是两两不相同的非零常数.

【分析】 线性方程组是否存在唯一解，可以通过计算方程组系数行列式是否为零来判断。若行列式不为零，则存在唯一解，否则，方程组无解或有无穷多解.

【解】 计算方程组系数行列式

$$D = \begin{vmatrix} a_1 & a_2 & \cdots & a_n \\ a_1^2 & a_2^2 & \cdots & a_n^2 \\ \vdots & \vdots & & \vdots \\ a_1^n & a_2^n & \cdots & a_n^n \end{vmatrix} = a_1 a_2 \cdots a_n \begin{vmatrix} 1 & 1 & \cdots & 1 \\ a_1 & a_2 & \cdots & a_n \\ \vdots & \vdots & & \vdots \\ a_1^{n-1} & a_2^{n-1} & \cdots & a_n^{n-1} \end{vmatrix}.$$

已知 $a_1, a_2, \cdots, a_n$ 两两不同且不为零, 根据范德蒙德行列式可知, D 不为零, 推出当前线性方程组存在唯一解.

考研真题解析

1 (2012 年第 20 题) 设 $A = \begin{pmatrix} 1 & a & 0 & 0 \\ 0 & 1 & a & 0 \\ 0 & 0 & 1 & a \\ a & 0 & 0 & 1 \end{pmatrix}, b = \begin{pmatrix} 1 \\ -1 \\ 0 \\ 0 \end{pmatrix},$

(1) 计算行列式 $|A|$;

(2) 已知线性方程组 $Ax = b$ 有无穷多解, 求 a, 并求 $Ax = b$ 的通解.

【解】 (1) $|A| = 1 + (-1)^5 a \cdot a^3 = 1 - a^4$.

(2) 对增广矩阵进行初等行变换:

$$\begin{pmatrix} 1 & a & 0 & 0 & 1 \\ 0 & 1 & a & 0 & -1 \\ 0 & 0 & 1 & a & 0 \\ a & 0 & 0 & 1 & 0 \end{pmatrix} \rightarrow \begin{pmatrix} 1 & a & 0 & 0 & 1 \\ 0 & 1 & a & 0 & -1 \\ 0 & 0 & 1 & a & 0 \\ 0 & 0 & 0 & 1-a^4 & -a^2-a \end{pmatrix}.$$

当 $a = 1$ 时,

$$\begin{pmatrix} 1 & 1 & 0 & 0 & 1 \\ 0 & 1 & 1 & 0 & -1 \\ 0 & 0 & 1 & 1 & 0 \\ 1 & 0 & 0 & 1 & 0 \end{pmatrix} \rightarrow \begin{pmatrix} 1 & 0 & 0 & 1 & 2 \\ 0 & 1 & 0 & -1 & -1 \\ 0 & 0 & 1 & 1 & 0 \\ 0 & 0 & 0 & 0 & -2 \end{pmatrix},$$

$R(A) < R(A, b)$, 所以方程组无解.

当 $a = -1$ 时,

$$\begin{pmatrix} 1 & -1 & 0 & 0 & 1 \\ 0 & 1 & -1 & 0 & -1 \\ 0 & 0 & 1 & -1 & 0 \\ -1 & 0 & 0 & 1 & 0 \end{pmatrix} \rightarrow \begin{pmatrix} 1 & 0 & 0 & -1 & 0 \\ 0 & 1 & 0 & -1 & -1 \\ 0 & 0 & 1 & -1 & 0 \\ 0 & 0 & 0 & 0 & 0 \end{pmatrix},$$

通解为 $x = k\begin{pmatrix} 1 \\ 1 \\ 1 \\ 1 \end{pmatrix} + \begin{pmatrix} 0 \\ -1 \\ 0 \\ 0 \end{pmatrix}$.

2 （2008 年第 20 题）设 n 元线性方程组 $Ax = b$,其中

$$A = \begin{pmatrix} 2a & 1 & & & \\ a^2 & 2a & \ddots & & \\ & \ddots & \ddots & 1 & \\ & & a^2 & 2a \end{pmatrix}_{n \times n}, x = \begin{pmatrix} x_1 \\ x_2 \\ \vdots \\ x_n \end{pmatrix}, b = \begin{pmatrix} 1 \\ 0 \\ \vdots \\ 0 \end{pmatrix}$$

(1) 求证行列式 $|A| = (n+1)a^n$;

(2) 当 a 为何值时,方程组有唯一解,并求 x_1;

(3) 当 a 为何值时,方程组有无穷多解,并求通解.

【分析】 当 $|A| \neq 0$ 时方程组有唯一解,当 $R(A) = R(A,b)$ 且都小于 n 时方程组有无穷多解.

【解】 (1) $|A| = \begin{vmatrix} 2a & 1 & & & & \\ a^2 & 2a & 1 & & & \\ & a^2 & 2a & \ddots & & \\ & & \ddots & \ddots & 1 & \\ & & & a^2 & 2a \end{vmatrix} = \begin{vmatrix} 2a & 1 & & & & \\ 0 & \frac{3a}{2} & 1 & & & \\ & a^2 & 2a & \ddots & & \\ & & \ddots & \ddots & 1 & \\ & & & a^2 & 2a \end{vmatrix}$

$= \begin{vmatrix} 2a & 1 & & & & \\ 0 & \frac{3a}{2} & 1 & & & \\ & 0 & \frac{4a}{3} & \ddots & & \\ & & \ddots & \ddots & 1 & \\ & & & 0 & \frac{a(n+1)}{n} \end{vmatrix} = 2a \cdot \frac{3a}{2} \cdot \frac{4a}{3} \cdots \frac{a(n+1)}{n} = (n+1)a^n.$

(2) 因为方程组有唯一解,知 $|A| \neq 0$, $|A| = (n+1)a^n$,故 $a \neq 0$.

由克拉默法则,将 $|A|$ 的第一列换成 b,计算行列式

$$|\boldsymbol{A}_1| = \begin{vmatrix} 1 & 1 & & & & \\ 0 & 2a & 1 & & & \\ & a^2 & 2a & \ddots & & \\ & & \ddots & \ddots & \ddots & \\ & & & \ddots & \ddots & 1 \\ & & & & a^2 & 2a \end{vmatrix} = na^{n-1},$$

解得 $x_1 = \dfrac{|\boldsymbol{A}_1|}{|\boldsymbol{A}|} = \dfrac{n}{(n+1)a}$.

(3) 若使方程组 $\boldsymbol{Ax} = \boldsymbol{b}$ 有无穷多解,则 $|\boldsymbol{A}| = (n+1)a^n = 0$,即 $a = 0$.

把 $a = 0$ 代入到矩阵 $\boldsymbol{A}$ 中,显然有 $R(\boldsymbol{A} \vdots \boldsymbol{B}) = R(\boldsymbol{A}) = n - 1$,

方程组的基础解系含一个解向量.

它的基础解系为 $k(1, 0, 0, \cdots, 0)^{\mathrm{T}}$　(k 为任意常数),

代入 $a = 0$ 后,方程组化为 $\begin{cases} x_2 = 1 \\ x_3 = x_4 = \cdots = x_n = 0 \end{cases}$,

故特解为 $(0, 1, 0, \cdots, 0)^{\mathrm{T}}$.

由线性方程组解的结构定理可得方程组 $\boldsymbol{Ax} = \boldsymbol{b}$ 的通解为 $k(1, 0, 0, \cdots, 0)^{\mathrm{T}} + (0, 1, 0, \cdots, 0)^{\mathrm{T}}$,

其中 k 为任意常数.

3　(2004 年第 12 题)设 n 阶矩阵 $\boldsymbol{A}$ 与 $\boldsymbol{B}$ 等价,则必有(　　).

(A) 当 $|\boldsymbol{A}| = a(a \neq 0)$ 时,$|\boldsymbol{B}| = a$　　(B) 当 $|\boldsymbol{A}| = a(a \neq 0)$ 时,$|\boldsymbol{B}| = -a$

(C) 当 $|\boldsymbol{A}| \neq 0$ 时,$|\boldsymbol{B}| = 0$　　(D) 当 $|\boldsymbol{A}| = 0$ 时,$|\boldsymbol{B}| = 0$

【分析】　矩阵 $\boldsymbol{A}$ 与 $\boldsymbol{B}$ 等价的充要条件是 $R(\boldsymbol{A}) = R(\boldsymbol{B})$.

【解】　当 $|\boldsymbol{A}| = 0$ 时,$R(\boldsymbol{A}) < n$,又因为 $\boldsymbol{A}$ 与 $\boldsymbol{B}$ 等价,故 $R(\boldsymbol{B}) < n$,即 $|\boldsymbol{B}| = 0$.

习题解析

习题 2-1

1 分析　低阶行列式使用对角线法则求解较为简单.

解题过程　(1) $\begin{vmatrix} 2 & 5 \\ 3 & 7 \end{vmatrix} = 2 \times 7 - 3 \times 5 = -1$;

(2) $\begin{vmatrix} a^2 & ab \\ ab & b^2 \end{vmatrix} = a^2 b^2 - ab \times ab = 0$;

(3) $\begin{vmatrix} 1 & 2 & 3 \\ 4 & 5 & 6 \\ 7 & 8 & 9 \end{vmatrix} = 5 \times 9 + 2 \times 6 \times 7 + 3 \times 4 \times 8 - 3 \times 5 \times 7 - 6 \times 8 - 2 \times 4 \times 9 = 0$;

(4) $\begin{vmatrix} 0 & 1 & 1 \\ 1 & 0 & 1 \\ 1 & 1 & 0 \end{vmatrix} = 1 + 1 = 2$;

(5) $\begin{vmatrix} 1 & x & x \\ x & 2 & x \\ x & x & 3 \end{vmatrix} = 2 \times 3 + x^3 + x^3 - 2x^2 - x^2 - 3x^2 = 2x^3 - 6x^2 + 6$.

【注】 在计算行列式过程中可以充分利用行列式的性质进行化简,如(2)中式子可提取 ab 出来,(3),(4),(5)可进行行或列的化简以简化计算.

2 解题过程 $\begin{vmatrix} 1 & 1 & 1 \\ 2 & 3 & x \\ 4 & 9 & x^2 \end{vmatrix} = 0$ 计算得到 $3x^2 + 4x + 18 - 3 \times 4 - 9x - 2x^2 = 0$,

即 $x^2 - 5x + 6 = 0, (x-2)(x-3) = 0$,可得到 $x = 2$ 或 $x = 3$.

【注】 行列式为范德蒙德行列式,可直接给出结果.

3 解题过程 方程组的系数行列式为

$$D = \begin{vmatrix} 2 & -1 & -1 \\ 3 & 4 & -2 \\ 3 & -2 & 4 \end{vmatrix}$$

$$= 2 \times 4 \times 4 + (-1) \times (-2) \times 3 + (-1) \times 3 \times (-2) - (-1) \times 4 \times 3 -$$
$$2 \times (-2) \times (-2) - (-1) \times 3 \times 4 = 32 + 6 + 6 + 12 - 8 + 12 = 60.$$

$$D_1 = \begin{vmatrix} 4 & -1 & -1 \\ 11 & 4 & -2 \\ 11 & -2 & 4 \end{vmatrix} = 180, D_2 = \begin{vmatrix} 2 & 4 & -1 \\ 3 & 11 & -2 \\ 3 & 11 & 4 \end{vmatrix} = 60,$$

$$D_3 = \begin{vmatrix} 2 & -1 & 4 \\ 3 & 4 & 11 \\ 3 & -2 & 11 \end{vmatrix} = 60.$$

D 不为零,因此方程组有唯一解为 $\begin{bmatrix} x_1 \\ x_2 \\ x_3 \end{bmatrix} = \begin{bmatrix} 3 \\ 1 \\ 1 \end{bmatrix}$.

■ 习题 2-2

1 解题过程　根据逆序数定义依次计算:

(1) $\tau(1234) = 0+0+0+0 = 0$;

(2) $\tau(4132) = 0+1+1+2 = 4$;

(3) $\tau(3421) = 0+0+2+3 = 5$;

(4) $\tau(2413) = 0+0+2+1 = 3$;

(5) $\tau(523146879) = 0+1+1+3+1+0+0+1+0 = 7$;

(6) $\tau[135\cdots(2n-1)24\cdots(2n)] = \underbrace{0+\cdots+0}_{n\uparrow} + (n-1) + (n-2) + \cdots + 1 + 0$

$= \dfrac{n(n-1)}{2}$;

(7) $\tau[135\cdots(2n-1)(2n)(2n-2)\cdots] = \underbrace{0+\cdots+0}_{n\uparrow} + 0 + 2 + 4 + \cdots + 2(n-1)$

$= 2+4+\cdots+2n-2 = n(n-1)$.

2 分析　根据定理可知对换会改变排列的奇偶性,可先确定 i 和 k,看其奇偶性,然后根据要求确定是否对换.

解题过程　(1) 假设 $i=3, k=8, T(127435689) = 1+2+1+1 = 5$,则令 $i=8, k=3$ 满足要求.

(2) 假设 $i=3, k=6, T(132564897) = 5$,则 $i=3, k=6$ 得到排列为奇排列.

3 分析　该排列每个数都大于其后面的数,因此其逆序数分别为 $0,1,2,\cdots,n-1$.

解题过程　$\tau(n,n-1,\cdots,2,1) = 0+1+2+\cdots+n-1 = \dfrac{n(n-1)}{2}$.

当 $n=4k, 4k+1$ 时, $\dfrac{n(n-1)}{2}$ 均为偶排列,故原排列为偶排列;

当 $n=4k+2, 4k+3$ 时, $\dfrac{n(n-1)}{2}$ 均为奇排列,故原排列为奇排列.

4 分析　前后两排列中 $3,4$ 位置未变,只有 $1,2,5$ 位置变了,使用列举法可以得出.

解题过程　对换 1:$(1,2)(1,5)$,对换 2:$(1,5),(2,5)$.

【注】　本题答案不唯一.

5 分析 计算逆序数是求所有的元素的逆序数的和,由于前后两序列顺序正好相反,因此,每个元素的非逆序数正好是所求序列元素的逆序数.

解题过程 在排列 $p_1 p_2 \cdots p_n$ 中,假设 p_i 后比 p_i 小的数有 k_i 个,则 p_i 后比 p_i 大的数有 $n-i-k_i$,在 $p_n \cdots p_1$ 中,在 p_i 前面比 p_i 大的数有 $n-i-k_i$.

$$\tau(p_n p_{n-1} \cdots p_1) = \sum_{i=1}^{n} (n-i-k_i) = \frac{n(n-1)}{2} - \sum_{i=1}^{n} k.$$

又已知 $\tau(p_1 p_2 \cdots p_n) = \sum_{i=1}^{n} k_i = k$,

得到 $\tau(p_n p_{n-1} \cdots p_1) = \frac{n(n-1)}{2} - k.$

■ 习题 2 − 3 ▬▬▬▬▬▬▬▬▬▬▬▬

1. 分析 依次按序对行列式进行展开,便可确定是否为行列式的项和项的符号.

解题过程 (1) 分别按 $a_{21}, a_{13}, a_{15}, a_{54}$,得出最后一项为 a_{32},因此不是 5 阶行列式的项.

(2) 展开可确定是行列式的项,由

$$(-1)^{3+2} \times (-1)^{4+1} \times (-1)^{1+5} \times (-1)^{2+4} \times (-1)^{5+3} = 1.$$

可知符号为正.

【注】 根据行列式的定义也可判断出是否为行列式的项及其符号.

2 解题过程 包含 a_{23} 的项不妨设为 $a_{1x} a_{23} a_{3y} a_{4z}$,其中 x, y, z 为 $1, 2, 4$ 的任意组合,共有以下排列 $(124), (142), (214), (241), (412), (421)$.

$\tau(1324) = 1 \quad \tau(1342) = 2$

$\tau(2314) = 2 \quad \tau(2341) = 3$

$\tau(4312) = 5 \quad \tau(4321) = 6$

则带负号的项为

$a_{11} a_{23} a_{32} a_{44}, a_{12} a_{23} a_{34} a_{41}, a_{14} a_{23} a_{31} a_{42}.$

3 解题过程 $(1) D_1 = (-1)^{\tau(n, n-1, \cdots, 1)} \times 1 \times 2 \times \cdots \times n = (-1)^{\frac{n(n-1)}{2}} n!.$

$(2) D_2 = (-1)^{\tau(2, 3, \cdots, n, 1)} \times 1 \times 2 \times \cdots \times n = (-1)^{n-1} n!.$

$(3) D_3 = (-1)^{\tau(n-1, n-2, \cdots, 1, n)} \times 1 \times 2 \times \cdots \times n = (-1)^{\frac{(n-1)(n-2)}{2}} n!.$

4 解题过程 存在 x^4 的项为 $(-1)^{\tau(1234)} a_{11} a_{22} a_{33} a_{44} = 2x^4.$

存在 x^3 的项为 $(-1)^{\tau(2134)} a_{12} a_{21} a_{33} a_{44} = -x^3$.

5 解题过程

(1)
$$\begin{vmatrix} 1 & 1 & 1 & 1 \\ 0 & 1 & 1 & 0 \\ 0 & 0 & 1 & 1 \\ 1 & 0 & 0 & 1 \end{vmatrix} = \begin{vmatrix} 1 & 1 & 1 & 0 \\ 0 & 1 & 1 & 0 \\ 0 & 0 & 1 & 1 \\ 1 & 0 & 0 & 0 \end{vmatrix} = -\begin{vmatrix} 1 & 1 & 0 \\ 1 & 1 & 0 \\ 0 & 1 & 1 \end{vmatrix} = -\begin{vmatrix} 1 & 1 \\ 1 & 1 \end{vmatrix} = 0.$$

(2)
$$\begin{vmatrix} 2 & 1 & 4 & 1 \\ 4 & 1 & 2 & 3 \\ 3 & 4 & 1 & 2 \\ 2 & 3 & 4 & 1 \end{vmatrix} = \begin{vmatrix} 2 & 1 & 4 & 1 \\ 0 & -1 & -6 & 1 \\ 0 & \frac{5}{2} & -5 & \frac{1}{2} \\ 0 & 2 & 0 & 2 \end{vmatrix} = \begin{vmatrix} 2 & 1 & 4 & 1 \\ 0 & 0 & -6 & 1 \\ 0 & 0 & -5 & \frac{1}{2} \\ 0 & 2 & 0 & 0 \end{vmatrix} = \begin{vmatrix} 2 & 1 & 4 & 1 \\ 0 & 0 & -6 & 1 \\ 0 & 0 & 0 & -\frac{1}{3} \\ 0 & 2 & 0 & 0 \end{vmatrix}$$

$$= \begin{vmatrix} 2 & 1 & 4 & 1 \\ 0 & 2 & 0 & 0 \\ 0 & 0 & -6 & 1 \\ 0 & 0 & 0 & \frac{1}{3} \end{vmatrix} = 8.$$

(3)
$$\begin{vmatrix} 1 & 2 & 3 & 4 \\ 4 & 1 & 2 & 3 \\ 3 & 4 & 1 & 2 \\ 2 & 3 & 4 & 1 \end{vmatrix} = 10 \begin{vmatrix} 1 & 1 & 1 & 1 \\ 4 & 1 & 2 & 3 \\ 3 & 4 & 1 & 2 \\ 2 & 3 & 4 & 1 \end{vmatrix} = 10 \begin{vmatrix} 1 & 1 & 1 & 1 \\ 0 & -3 & -2 & -1 \\ 0 & 1 & -2 & -1 \\ 0 & 1 & 2 & -1 \end{vmatrix}$$

$$= 10 \begin{vmatrix} 1 & 1 & 1 & 1 \\ 0 & 0 & 4 & -4 \\ 0 & 0 & -4 & 0 \\ 0 & 1 & 2 & -1 \end{vmatrix} = -10 \begin{vmatrix} 1 & 1 & 1 & 1 \\ 0 & 1 & 2 & -1 \\ 0 & 0 & -4 & 0 \\ 0 & 0 & 0 & -4 \end{vmatrix} = -160.$$

(4)
$$\begin{vmatrix} -ab & ac & ae \\ bd & -cd & de \\ bf & cf & -ef \end{vmatrix} = adf \begin{vmatrix} -b & c & e \\ b & -c & e \\ b & c & -e \end{vmatrix} = abcdef \begin{vmatrix} -1 & 1 & 1 \\ 1 & -1 & 1 \\ 1 & 1 & -1 \end{vmatrix}$$

$$= abcdef \begin{vmatrix} -1 & 1 & 1 \\ 0 & 0 & 2 \\ 0 & 2 & 0 \end{vmatrix} = 4abcdef.$$

(5)
$$\begin{vmatrix} 5 & 0 & 4 & 2 \\ 1 & -1 & 2 & 1 \\ 4 & 1 & 2 & 0 \\ 1 & 1 & 1 & 1 \end{vmatrix} = \begin{vmatrix} 5 & 0 & 4 & 2 \\ 2 & 0 & 3 & 2 \\ 3 & 0 & 1 & -1 \\ 1 & 1 & 1 & 1 \end{vmatrix} = \begin{vmatrix} 5 & 4 & 2 \\ 2 & 3 & 2 \\ 3 & 1 & -1 \end{vmatrix} = \begin{vmatrix} 11 & 6 & 0 \\ 8 & 5 & 0 \\ 3 & 1 & -1 \end{vmatrix}$$

$$= -\begin{vmatrix} 11 & 6 \\ 8 & 5 \end{vmatrix} = -7.$$

(6) $\begin{vmatrix} 1 & 2 & 0 & 0 \\ 3 & 4 & 0 & 0 \\ 0 & 0 & -1 & 3 \\ 0 & 0 & 5 & 1 \end{vmatrix} = \begin{vmatrix} 1 & 2 \\ 3 & 4 \end{vmatrix} \times \begin{vmatrix} -1 & 3 \\ 5 & 1 \end{vmatrix} = (4-6) \times (-1-15) = 32.$

(7) $\begin{vmatrix} 1 & 2 & 3 & 4 & 5 \\ 6 & 7 & 8 & 9 & 10 \\ 0 & 0 & 0 & 1 & 3 \\ 0 & 0 & 0 & 2 & 4 \\ 0 & 1 & 0 & 1 & 1 \end{vmatrix} = \begin{vmatrix} 1 & 2 & 3 & 4 & 5 \\ 0 & -5 & -10 & -15 & -20 \\ 0 & 0 & 0 & 1 & 3 \\ 0 & 0 & 0 & 0 & -2 \\ 0 & 1 & 0 & 1 & 1 \end{vmatrix} = \begin{vmatrix} 1 & 2 & 3 & 4 & 5 \\ 0 & 0 & -10 & -10 & -15 \\ 0 & 0 & 0 & 1 & 3 \\ 0 & 0 & 0 & 0 & -2 \\ 0 & 1 & 0 & 0 & -2 \end{vmatrix}$

$$= -\begin{vmatrix} 1 & 2 & 3 & 4 & 5 \\ 0 & 1 & 0 & 0 & -2 \\ 0 & 0 & -10 & -10 & -15 \\ 0 & 0 & 0 & 1 & 3 \\ 0 & 0 & 0 & 0 & -2 \end{vmatrix} = -20.$$

(8) $\begin{vmatrix} 1+x & 1 & 1 & 1 \\ 1 & 1+x & 1 & 1 \\ 1 & 1 & 1+y & 1 \\ 1 & 1 & 1 & 1+y \end{vmatrix} = \begin{vmatrix} 1+x & -x & -x & -x \\ 1 & x & 0 & 0 \\ 1 & 0 & y & 0 \\ 1 & 0 & 0 & y \end{vmatrix}$

$$= x\begin{vmatrix} 1 & x & 0 \\ 1 & 0 & y \\ 1 & 0 & 0 \end{vmatrix} + y\begin{vmatrix} 1+x & -x & -x \\ 1 & x & 0 \\ 1 & 0 & y \end{vmatrix}$$

$$= -xy\begin{vmatrix} 1 & x \\ 1 & 0 \end{vmatrix} + y\begin{vmatrix} -x & -x \\ x & 0 \end{vmatrix} + y^2\begin{vmatrix} 1+x & -x \\ 1 & x \end{vmatrix}$$

$$= x^2 y + x^2 y + y^2(x^2 + 2x)$$

$$= x^2 y^2 + 2x^2 y + 2xy^2$$

6.（1）▷分析◁　可分别求解两个行列式,结果相同则证明等式成立;另外还可假设等式成立,证明其差为 0.

▷证明◁　考虑求两行列式差来完成证明.

$$\begin{vmatrix} a_1+b_1 & b_1+c_1 & c_1+a_1 \\ a_2+b_2 & b_2+c_2 & c_2+a_2 \\ a_3+b_3 & b_3+c_3 & c_3+a_3 \end{vmatrix} - 2\begin{vmatrix} a_1 & b_1 & c_1 \\ a_2 & b_2 & c_2 \\ a_3 & b_3 & c_3 \end{vmatrix}$$

$$
\begin{aligned}
&=\begin{vmatrix} a_1 & b_1+c_1 & c_1+a_1 \\ a_2 & b_2+c_2 & c_2+a_2 \\ a_3 & b_3+c_3 & c_3+a_3 \end{vmatrix}+\begin{vmatrix} b_1 & b_1+c_1 & c_1+a_1 \\ b_2 & b_2+c_2 & c_2+a_2 \\ b_3 & b_3+c_3 & c_3+a_3 \end{vmatrix}-2\begin{vmatrix} a_1 & b_1 & c_1 \\ a_2 & b_2 & c_2 \\ a_3 & b_3 & c_3 \end{vmatrix}\\
&=\begin{vmatrix} a_1 & b_1+c_1 & c_1 \\ a_2 & b_2+c_2 & c_2 \\ a_3 & b_3+c_3 & c_3 \end{vmatrix}+\begin{vmatrix} b_1 & c_1 & c_1+a_1 \\ b_2 & c_2 & c_2+a_2 \\ b_3 & c_3 & c_3+a_3 \end{vmatrix}-2\begin{vmatrix} a_1 & b_1 & c_1 \\ a_2 & b_2 & c_2 \\ a_3 & b_3 & c_3 \end{vmatrix}\\
&=\begin{vmatrix} a_1 & b_1 & c_1 \\ a_2 & b_2 & c_2 \\ a_3 & b_3 & c_3 \end{vmatrix}+\begin{vmatrix} b_1 & c_1 & a_1 \\ b_2 & c_2 & a_2 \\ b_3 & c_3 & a_3 \end{vmatrix}-2\begin{vmatrix} a_1 & b_1 & c_1 \\ a_2 & b_2 & c_2 \\ a_3 & b_3 & c_3 \end{vmatrix}=0.
\end{aligned}
$$

(2) **分析**　将行列式中的平方项化为和的形式，然后拆分行列式.

证明

$$
\begin{aligned}
&\begin{vmatrix} a_1 & (a+1)^2 & (a+2)^2 & (a+3)^2 \\ b_2 & (b+1)^2 & (b+2)^2 & (b+3)^2 \\ c_2 & (c+1)^2 & (c+2)^2 & (c+3)^2 \\ d^2 & (d+1)^2 & (d+2)^2 & (d+3)^2 \end{vmatrix}=\begin{vmatrix} a^2 & a^2+2a+1 & a^2+4a+4 & a^2+6a+9 \\ b^2 & b^2+2b+1 & b^2+4b+4 & b^2+6b+9 \\ c^2 & c^2+2c+1 & c^2+4d+4 & c^2+6c+9 \\ d^2 & d^2+2d+1 & c^2+4d+4 & d^2+6d+9 \end{vmatrix}\\
&=\begin{vmatrix} a^2 & 2a+1 & 4a+4 & 6a+9 \\ b^2 & 2b+1 & 4b+4 & 6b+9 \\ c^2 & 2c+1 & 4c+4 & 6c+9 \\ d^2 & 2d+1 & 4d+4 & 6d+9 \end{vmatrix}=\begin{vmatrix} a^2 & 2a+1 & 2 & 6 \\ b^2 & 2b+1 & 2 & 6 \\ c^2 & 2c+1 & 2 & 6 \\ d^2 & 2d+1 & 2 & 6 \end{vmatrix}=0.
\end{aligned}
$$

■ 习题 2－4

1 **解题过程**　$A_{11}=(-1)^{1+1}\begin{vmatrix} 1 & -1 \\ 0 & 1 \end{vmatrix}=1,A_{12}=(-1)^{1+2}\begin{vmatrix} 2 & -1 \\ 1 & 1 \end{vmatrix}=-4,$

$A_{13}=(-1)^{1+3}\begin{vmatrix} 2 & 1 \\ 1 & 0 \end{vmatrix}=-1,A_{21}=(-1)^{2+1}\begin{vmatrix} 1 & 0 \\ 0 & 1 \end{vmatrix}=-1,$

$A_{22}=(-1)^{2+2}\begin{vmatrix} -3 & 0 \\ 1 & 1 \end{vmatrix}=-3,A_{23}=(-1)^{2+3}\begin{vmatrix} -3 & 1 \\ 1 & 0 \end{vmatrix}=1,$

$A_{31}=(-1)^{3+1}\begin{vmatrix} 1 & 0 \\ 1 & -1 \end{vmatrix}=-1,A_{32}=(-1)^{3+2}\begin{vmatrix} -3 & 0 \\ 2 & -1 \end{vmatrix}=-3,$

$A_{33}=(-1)^{3+3}\begin{vmatrix} -3 & 1 \\ 2 & 1 \end{vmatrix}=-5.$

按第二行展开：$D=2A_{21}+A_{22}-A_{23}.$

按第三列展开：$D=-A_{23}+A_{33}$.

2 解题过程

(1) 按第一行展开：

$$D_{2n}=(-1)^{1+1}a\begin{vmatrix} a & 0 & \cdots & 0 & b & 0 \\ 0 & a & \cdots & b & 0 & 0 \\ \vdots & \vdots & & \vdots & \vdots & \vdots \\ 0 & b & \cdots & a & 0 & 0 \\ b & 0 & \cdots & 0 & a & 0 \\ 0 & 0 & \cdots & 0 & 0 & a \end{vmatrix}+(-1)^{1+2n}b\begin{vmatrix} 0 & a & 0 & \cdots & 0 & b \\ 0 & 0 & a & \cdots & b & 0 \\ \vdots & \vdots & \vdots & & \vdots & \vdots \\ 0 & 0 & b & \cdots & a & 0 \\ 0 & b & 0 & \cdots & 0 & a \\ b & 0 & 0 & \cdots & 0 & 0 \end{vmatrix}$$

$$=a^2D_{2n-2}-b^2D_{2n-2}=(a^2-b^2)D_{2n-2}.$$

已知 $D_2=a^2-b^2$，根据 $D_{2n}=(a^2-b^2)D_{2n-2}$，可推导出 $D_{2n}=(a^2-b^2)^n$.

(2) 按第一行展开：

$$D_n=(-1)^{n-1}a\begin{vmatrix} a & & \\ & \ddots & \\ & & a \end{vmatrix}_{n-1}+(-1)^{n+1}\begin{vmatrix} 0 & \cdots & 1 \\ a & & \\ & \ddots & \\ & & a \end{vmatrix}$$

$$=a^n+(-1)^{n+1}(-1)^{n-1+1}\begin{vmatrix} a & & \\ & \ddots & \\ & & a \end{vmatrix}_{n-2}$$

$$=a^n-a^{n-2}.$$

(3) 解法 1：由于行列式中 2 为主要元素，可以考虑通过第二行来消元.

$$D_n=\begin{vmatrix} -1 & 0 & 0 & \cdots & 0 & 0 \\ 2 & 2 & 2 & \cdots & 2 & 2 \\ 0 & 0 & 1 & \cdots & 0 & 0 \\ \vdots & \vdots & \vdots & & \vdots & \vdots \\ 0 & 0 & 0 & \cdots & n-3 & 0 \\ 0 & 0 & 0 & \cdots & 0 & n-2 \end{vmatrix}=\begin{vmatrix} -1 & 0 & 0 & \cdots & 0 & 0 \\ 0 & 2 & 2 & \cdots & 0 & 0 \\ 0 & 0 & 1 & \cdots & 0 & 0 \\ \vdots & \vdots & \vdots & & \vdots & \vdots \\ 0 & 0 & 0 & \cdots & n-3 & 0 \\ 0 & 0 & 0 & \cdots & 0 & n-2 \end{vmatrix}$$

$$=-2(n-2)!.$$

解法 2：通过拆分来寻找规律.

$$D_n=\begin{vmatrix} 1 & 2 & 2 & \cdots & 2 & 2 \\ 2 & 2 & 2 & \cdots & 2 & 2 \\ 2 & 2 & 3 & \cdots & 2 & 2 \\ \vdots & \vdots & \vdots & & \vdots & \vdots \\ 2 & 2 & 2 & \cdots & n-1 & 2 \\ 2 & 2 & 2 & \cdots & 2 & 2 \end{vmatrix}+\begin{vmatrix} 1 & 2 & 2 & \cdots & 2 & 2 \\ 2 & 2 & 2 & \cdots & 2 & 2 \\ 2 & 2 & 3 & \cdots & 2 & 2 \\ \vdots & \vdots & \vdots & & \vdots & \vdots \\ 2 & 2 & 2 & \cdots & n-1 & 2 \\ 0 & 0 & 0 & \cdots & 0 & n-2 \end{vmatrix}$$

$$=(n-2)D_{n-1}.$$

已知 $n \geqslant 2$,可求得 $D_2 = -2$,得到 $D_n = -2(n-2)!$.

(4) 按第一列展开:

$$D_n = (-1)^{1+n}x \begin{vmatrix} x & y & \cdots & 0 & 0 \\ 0 & x & \cdots & 0 & 0 \\ \vdots & \vdots & & \vdots & \vdots \\ 0 & 0 & \cdots & x & y \\ 0 & 0 & \cdots & 0 & x \end{vmatrix}_{n-1} + (-1)^{1+n}y \begin{vmatrix} y & 0 & \cdots & 0 & 0 \\ x & y & \cdots & 0 & 0 \\ \vdots & \vdots & & \vdots & \vdots \\ 0 & x & \cdots & 0 & 0 \\ 0 & 0 & \cdots & x & y \end{vmatrix}_{n-1}$$

$$= x^n + (-1)^{n+1}y^n.$$

$$(5)\ D_n = \prod_{i=1}^{n} a_i \begin{vmatrix} 1+\dfrac{1}{a_1} & \dfrac{1}{a_1} & \dfrac{1}{a_1} & \cdots & \dfrac{1}{a_1} \\ \dfrac{1}{a_2} & 1+\dfrac{1}{a_2} & \dfrac{1}{a_2} & \cdots & \dfrac{1}{a_2} \\ \dfrac{1}{a_3} & \dfrac{1}{a_3} & 1+\dfrac{1}{a_3} & \cdots & \dfrac{1}{a_3} \\ \vdots & \vdots & \vdots & & \vdots \\ \dfrac{1}{a_n} & \dfrac{1}{a_n} & \dfrac{1}{a_n} & \cdots & 1+\dfrac{1}{a_n} \end{vmatrix}$$

$$= \prod_{i=1}^{n} a_i \begin{vmatrix} 1+\sum_{i=1}^{n}\dfrac{1}{a_i} & 1+\sum_{i=1}^{n}\dfrac{1}{a_i} & \cdots & 1+\sum_{i=1}^{n}\dfrac{1}{a_i} \\ \dfrac{1}{a_2} & 1+\dfrac{1}{a_2} & \cdots & \dfrac{1}{a_2} \\ \vdots & \vdots & & \vdots \\ \dfrac{1}{a_n} & \dfrac{1}{a_n} & & 1+\dfrac{1}{a_n} \end{vmatrix}$$

$$= \left(\prod_{i=1}^{n} a_i\right)\left(1+\sum_{i=1}^{n}\dfrac{1}{a_i}\right) \begin{vmatrix} 1 & 1 & \cdots & 1 \\ \dfrac{1}{a_2} & 1+\dfrac{1}{a_2} & \cdots & 1 \\ \vdots & \vdots & & \vdots \\ \dfrac{1}{a_n} & \dfrac{1}{a_n} & \cdots & 1+\dfrac{1}{a_n} \end{vmatrix}$$

$$= \left(\prod_{i=1}^{n} a_i\right)\left(1+\sum_{i=1}^{n}\dfrac{1}{a_i}\right) \begin{vmatrix} 1 & 1 & \cdots & 1 \\ 0 & 1 & \cdots & 0 \\ \vdots & \vdots & & \vdots \\ 0 & 0 & \cdots & 1 \end{vmatrix}$$

$$= \left(\prod_{i=1}^{n} a_i\right)\left(1+\sum_{i=1}^{n}\dfrac{1}{a_i}\right).$$

3. 分析　由于等号左边行列式中零较多,可以按行展开,或将其化为三角形行列式.

证法 1:按第一行展开得到

$$D_n = xD_{n-1} + (-1)^{n+1}a_n \begin{vmatrix} -1 & 0 & \cdots & 0 & 0 \\ x & -1 & \cdots & 0 & 0 \\ 0 & 0 & \cdots & -1 & 0 \\ 0 & 0 & \cdots & x & -1 \end{vmatrix}_{n-1} = xD_{n-1} + a_n.$$

进一步由 $D_n = xD_{n-1} + a_n$ 且 $D_2 = \begin{vmatrix} x & -1 \\ a_2 & x+a_1 \end{vmatrix} = x^2 + a_1 x + a_2$ 可得到

$$D_n = x^n + a_1 x^{n-1} + \cdots + a_{n-1}x + a_n.$$

证法 2:化为下三角形行列式,从第二列开始,消去各列中的 -1,假设 x 不为 0.

$$D_n = \begin{vmatrix} x & 0 & 0 & \cdots & 0 \\ 0 & x & 0 & \cdots & 0 \\ \vdots & \vdots & \vdots & & \vdots \\ 0 & 0 & 0 & \cdots & 0 \\ a_n & \dfrac{a_n}{x}+a_1 & \dfrac{a_n}{x^2}+\dfrac{a_{n-1}}{x}+a_{n-2} & \cdots & \dfrac{a_n}{x^{n-1}}+\cdots+x+a_1 \end{vmatrix} = x^{n-1}\left(\dfrac{a_n}{x^{n-1}}+\cdots+a_1\right)$$

$$= x^n + a_1 x^{n-1} + \cdots + a_n.$$

习题 2－5

1 解题过程　(1) $D = \begin{vmatrix} 1 & 1 & -2 \\ 0 & 1 & 2 \\ 1 & -1 & 0 \end{vmatrix} = 6, D_1 = \begin{vmatrix} -2 & 1 & -2 \\ 1 & 1 & 2 \\ 2 & -1 & 0 \end{vmatrix} = 6,$

$$D_2 = \begin{vmatrix} 1 & -2 & -2 \\ 0 & 1 & 2 \\ 1 & 2 & 0 \end{vmatrix} = -6, D_3 = \begin{vmatrix} 1 & 1 & -2 \\ 0 & 1 & 1 \\ 1 & -1 & 2 \end{vmatrix} = 6.$$

方程组的解为 $(x_1, x_2, x_3)^{\mathrm{T}} = (1, -1, 1)^{\mathrm{T}}.$

(2) $D = \begin{vmatrix} 2 & 2 & -1 & 1 \\ 4 & 3 & -1 & 2 \\ 8 & 5 & -3 & 4 \\ 3 & 3 & -2 & 2 \end{vmatrix} = 2, D_1 = \begin{vmatrix} 4 & 2 & -1 & 1 \\ 6 & 3 & -1 & 2 \\ 12 & 5 & -3 & 4 \\ 6 & 3 & -2 & 2 \end{vmatrix} = 2,$

$$D_2 = \begin{vmatrix} 2 & 4 & -1 & 1 \\ 4 & 6 & -1 & 2 \\ 8 & 12 & -3 & 4 \\ 3 & 6 & -2 & 2 \end{vmatrix} = 2, D_3 = \begin{vmatrix} 2 & 2 & 4 & 1 \\ 4 & 3 & 6 & 2 \\ 8 & 5 & 12 & 4 \\ 3 & 3 & 6 & 2 \end{vmatrix} = -2,$$

$$D_4 = \begin{vmatrix} 2 & 2 & -1 & 4 \\ 4 & 3 & -1 & 6 \\ 8 & 5 & -3 & 12 \\ 3 & 3 & -2 & 6 \end{vmatrix} = -2.$$

方程组解为 $(x_1, x_2, x_3, x_4)^T = (1, 1, -1, -1)^T$.

2 解题过程 当系数行列式为 0 时,齐次线性方程组有非零解.

$$\begin{vmatrix} 5-\lambda & 2 & 2 \\ 2 & 6-\lambda & 0 \\ 2 & 0 & 4-\lambda \end{vmatrix} = 0, 即 -(\lambda-2)(\lambda-5)(\lambda-8) = 0, 得当 \lambda = 2 或 \lambda = 5 或 \lambda$$

$= 8$ 时方程组有非零解.

3 解题过程 设公司主管和职员人数分别为 x、y,根据题意可得出方程组

$$\begin{cases} 0.5x + 0.25y = 6 \\ 0.4x + 0.25 \times (1 - \dfrac{2}{5})y = 3.8 \end{cases},$$

通过克拉默法则解得 $x = 2, y = 20$.

总习题

1 解题过程 (1) 每行提出一个 2,可得到

$$\begin{vmatrix} 2a_{11} & 2a_{12} & 2a_{13} \\ 2a_{21} & 2a_{22} & 2a_{23} \\ 2a_{31} & 2a_{32} & 2a_{33} \end{vmatrix} = 2^3 \begin{vmatrix} a_{11} & a_{12} & a_{13} \\ a_{21} & a_{22} & a_{23} \\ a_{31} & a_{32} & a_{33} \end{vmatrix} = 8 \times 2 = 16.$$

(2) 按第三列展开得到

$$|A| = (-1)^{1+3} \times 3 + 3 \times (-2) \times (-1)^{2+3} + (-2) \times (-1)^{3+3} + 2 \times (-1)^{4+3}$$

$$= 3 + 6 - 2 - 2 = 5.$$

2 分析 可以对行列式稍作变换,直接得出结果.

解题过程

$$|A| = \begin{vmatrix} 1 & 2 & 3 & 4 & 5 \\ \dfrac{5}{2} & \dfrac{5}{2} & \dfrac{5}{2} & 0 & 0 \\ 3 & 2 & 4 & 5 & 2 \\ 3 & 3 & 3 & 2 & 2 \\ 4 & 6 & 5 & 2 & 3 \end{vmatrix} = \begin{vmatrix} 1 & 2 & 3 & 4 & 5 \\ 0 & 0 & 0 & -\dfrac{5}{3} & -\dfrac{5}{3} \\ 3 & 2 & 4 & 5 & 2 \\ 3 & 3 & 3 & 2 & 2 \\ 4 & 6 & 5 & 2 & 3 \end{vmatrix}.$$

根据行列式性质:

$$\frac{5}{2}A_{31} + \frac{5}{2}A_{32} + \frac{5}{2}A_{33} = 0 \text{ 得到 } A_{31} + A_{32} + A_{33} = 0.$$

$$-\frac{5}{3}A_{34} - \frac{5}{3}A_{35} = 0 \text{ 得到 } A_{34} + A_{35} = 0.$$

3 解题过程

(1)
$$\begin{vmatrix} 1 & 2 & 3 & \cdots & n \\ 2 & 3 & 4 & \cdots & 1 \\ 3 & 4 & 5 & \cdots & 2 \\ \vdots & \vdots & \vdots & & \vdots \\ n & 1 & 2 & \cdots & n-1 \end{vmatrix} \underline{\dfrac{\text{从第 } n-1 \text{ 行开始,乘}(-1)\text{加到下一行}}{\text{第 1 列乘}(-1)\text{加到其他列}}}$$

$$\begin{vmatrix} 1 & 2 & 3 & \cdots & n-1 \\ 1 & 0 & 0 & \cdots & -n \\ 1 & 0 & 0 & \cdots & 0 \\ \vdots & \vdots & \vdots & & \vdots \\ 1 & -n & 0 & \cdots & 0 \end{vmatrix} \underline{\text{第 2 至第 } n \text{ 列乘 } 1/n \text{ 加到第 1 列}}$$

$$\begin{vmatrix} \displaystyle\sum_{i=1}^{n}\frac{i}{n} & 1 & 2 & \cdots & n-1 \\ 0 & 0 & 0 & \cdots & -n \\ 0 & 0 & 0 & \cdots & 0 \\ \vdots & \vdots & \vdots & & \vdots \\ 0 & -n & 0 & \cdots & 0 \end{vmatrix} = \left(\sum_{i=1}^{n}\frac{i}{n}\right) \begin{vmatrix} 0 & 0 & \cdots & -n \\ 0 & 0 & \cdots & 0 \\ \vdots & \vdots & & \vdots \\ -n & 0 & \cdots & 0 \end{vmatrix}$$

$$= (-1)^{\frac{n(n-1)}{2}} n^{n-1}\left(\sum_{i=1}^{n}\frac{i}{n}\right) = (-1)^{\frac{n(n-1)}{2}} \cdot \frac{n^{n-1}(n+1)}{2}.$$

(2) 考虑按第一行进行拆分:

$$D_n = \begin{vmatrix} a & a & a & \cdots & a & a \\ -a & x & a & \cdots & a & a \\ -a & -a & x & \cdots & a & a \\ \vdots & \vdots & \vdots & & \vdots & \vdots \\ -a & -a & -a & \cdots & -a & x \end{vmatrix} + \begin{vmatrix} x-a & a & \cdots & a & a \\ 0 & x & \cdots & a & a \\ 0 & -a & \cdots & a & a \\ \vdots & \vdots & & \vdots & \vdots \\ 0 & -a & \cdots & -a & x \end{vmatrix}$$

$$= \begin{vmatrix} a & a & a & a & a \\ 0 & x+a & 2a & 2a & 2a \\ 0 & 0 & x+a & 2a & 2a \\ \vdots & \vdots & & \vdots & \vdots \\ 0 & 0 & \cdots & 0 & x+a \end{vmatrix} + (x-a)D_{n-1}$$

$$= a(x+a)^{n-1} + (x-a)D_{n-1}.$$

考虑按最后一行拆分:

$$D_n = \begin{vmatrix} x & a & a & \cdots & a & a \\ -a & x & a & \cdots & a & a \\ -a & -a & x & \cdots & a & a \\ \vdots & \vdots & \vdots & & \vdots & \vdots \\ -a & -a & -a & \cdots & -a & -a \end{vmatrix} + \begin{vmatrix} x & a & a & \cdots & a \\ -a & x & a & \cdots & a \\ -a & -a & x & \cdots & a \\ \vdots & \vdots & \vdots & & \vdots \\ 0 & 0 & 0 & \cdots & 0 \end{vmatrix}$$

$$= \begin{vmatrix} x-a & 0 & 0 & \cdots & 0 & 0 \\ -2a & x-a & 0 & \cdots & 0 & 0 \\ -2a & -2a & x-a & \cdots & 0 & 0 \\ \vdots & \vdots & \vdots & & \vdots & \vdots \\ -a & -a & -a & \cdots & -a & -a \end{vmatrix} + (x+a)D_{n-1}$$

$$= -a(x-a)^{n-1} + (x+a)D_{n-1}.$$

根据两个等式可推出 $D_n = \dfrac{1}{2}[(x+a)^n + (x-a)^n]$.

$$(3) \begin{vmatrix} 1 & 1 & \cdots & 1 & -n \\ 1 & 1 & \cdots & -n & 1 \\ \vdots & \vdots & & \vdots & \vdots \\ 1 & -n & \cdots & 1 & 1 \\ -n & 1 & \cdots & 1 & 1 \end{vmatrix} \xrightarrow{\text{将第 } 2\sim n \text{ 行加到第 1 行}} \begin{vmatrix} -1 & -1 & \cdots & -1 & -1 \\ 1 & 1 & \cdots & -n & 1 \\ \vdots & \vdots & & \vdots & \vdots \\ 1 & -n & \cdots & 1 & 1 \\ -n & 1 & \cdots & 1 & 1 \end{vmatrix}$$

$$\xrightarrow{\substack{\text{将第 1 行分别加到} \\ \text{第 } 2\sim n \text{ 行}}} \begin{vmatrix} -1 & -1 & \cdots & -1 & -1 \\ 0 & 0 & \cdots & -n-1 & 0 \\ \vdots & \vdots & & \vdots & \vdots \\ 0 & -n-1 & \cdots & 0 & 0 \\ -n-1 & 0 & \cdots & 0 & 0 \end{vmatrix}$$

$$= (-1)^{\frac{n(n-1)}{2}} (-1)^{n+2} (-n-1)^{n-1} = (-1)^{\frac{n(n+1)}{2}} (n+1)^{n-1}.$$

4 证明 将行列式展开,用代数余子式的形式来推导.

设等号左边行列式为 D_n,按第 n 列展开

$$D_n = 2\cos\alpha D_{n-1} + (-1)^{2n-1} \begin{vmatrix} \cos\alpha & 1 & & & & \\ 1 & 2\cos\alpha & 1 & & & \\ & \ddots & \ddots & \ddots & & \\ & & 1 & 2\cos\alpha & 1 \\ & & & 0 & 1 \end{vmatrix} = 2\cos\alpha D_{n-1} - D_{n-2}.$$

又可求出 $D_1 = \cos\alpha, D_2 = \cos 2\alpha$,可推导出 $D_n = \cos n\alpha$.

5 解题过程 设甲、乙、丙三种电器原价分别为 x, y, z,由题意得到方程组

$$\begin{cases} 9.5x + 18y + 14.25z = 21350, \\ 18x + 9.5y + 9.5z = 17650, \\ 18x + 27y + 18z = 31500. \end{cases} \quad 解得 \begin{cases} x = 400, \\ y = 500, \\ z = 600. \end{cases}$$

6 分析 当且仅当齐次线性方程组的系数行列式为 0 时,方程组有非零解,即 $\begin{vmatrix} \lambda & 1 & 0 \\ 1 & u & 1 \\ 1 & 2u & 1 \end{vmatrix} = -u(\lambda - 1) = 0$. 当 $\lambda = 1$ 或 $u = 0$ 时齐次线性方程组有非零解.

小结

1. 本书所说的行列式都是方阵的行列式.

2. 行列式计算方法:对角线法则、根据定义求解和展开计算. 此外,还可根据行列式的性质将行列式化简为常见行列式来求解.

3. 使用行列式的性质来化简计算行列式.

4. 使用克拉默法则来求解线性方程组.

第三章

矩阵的运算

学习要求

1. 理解矩阵概念,了解零矩阵、对角矩阵、单位矩阵、对称矩阵等特殊矩阵及其性质.
2. 熟练掌握矩阵的加法、数乘、乘法、转置,方阵的行列式及其性质.
3. 掌握逆矩阵的概念、矩阵可逆的充分必要条件、逆矩阵的性质以及计算方法.
4. 掌握矩阵的初等变换,知道初等矩阵和矩阵等价的概念.
5. 知道矩阵秩,熟悉向量组的秩与矩阵秩之间的关系.

知识点归纳

■ 矩阵的运算

(1) 矩阵的加法.

① 加法交换律:$A + B = B + A$.

② 加法结合律:$(A + B) + C = A + (B + C)$.

【注】 只有同型的矩阵才能进行加法运算,即矩阵的行数和列数对应相等.

(2) 矩阵的数乘.

$\lambda(\mu A) = (\lambda\mu)A$.

$(\lambda + \mu)A = \lambda A + \mu A$.

$\lambda(A + B) = \lambda A + \lambda B$，其中 λ 为任意数.

（3）矩阵的乘法.

① 乘法结合律：$(AB)C = A(BC)$.

② $A(B + C) = AB + AC$，　$(A + B)C = AC + BC$.

③ $(\lambda A)B = \lambda(AB) = A(\lambda B)$，其中 λ 为任意数.

> 【注】　只有当前一矩阵的列数等于后一矩阵的行数时，两矩阵才能相乘，矩阵乘积的行数为前一矩阵的行数，列数等于后一矩阵的列数. 此外，矩阵的乘法不满足交换律.

（4）矩阵的转置.

$(A^{\mathrm{T}})^{\mathrm{T}} = A$；

$(A + B)^{\mathrm{T}} = A^{\mathrm{T}} + B^{\mathrm{T}}$；

$(\lambda A)^{\mathrm{T}} = \lambda A^{\mathrm{T}}$，其中 λ 为任意数；

$(AB)^{\mathrm{T}} = B^{\mathrm{T}} A^{\mathrm{T}}$.

（5）方阵的幂.

$A^k A^l = A^{k+l}$；

$(A^k)^l = A^{kl}$，其中 k, l 为正整数.

> 【注】　矩阵乘法不满足交换律，因此 $(AB)^k \neq A^k B^k$.

（6）方阵的行列式.

$|A^{\mathrm{T}}| = |A|$；

$|\lambda A_n| = \lambda^n |A_n|$；

$|AB| = |A||B|$，其中 λ 为任意数.

■ 对称矩阵与反对称矩阵

设 $A = (a_{ij})$ 为 n 阶方阵，如果 $A^{\mathrm{T}} = A$，则称 A 为对称矩阵；如果 $A^{\mathrm{T}} = -A$，则称 A 为反对称矩阵.

■ 逆矩阵与伴随矩阵

（1）逆矩阵：对于 n 阶方阵 A，如果存在一个 n 阶方阵 B，使得

$$AB = BA = E,$$

则称 A 是可逆的，并把矩阵 B 称为 A 的逆矩阵，记作 $A^{-1} = B$. 如果 A 可逆，则它的逆矩阵存在且唯一.

可逆矩阵的性质：

① 若 n 阶方阵 $\boldsymbol{A}$ 可逆,则 $\boldsymbol{A}^{-1}$ 也可逆,且 $(\boldsymbol{A}^{-1})^{-1} = \boldsymbol{A}$.

② 若 $\boldsymbol{A}$ 可逆,数 $\lambda \neq 0$,则 $\lambda \boldsymbol{A}$ 可逆,且 $(\lambda \boldsymbol{A})^{-1} = \dfrac{1}{\lambda} \boldsymbol{A}^{-1}$.

③ 若 $\boldsymbol{A}, \boldsymbol{B}$ 为同阶方阵且均可逆,则 $\boldsymbol{AB}$ 也可逆,且 $(\boldsymbol{AB})^{-1} = \boldsymbol{B}^{-1} \boldsymbol{A}^{-1}$.

④ 若 $\boldsymbol{A}$ 可逆,则 $\boldsymbol{A}^{\mathrm{T}}$ 也可逆,且 $(\boldsymbol{A}^{\mathrm{T}})^{-1} = (\boldsymbol{A}^{-1})^{\mathrm{T}}$.

⑤ 若 $\boldsymbol{A}$ 可逆,且 $\boldsymbol{AB} = \boldsymbol{AC}$,则 $\boldsymbol{B} = \boldsymbol{C}$.

(2) 伴随矩阵:方阵 $\boldsymbol{A}$ 可逆的充分必要条件是 $|\boldsymbol{A}| \neq 0$,且它的逆矩阵为 $\boldsymbol{A}^{-1} = \dfrac{1}{|\boldsymbol{A}|} \boldsymbol{A}^{*}$,则称 $\boldsymbol{A}^{*}$ 为矩阵 $\boldsymbol{A}$ 的伴随矩阵.

伴随矩阵继承原矩阵的对称性、可逆性、正交性和正定性.

伴随矩阵的性质:

① $\boldsymbol{AA}^{*} = \boldsymbol{A}^{*} \boldsymbol{A} = |\boldsymbol{A}| \boldsymbol{E}$.

② 当 $|\boldsymbol{A}| \neq 0$ 时,$\boldsymbol{A}^{-1} = \dfrac{1}{|\boldsymbol{A}|} \boldsymbol{A}^{*}$.

③ $|\boldsymbol{A}^{*}| = |\boldsymbol{A}|^{n-1}$.

④ 当 $|\boldsymbol{A}| = 0$ 时,$\boldsymbol{AA}^{*} = \boldsymbol{A}^{*} \boldsymbol{A} = 0$.

⑤ 当 $|\boldsymbol{A}| \neq 0$ 时,$(\boldsymbol{A}^{-1})^{*} = (\boldsymbol{A}^{*})^{-1} = \dfrac{1}{|\boldsymbol{A}|} \boldsymbol{A}$,$(\boldsymbol{A}^{\mathrm{T}})^{*} = (\boldsymbol{A}^{*})^{\mathrm{T}}$.

■ 分块矩阵

将矩阵 $\boldsymbol{A}$ 用若干条横线和竖线分成许多个小矩阵,每一个小矩阵称为 $\boldsymbol{A}$ 的子块,以子块为元的形式上的矩阵称为分块矩阵.

分块矩阵的加法、数乘、乘法、转置与普通矩阵运算规则相类似.

■ 初等矩阵

由 n 阶单位矩阵 $\boldsymbol{E}$ 经过一次初等变换得到的矩阵称为 n 阶初等矩阵.

三种初等变换对应着三种初等矩阵:

① 对调 n 阶单位矩阵 $\boldsymbol{E}_n$ 的第 i, j 两行(或两列) 得到的初等矩阵记为 $\boldsymbol{E}_n(i, j)$.

② 用数 $k \neq 0$ 乘 $\boldsymbol{E}_n$ 的第 i 行(或第 i 列) 得到的矩阵记为 $\boldsymbol{E}_n(i(k))$.

③ 用数 k 乘 $\boldsymbol{E}_n$ 的第 j 行加到第 i 行上(或以 k 乘 $\boldsymbol{E}_n$ 的第 i 列加到第 j 列上)得到的矩阵记为 $\boldsymbol{E}_n(i, j(k))$.

(1) 初等矩阵的性质:初等矩阵都是单位矩阵经过一次初等变换得到的,因此是可逆矩阵且

$$\boldsymbol{E}_n(i, j)^{-1} = \boldsymbol{E}_n(i, j);$$

$$E_n[i(k)]^{-1} = E_n\left[i\left(\frac{1}{k}\right)\right](k \neq 0);$$

$$E_n[i,j(k)]^{-1} = E_n[i,j(-k)].$$

（2）初等矩阵和初等变换的关系：设 A 是一个 $m \times n$ 矩阵，对 A 进行一次初等行变换，相当于在矩阵 A 的左边乘相应的 m 阶初等矩阵；对 A 进行一次初等列变换，相当于在矩阵 A 的右边乘相应的 n 阶初等矩阵，即

$$A_{m \times n} \xrightarrow{r_i \leftrightarrow r_j} E_m(i,j)A_{m \times n};$$

$$A_{m \times n} \xrightarrow{c_i \leftrightarrow c_j} A_{m \times n}E_n(i,j);$$

$$A_{m \times n} \xrightarrow{kr_i} E_m[i(k)]A_{m \times n};$$

$$A_{m \times n} \xrightarrow{kc_i} A_{m \times n}E_n[i(k)];$$

$$A_{m \times n} \xrightarrow{r_i + kr_j} E_m[i,j(k)]A_{m \times n};$$

$$A_{m \times n} \xrightarrow{c_j + kc_i} A_{m \times n}E_n[i,j(k)].$$

（3）利用初等矩阵来求逆矩阵.

对 $n \times 2n$ 矩阵 $(A \mid E)$ 进行初等行变换使得左边的 A 变为单位矩阵 E，同时右边的 E 变成了 A 的逆矩阵.

矩阵的秩

（1）子式.

在矩阵 $A = (a_{ij})_{m \times n}$ 中任选 k 行 k 列 $(1 \leqslant k \leqslant m, 1 \leqslant k \leqslant n)$，其相交处的 k^2 个元，按原来的位置构成的 k 阶行列式，称为 A 的 k 阶子式.

（2）最高阶非零子式和矩阵的秩.

如果在矩阵 A 中有一个 r 阶非零子式 D，且所有的 $r+1$ 阶子式（如果存在的话）全等于 0，那么 D 称为矩阵 A 的最高阶非零子式，数 r 称为矩阵 A 的秩，记作 $R(A)$，即 $R(A) = r$. 规定零矩阵的秩为 0.

（3）秩的计算.

① 可逆方阵的秩等于其阶数，可逆矩阵又称为满秩矩阵. 不可逆方阵（奇异矩阵）又称为降秩矩阵.

② 矩阵的初等变换不改变矩阵的秩，即若 $A \sim B$，则 $R(A) = R(B)$；

③ 常用的一些公式：

$$R(A) = R(A^T);$$

$$R(kA) = R(A), \quad k \neq 0;$$

$$R(A + B) \leqslant R(A) + R(B);$$

$R(\boldsymbol{AB}) \leqslant \min(R(\boldsymbol{A}), R(\boldsymbol{B}))$；

若 $\boldsymbol{A}$ 可逆，则 $R(\boldsymbol{AB}) = R(\boldsymbol{BA}) = R(\boldsymbol{B})$；

若 $\boldsymbol{AB} = 0$，$\boldsymbol{A}$ 是 $m \times n$ 矩阵，则 $R(\boldsymbol{A}) + R(\boldsymbol{B}) \leqslant n$；

若 $\boldsymbol{A} \sim \boldsymbol{B}$，则 $R(\boldsymbol{A}) = R(\boldsymbol{B})$.

④ 矩阵经过初等行变换变成的行阶梯形矩阵，其中非零行的行数即是该矩阵的秩.

重点与难点

1. 矩阵的加法、数乘、乘法运算.

2. 方阵及其行列式的性质及计算.

3. 逆矩阵的计算方法.

4. 分块矩阵或初等矩阵的性质及计算.

5. 矩阵的秩及计算方法.

典型例题与解析

例 1　设 $\boldsymbol{A} = \begin{pmatrix} 1 & 1 & 1 \\ 1 & 1 & -1 \\ 1 & -1 & 1 \end{pmatrix}$，$\boldsymbol{B} = \begin{pmatrix} 1 & 2 & 3 \\ -1 & -2 & 4 \\ 0 & 5 & 1 \end{pmatrix}$，求 $3\boldsymbol{AB} - 2\boldsymbol{A}$ 及 $\boldsymbol{A}^{\mathrm{T}}\boldsymbol{B}$.

【分析】　利用矩阵乘法、数乘及加法的定义来运算.

【解】　$3\boldsymbol{AB} - 2\boldsymbol{A} = 3\begin{pmatrix} 1 & 1 & 1 \\ 1 & 1 & -1 \\ 1 & -1 & 1 \end{pmatrix}\begin{pmatrix} 1 & 2 & 3 \\ -1 & -2 & 4 \\ 0 & 5 & 1 \end{pmatrix} - 2\begin{pmatrix} 1 & 1 & 1 \\ 1 & 1 & -1 \\ 1 & -1 & 1 \end{pmatrix}$

$= \begin{pmatrix} 1 & 1 & 1 \\ 1 & 1 & -1 \\ 1 & -1 & 1 \end{pmatrix} \times \left[\begin{pmatrix} 3 & 6 & 9 \\ -3 & -6 & 12 \\ 0 & 15 & 3 \end{pmatrix} - \begin{pmatrix} 2 & 0 & 0 \\ 0 & 2 & 0 \\ 0 & 0 & 2 \end{pmatrix}\right]$

$= \begin{pmatrix} 1 & 1 & 1 \\ 1 & 1 & -1 \\ 1 & -1 & 1 \end{pmatrix}\begin{pmatrix} 1 & 6 & 9 \\ -3 & -8 & 12 \\ 0 & 15 & 1 \end{pmatrix} = \begin{pmatrix} -2 & 13 & 22 \\ -2 & 17 & 20 \\ 4 & 29 & -2 \end{pmatrix}$.

$$A^{\mathrm{T}}B = \begin{pmatrix} 1 & 1 & 1 \\ 1 & 1 & -1 \\ 1 & -1 & 1 \end{pmatrix} \begin{pmatrix} 1 & 2 & 3 \\ -1 & -2 & 4 \\ 0 & 5 & 1 \end{pmatrix} = \begin{pmatrix} 0 & 5 & 8 \\ 0 & -5 & 6 \\ 2 & 9 & 0 \end{pmatrix}.$$

例 2 某超市公司欲新开一家分公司,有 4 个地点可供选择,新建超市分公司有食品部、日用品部和电器部,经市场调查预测,新超市各部在各地点日营业额(万元)如下表所示:

部门 营业点	食品部	日用品部	电器部
甲	3	4	1
乙	4	3.5	1.2
丙	2.5	3	2
丁	4	4	0.5

各部的利润率依次为 15%,20%,10%,如从新超市分公司利润考虑,应在何地开分公司?

【分析】 超市各部在各地日营业额可表示为 4×3 阶矩阵,各部的利润表示为 3×1 阶矩阵,矩阵乘积为各地的总利润.

【解】 设 $A = \begin{pmatrix} 3 & 4 & 1 \\ 4 & 3.5 & 1.2 \\ 2.5 & 3 & 2 \\ 4 & 4 & 0.5 \end{pmatrix}$, $B = \begin{pmatrix} 0.15 \\ 0.2 \\ 0.1 \end{pmatrix}$.

AB 为甲、乙、丙、丁 4 个地点的食品部、日用品部、电器部的总日营业额,

$$AB = \begin{pmatrix} 3 & 4 & 1 \\ 4 & 3.5 & 1.2 \\ 2.5 & 3 & 2 \\ 4 & 4 & 0.5 \end{pmatrix} \begin{pmatrix} 0.15 \\ 0.2 \\ 0.1 \end{pmatrix} = \begin{pmatrix} 1.35 \\ 1.42 \\ 1.175 \\ 1.45 \end{pmatrix},$$ 可得出在丁处开分公司可获得的利润最大.

例 3 已知 $\alpha = (1,2,3)$, $\beta = \left(1, \dfrac{1}{2}, \dfrac{1}{3}\right)$,设 $A = \alpha^{\mathrm{T}}\beta$,求 A^n.

【分析】 主要考查矩阵的乘法及结合律,另外 $|\alpha|$ 行的矩阵与实数用法相同,但它本质上与实数不同.

【解】 $\alpha^{\mathrm{T}}\beta = \begin{pmatrix} 1 \\ 2 \\ 3 \end{pmatrix} (1 \quad \dfrac{1}{2} \quad \dfrac{1}{3}) = \begin{pmatrix} 1 & \dfrac{1}{2} & \dfrac{1}{3} \\ 2 & 1 & \dfrac{2}{3} \\ 3 & \dfrac{3}{2} & 1 \end{pmatrix}.$

$$\boldsymbol{\beta}\boldsymbol{\alpha}^{\mathrm{T}} = (1 \quad \frac{1}{2} \quad \frac{1}{3})\begin{pmatrix} 1 \\ 2 \\ 3 \end{pmatrix} = 3.$$

$$\boldsymbol{A}^n = (\boldsymbol{\alpha}^{\mathrm{T}}\boldsymbol{\beta})^n = (\boldsymbol{\alpha}^{\mathrm{T}}\boldsymbol{\beta})(\boldsymbol{\alpha}^{\mathrm{T}}\boldsymbol{\beta})\cdots(\boldsymbol{\alpha}^{\mathrm{T}}\boldsymbol{\beta}) = \boldsymbol{\alpha}^{\mathrm{T}}(\boldsymbol{\beta}\boldsymbol{\alpha}^{\mathrm{T}})(\boldsymbol{\beta}\boldsymbol{\alpha}^{\mathrm{T}})\cdots(\boldsymbol{\beta}\boldsymbol{\alpha}^{\mathrm{T}})\boldsymbol{\beta}$$

$$= 3^{n-1}\boldsymbol{\alpha}^{\mathrm{T}}\boldsymbol{\beta} = 3^{n-1}\begin{pmatrix} 1 & \frac{1}{2} & \frac{1}{3} \\ 2 & 1 & \frac{2}{3} \\ 3 & \frac{3}{2} & 1 \end{pmatrix}.$$

例 4 设矩阵 $\boldsymbol{A} = \begin{pmatrix} 2 & 1 \\ -1 & 2 \end{pmatrix}$，$\boldsymbol{E}$ 为二阶单位矩阵，矩阵 $\boldsymbol{B}$ 满足 $\boldsymbol{BA} = \boldsymbol{B} + 2\boldsymbol{E}$，求 $|\boldsymbol{B}|$.

【分析】 可以先求出 $\boldsymbol{B}$ 再计算行列式；另外，可直接对等式两边求行列式，能简化计算.

【解】 $\boldsymbol{BA} = \boldsymbol{B} + 2\boldsymbol{E}$ 转化得到 $\boldsymbol{B}(\boldsymbol{A} - \boldsymbol{E}) = 2\boldsymbol{E}$，

两边取行列式得到

$$|\boldsymbol{B}(\boldsymbol{A} - \boldsymbol{E})| = |2\boldsymbol{E}|,$$

$$|\boldsymbol{B}||\boldsymbol{A} - \boldsymbol{E}| = 4,$$

$$|\boldsymbol{B}| \cdot \begin{vmatrix} 1 & 1 \\ -1 & 1 \end{vmatrix} = 4,$$

$$|\boldsymbol{B}| = 2.$$

例 5 求 $\boldsymbol{A} = \begin{bmatrix} 1 & 2 & -1 \\ 3 & 4 & -2 \\ 5 & -4 & 1 \end{bmatrix}$ 的逆矩阵.

【分析】 求逆矩阵常用方法有定义、伴随矩阵、初等变换、分块求逆.

【解】 $|\boldsymbol{A}| = 2$，故 $\boldsymbol{A}^{-1}$ 存在，

$$\boldsymbol{A}_{11} = -4, \boldsymbol{A}_{12} = -13, \boldsymbol{A}_{13} = -32,$$

$$\boldsymbol{A}_{21} = 2, \boldsymbol{A}_{22} = 6, \boldsymbol{A}_{23} = 14,$$

$$\boldsymbol{A}_{31} = 0, \boldsymbol{A}_{32} = -1, \boldsymbol{A}_{33} = -2.$$

$$\boldsymbol{A}^* = \begin{pmatrix} -4 & 2 & 0 \\ -13 & 6 & -1 \\ -32 & 14 & -2 \end{pmatrix}, 得到 \boldsymbol{A}^{-1} = \frac{1}{|\boldsymbol{A}|}\boldsymbol{A}^* = \begin{pmatrix} -2 & 1 & 0 \\ -\frac{13}{2} & 3 & -\frac{1}{2} \\ -16 & 7 & -1 \end{pmatrix}.$$

例 6 设矩阵 x 满足 $A^* x = A^{-1}B + 2x$，其中 $A = \begin{bmatrix} 1 & 1 & -1 \\ -1 & 1 & 1 \\ 1 & -1 & 1 \end{bmatrix}$，$B = \begin{bmatrix} 1 & 1 \\ 1 & 0 \\ 0 & 1 \end{bmatrix}$，求矩阵 x.

【分析】 根据矩阵的性质进行化简，推出 x.

【解】 $|A| = 4$，故 $A^* = |A|A^{-1} = 4A^{-1}$，代入方程得到 $4A^{-1}x = A^{-1}B + 2x$.

移项得到 $(4A^{-1} - 2E)x = A^{-1}B$.

两边左乘 A 得到 $(4E - 2A)x = B$.

$4E - 2A = \begin{bmatrix} 2 & -2 & 2 \\ 2 & 2 & -2 \\ -2 & 2 & 2 \end{bmatrix}$，进一步计算 $|(4E - 2A)| = 32$.

求得 $(4E - 2A)^{-1} = \frac{1}{4}\begin{bmatrix} 1 & 1 & 0 \\ 0 & 1 & 1 \\ 1 & 0 & 1 \end{bmatrix}$.

$x = (4E - 2A)^{-1}B = \frac{1}{4}\begin{bmatrix} 1 & 1 & 0 \\ 0 & 1 & 1 \\ 1 & 0 & 1 \end{bmatrix}\begin{bmatrix} 1 & 1 \\ 1 & 0 \\ 0 & 1 \end{bmatrix} = \frac{1}{4}\begin{bmatrix} 2 & 1 \\ 1 & -1 \\ 1 & 0 \end{bmatrix}$.

例 7 设 A 是已知矩阵且满足 $A^2 + A - 4E = 0$，其中 E 为单位矩阵，求 $(A-E)^{-1}$.

【分析】 通过对等式变换求出 $A - E$，则可进一步得到 $(A-E)^{-1}$.

【解】 $A^2 + A - 4E = 0$，可得到 $A^2 + A - 2E = 2E$.

进一步 $(A - E)(A + 2E) = 2E$.

即 $(A - E) \times \frac{1}{2}(A + 2E) = E$.

故 $(A - E)^{-1} = \frac{1}{2}(A + 2E)$.

例 8 设列矩阵 $X = (X_1, \cdots, X_n)^T$，$A = E - XX^T$. 证明

(1) $A^2 = A$ 的充分必要条件是 $X^TX = 1$；

(2) 当 $X^TX = 1$ 时，A 是不可逆矩阵.

【证明】 (1) 必要性：

$A^2 = (E - XX^T)(E - XX^T) = E - 2XX^T + (XX^T)(XX^T)$，又因为 $(XX^T)(XX^T) = X(X^TX)X^T = (X^TX)XX^T$，得到 $A^2 = E + (X^TX - 2)XX^T$.

由 $A^2 = A$，可以推出 $E + (X^TX - 2)XX^T = E - XX^T$，即 $X^TX - 2 = -1$，故 $X^TX = 1$.

充分性：

$A^2 = E + (X^T X - 2)XX^T$，由于 $X^T X = 1$，$A^2 = E - XX^T = A$.

（2）根据上题可知，当 $X^T X = 1$ 时，$A^2 = A$，即 $A(A-E) = 0$.

若 $A = E$，则由 $A = E - XX^T$，可得到 $XX^T = 0$，这与 $X^T X = 1$ 矛盾，故 $A \neq E$，得到 A 不可逆.

例 9 对于矩阵 $P = \begin{pmatrix} A & 0 \\ C & B \end{pmatrix} \left(P = \begin{pmatrix} A & C \\ 0 & B \end{pmatrix} \right)$，假设 A, B 都是可逆的方阵，则 P 一定可逆，并求出 P^{-1}.

【分析】 证明可逆可通过行列式不为零来完成.

【证明】 计算 P 的行列式，由于 A, B 可逆，设 $P = \begin{pmatrix} A & C \\ 0 & B \end{pmatrix}$，

$|P| = |A| |B| \neq 0$，故 P 可逆.

设 $P^{-1} = \begin{pmatrix} D_1 & D_2 \\ D_3 & D_4 \end{pmatrix}$，则 $P \cdot P^{-1} = \begin{pmatrix} E & 0 \\ 0 & E \end{pmatrix}$.

$\begin{pmatrix} A & C \\ 0 & B \end{pmatrix} \begin{pmatrix} D_1 & D_2 \\ D_3 & D_4 \end{pmatrix} = \begin{pmatrix} AD_1 + CD_3 & AD_2 + CD_4 \\ BD_3 & BD_4 \end{pmatrix} = \begin{pmatrix} E & 0 \\ 0 & E \end{pmatrix}$.

可得到 $\begin{cases} AD_1 + CD_3 = E \\ AD_2 + CD_4 = 0 \\ BD_3 = 0 \\ BD_4 = E \end{cases}$，则 $\begin{cases} D_1 = A^{-1} \\ D_2 = -A^{-1}CB^{-1} \\ D_3 = 0 \\ D_4 = B^{-1} \end{cases}$.

例 10 设矩阵 $A = \begin{pmatrix} 1 & 1 & 0 & 0 \\ 3 & 2 & 0 & 0 \\ 0 & 0 & 3 & -2 \\ 0 & 0 & 0 & -1 \end{pmatrix}$，求 $|A|$，A^{-1}，$|A^{10}|$，AA^T.

【分析】 用分块矩阵可简化计算.

【解】 设 $B = \begin{pmatrix} 1 & 1 \\ 3 & 2 \end{pmatrix}$，$C = \begin{pmatrix} 3 & -2 \\ 0 & -1 \end{pmatrix}$，则 $A = \begin{pmatrix} B & 0 \\ 0 & C \end{pmatrix}$，$|B| = -1$，$|C| = -3$.

$B^{-1} = \begin{pmatrix} -2 & 1 \\ 3 & -1 \end{pmatrix}$，$C^{-1} = \begin{pmatrix} \dfrac{1}{3} & -\dfrac{2}{3} \\ 0 & -1 \end{pmatrix}$.

$|A| = |B| |C| = 3$. $A^{-1} = \begin{pmatrix} B^{-1} & 0 \\ 0 & C^{-1} \end{pmatrix} = \begin{pmatrix} -2 & 1 & 0 & 0 \\ 3 & -1 & 0 & 0 \\ 0 & 0 & \dfrac{1}{3} & -\dfrac{2}{3} \\ 0 & 0 & 0 & -1 \end{pmatrix}$.

$$|A^{10}|=|A|^{10}=3^{10}.$$

$$AA^7=\begin{pmatrix}B&0\\0&C\end{pmatrix}\begin{pmatrix}B^7&0\\0&C^7\end{pmatrix}=\begin{pmatrix}BB^7&0\\0&CC^7\end{pmatrix}=\begin{pmatrix}2&5&0&0\\5&13&0&0\\0&0&13&2\\0&0&2&1\end{pmatrix}.$$

考研真题解析

1 （2012年第6题）设A为3阶矩阵，P为3阶可逆矩阵，且$P^{-1}AP=\begin{pmatrix}1&0&0\\0&1&0\\0&0&2\end{pmatrix}$，若$P=(a_1,a_2,a_3)$，$Q=(a_1+a_2,a_2,a_3)$，则$Q^{-1}AQ=(\quad)$.

(A) $\begin{pmatrix}1&0&0\\0&2&0\\0&0&1\end{pmatrix}$ (B) $\begin{pmatrix}1&0&0\\0&1&0\\0&0&2\end{pmatrix}$ (C) $\begin{pmatrix}2&0&0\\0&1&0\\0&0&2\end{pmatrix}$ (D) $\begin{pmatrix}2&0&0\\0&2&0\\0&0&1\end{pmatrix}$

【解】 $Q=P\begin{pmatrix}1&0&0\\1&1&0\\0&0&1\end{pmatrix}$.

$$Q^{-1}AQ=\begin{pmatrix}1&0&0\\1&1&0\\0&0&1\end{pmatrix}^{-1}P^{-1}AP\begin{pmatrix}1&0&0\\1&1&0\\0&0&1\end{pmatrix}$$

$$=\begin{pmatrix}1&0&0\\-1&1&0\\0&0&1\end{pmatrix}\begin{pmatrix}1&0&0\\0&1&0\\0&0&2\end{pmatrix}\begin{pmatrix}1&0&0\\1&1&0\\0&0&1\end{pmatrix}$$

$$=\begin{pmatrix}1&0&0\\-1&1&0\\0&0&2\end{pmatrix}\begin{pmatrix}1&0&0\\1&1&0\\0&0&1\end{pmatrix}=\begin{pmatrix}1&0&0\\0&1&0\\0&0&2\end{pmatrix}.$$

2 （2012年第13题）设A为3阶矩阵，$|A|=3$，A^*为A的伴随矩阵，若交换A的第一行与第二行得到矩阵B，则$|BA^*|=$_____.

【解】 $|B|=-|A|=-3$.

$|BA^*|=|B||A^*|=-3|A|^2=-27$.

3 (2011 年第 5 题)设 A 为 3 阶矩阵,将 A 的第二列加到第一列得矩阵 B,再交换 B 的第二行与第一

行得单位矩阵,记 $P_1 = \begin{pmatrix} 1 & 0 & 0 \\ 1 & 1 & 0 \\ 0 & 0 & 1 \end{pmatrix}$, $P_2 = \begin{pmatrix} 1 & 0 & 0 \\ 0 & 0 & 1 \\ 0 & 1 & 0 \end{pmatrix}$,则 $A = ($ $)$.

(A) $P_1 P_2$ (B) $P_1^{-1} P_2$ (C) $P_2 P_1$ (D) $P_2^{-1} P_1$

【解】 根据题意,可以得到 $P_2 A P_1 = E$,$A = P_2^{-1} P_1^{-1}$,由于 $P_2^{-1} = P_2$,故 $A = P_2 P_1^{-1}$.

4 (2010 年第 13 题)设 A, B 为 3 阶矩阵,且 $|A| = 3$,$|B| = 2$,$|A^{-1} + B| = 2$,则 $|A + B^{-1}| = $

_____.

【解】 $A + B^{-1} = A(A^{-1} + B)B^{-1}$,故可以得到 $|A + B^{-1}| = |A| \, |A^{-1} + B| \, |B^{-1}| = 3$.

5 (2009 年第 5 题)设 $\xi_1 = \begin{pmatrix} -1 \\ 1 \\ -2 \end{pmatrix}$ 为 2 阶矩阵,A^*, B^* 分别为 A, B 的伴随矩阵,若 $|A| = 2$,

$|B| = 3$,则分块矩阵 $\begin{pmatrix} 0 & A \\ B & 0 \end{pmatrix}$ 的伴随矩阵为( ).

(A) $\begin{pmatrix} 0 & 3B^* \\ 2A^* & 0 \end{pmatrix}$ (B) $\begin{pmatrix} 0 & 2B^* \\ 3A^* & 0 \end{pmatrix}$ (C) $\begin{pmatrix} 0 & 3A^* \\ 2B^* & 0 \end{pmatrix}$ (D) $\begin{pmatrix} 0 & 2A^* \\ 3B^* & 0 \end{pmatrix}$

【解】 根据 $CC^* = |C|E$,若 $C^* = |C|C^{-1}$,$C^{-1} = \dfrac{1}{|C|}C^*$.

计算 $\begin{vmatrix} 0 & A \\ B & 0 \end{vmatrix} = (-1)^{2 \times 2} |A| \, |B| = 2 \times 3 = 6$,则分块矩阵可逆.

$$\begin{pmatrix} 0 & A \\ B & 0 \end{pmatrix}^* = \begin{vmatrix} 0 & A \\ B & 0 \end{vmatrix} \begin{pmatrix} 0 & A \\ B & 0 \end{pmatrix}^{-1} = 6 \begin{pmatrix} 0 & \dfrac{1}{|B|}B^* \\ \dfrac{1}{|A|}A^* & 0 \end{pmatrix}$$

$$= 6 \begin{pmatrix} 0 & \dfrac{1}{3}B^* \\ \dfrac{1}{2}A^* & 0 \end{pmatrix} = \begin{pmatrix} 0 & 2B^* \\ 3A^* & 0 \end{pmatrix}.$$

6 （2009年第6题）设 A,P 均为3阶矩阵，P^{T} 为 P 的转置矩阵，且 $P^{\mathrm{T}}AP=\begin{pmatrix}1&0&0\\0&1&0\\0&0&2\end{pmatrix}$，若 $P=(\alpha_1,$

$\alpha_2,\alpha_3)$，$Q=(\alpha_1+\alpha_2,\alpha_2,\alpha_3)$，则 $Q^{\mathrm{T}}AQ$ 为（　）.

(A) $\begin{pmatrix}2&1&0\\1&1&0\\0&0&2\end{pmatrix}$　　(B) $\begin{pmatrix}1&1&0\\1&2&0\\0&0&2\end{pmatrix}$　　(C) $\begin{pmatrix}2&0&0\\0&1&0\\0&0&2\end{pmatrix}$　　(D) $\begin{pmatrix}1&0&0\\0&2&0\\0&0&2\end{pmatrix}$

【解】　$Q=(\alpha_1+\alpha_2,\alpha_2,\alpha_3)=(\alpha_1,\alpha_2,\alpha_3)\begin{pmatrix}1&0&0\\1&1&0\\0&0&1\end{pmatrix}=(\alpha_1,\alpha_2,\alpha_3)E_{12}(1)=PE_{12}(1).$

$$Q^{\mathrm{T}}AQ=[PE_{12}(1)]^{\mathrm{T}}A[PE_{12}(1)]=E_{21}(1)\begin{pmatrix}1&0&0\\0&1&0\\0&0&2\end{pmatrix}E_{12}(1)$$

$$=\begin{pmatrix}1&1&0\\0&1&0\\0&0&1\end{pmatrix}\begin{pmatrix}1&0&0\\0&1&0\\0&0&2\end{pmatrix}\begin{pmatrix}1&0&0\\1&1&0\\0&0&1\end{pmatrix}=\begin{pmatrix}2&1&0\\1&1&0\\0&0&2\end{pmatrix}.$$

故选(A).

7 （2008年第5题）设 A 为 n 阶非 0 矩阵，E 为 n 阶单位矩阵，若 $A^3=0$，则（　）.

(A) $E-A$ 不可逆，$E+A$ 不可逆

(B) $E-A$ 不可逆，$E+A$ 可逆

(C) $E-A$ 可逆，$E+A$ 可逆

(D) $E-A$ 可逆，$E+A$ 不可逆

【解】　因为 $A^2=0$，

所以 $E-A^2=E.$

$(E-A)(E+A)=E,$

即 $E-A,E+A$ 都可逆，故选(C).

8 （2007年第15题）设矩阵 $A=\begin{pmatrix}0&1&0&0\\0&0&1&0\\0&0&0&1\\0&0&0&0\end{pmatrix}$，则 A^3 的秩为_____.

【解】 $A^3 = \begin{pmatrix} 0 & 1 & 0 & 0 \\ 0 & 0 & 1 & 0 \\ 0 & 0 & 0 & 1 \\ 0 & 0 & 0 & 0 \end{pmatrix} \begin{pmatrix} 0 & 1 & 0 & 0 \\ 0 & 0 & 1 & 0 \\ 0 & 0 & 0 & 1 \\ 0 & 0 & 0 & 0 \end{pmatrix} \begin{pmatrix} 0 & 1 & 0 & 0 \\ 0 & 0 & 1 & 0 \\ 0 & 0 & 0 & 1 \\ 0 & 0 & 0 & 0 \end{pmatrix} = \begin{pmatrix} 0 & 0 & 0 & 1 \\ 0 & 0 & 0 & 0 \\ 0 & 0 & 0 & 0 \\ 0 & 0 & 0 & 0 \end{pmatrix}.$

故 $R(A^3) = 1$.

9 (2006 年第 4 题)设矩阵 $A = \begin{pmatrix} 2 & 1 \\ -1 & 2 \end{pmatrix}$, E 为 2 阶单位矩阵,矩阵 B 满足 $BA = B + 2E$,则 $|B| = $ _____.

【分析】 对等式进行化简得到 $BX = C$ 的形式,然后两边求行列式.

【解】 由 $BA = B + 2E$ 得到 $B(A - E) = 2E$,两边求行列式得到

$$|B||A - E| = |2E|, \text{将 } A \text{ 代入 } |B| \begin{vmatrix} 1 & 1 \\ -1 & 1 \end{vmatrix} = 4, \text{解得 } |B| = 2.$$

10 (2006 年第 13 题)设 A 为 3 阶矩阵,将 A 的第二行加到第一行得 B,再将 B 的第一列的 -1 倍加

到第二列得 C,记 $P = \begin{pmatrix} 1 & 1 & 0 \\ 0 & 1 & 0 \\ 0 & 0 & 1 \end{pmatrix}$,则( ).

(A) $C = P^{-1}AP$　　　　　　　　　(B) $C = PAP^{-1}$

(C) $C = P^{\mathrm{T}}AP$　　　　　　　　　(D) $C = PAP^{\mathrm{T}}$

【分析】 利用矩阵的初等变换和初等矩阵的性质来判断.

【解】 根据已知题意,由 A 的第二行加到第一行得 B,可知

$$B = \begin{pmatrix} 1 & 1 & 0 \\ 0 & 1 & 0 \\ 0 & 0 & 1 \end{pmatrix} A,$$

B 第一列的 -1 倍加到第二列得到 C,故

$$C = B \begin{pmatrix} 1 & -1 & 0 \\ 0 & 1 & 0 \\ 0 & 0 & 1 \end{pmatrix} = \begin{pmatrix} 1 & 1 & 0 \\ 0 & 1 & 0 \\ 0 & 0 & 1 \end{pmatrix} A \begin{pmatrix} 1 & -1 & 0 \\ 0 & 1 & 0 \\ 0 & 0 & 1 \end{pmatrix}.$$

而 $P^{-1} = \begin{pmatrix} 1 & -1 & 0 \\ 0 & 1 & 0 \\ 0 & 0 & 1 \end{pmatrix}$,则 $C = PAP^{-1}$.

11 (2005 年第 12 题) 设矩阵 $\boldsymbol{A} = (a_{ij})_{3\times3}$ 满足 $\boldsymbol{A}^* = \boldsymbol{A}^{\mathrm{T}}$，其中 $\boldsymbol{A}^*$ 为 $\boldsymbol{A}$ 的伴随矩阵，$\boldsymbol{A}^{\mathrm{T}}$ 为 $\boldsymbol{A}$ 的转置矩阵. 若 a_{11}, a_{12}, a_{13} 为三个相等的正数，则 a_{11} 为（ ）.

(A) $\dfrac{\sqrt{3}}{3}$ (B) 3 (C) $\dfrac{1}{3}$ (D) $\sqrt{3}$

【分析】 运用 $\boldsymbol{A}\boldsymbol{A}^* = |\boldsymbol{A}|\boldsymbol{E}$ 进行推导.

【解】 已知 $\boldsymbol{A}^* = \boldsymbol{A}^{\mathrm{T}}$，则可得到 $\boldsymbol{A}\boldsymbol{A}^{\mathrm{T}} = |\boldsymbol{A}|\boldsymbol{E}$，两边求行列式得到 $|\boldsymbol{A}|^2 = |\boldsymbol{A}|^3$，解得 $|\boldsymbol{A}| = 1$ 或 $|\boldsymbol{A}| = 0$，对行列式 $|\boldsymbol{A}|$ 按第一列进行展开，$|\boldsymbol{A}| = a_{11}A_{11} + a_{12}A_{12} + a_{13}A_{13} = 3a_{11}^2 \neq 0$，则 $|\boldsymbol{A}| = 1$，得到 $a_{11} = \dfrac{\sqrt{3}}{3}$，故选（A）.

习题解析

习题 3-1

1 解题过程 $\boldsymbol{A} + \boldsymbol{B} = \begin{pmatrix} 5 & -2 & 1 \\ 3 & 4 & -1 \end{pmatrix} + \begin{pmatrix} -3 & 2 & 0 \\ -2 & 0 & -1 \end{pmatrix} = \begin{pmatrix} 2 & 0 & 1 \\ 1 & 4 & 0 \end{pmatrix}$.

$\boldsymbol{A} - \boldsymbol{B} = \begin{pmatrix} 5 & -2 & 1 \\ 3 & 4 & -1 \end{pmatrix} - \begin{pmatrix} -3 & 2 & 0 \\ -2 & 0 & -1 \end{pmatrix} = \begin{pmatrix} 8 & -4 & 1 \\ 5 & 4 & -2 \end{pmatrix}$.

$2\boldsymbol{A} - 3\boldsymbol{B} = 2\begin{pmatrix} 5 & -2 & 1 \\ 3 & 4 & -1 \end{pmatrix} - 3\begin{pmatrix} -3 & 2 & 0 \\ -2 & 0 & -1 \end{pmatrix} = \begin{pmatrix} 19 & -10 & 2 \\ 12 & 8 & -5 \end{pmatrix}$.

2 解题过程 (1) $\begin{pmatrix} 4 & 3 & 1 \\ 1 & -2 & 3 \\ 5 & 7 & 0 \end{pmatrix}\begin{pmatrix} 7 \\ 2 \\ 1 \end{pmatrix} = \begin{pmatrix} 4\times7+3\times2+1\times1 \\ 1\times7-2\times2+3\times1 \\ 5\times7+7\times2+0\times1 \end{pmatrix} = \begin{pmatrix} 35 \\ 6 \\ 49 \end{pmatrix}$.

(2) $\begin{pmatrix} 1 & -1 \\ 2 & 0 \\ 3 & 1 \end{pmatrix}\begin{pmatrix} 1 & 1 \\ 0 & 1 \\ 1 & 0 \end{pmatrix} = \begin{pmatrix} 2 & 0 \\ 3 & 2 \\ 1 & 4 \end{pmatrix}$.

(3) $\begin{pmatrix} 2 & 1 & -2 \\ 1 & 0 & 4 \\ -3 & 1 & 0 \\ 0 & 1 & 1 \end{pmatrix}\begin{pmatrix} 3 & 1 & 0 \\ 0 & 0 & 1 \\ -1 & 2 & 0 \end{pmatrix} = \begin{pmatrix} 8 & -2 & 1 \\ -1 & 9 & 0 \\ -9 & -3 & 1 \\ -1 & 2 & 1 \end{pmatrix}$.

$(4) (2 \quad 3 \quad -1) \begin{pmatrix} 1 \\ -1 \\ -1 \end{pmatrix} = (2 \times 1 - 3 \times 1 + 1 \times 1) = 0.$

$(5) \begin{pmatrix} 1 \\ -1 \\ -1 \end{pmatrix} (2 \quad 3 \quad -1) = \begin{pmatrix} 2 & 3 & -1 \\ -2 & -3 & 1 \\ -2 & -3 & 1 \end{pmatrix}.$

$(6) (x_1 \quad x_2) \begin{pmatrix} a_{11} & a_{12} \\ a_{12} & a_{22} \end{pmatrix} \begin{pmatrix} x_1 \\ x_2 \end{pmatrix} = (x_1 a_{11} + x_2 a_{12}, x_1 a_{12} + x_2 a_{22}) \begin{pmatrix} x_1 \\ x_2 \end{pmatrix}$
$\qquad\qquad = (a_{11} x_1^2 + 2 a_{12} x_1 x_2 + a_{22} x_2^2).$

$(7) \begin{pmatrix} 3 & 2 \\ -4 & 2 \end{pmatrix}^3 = \begin{pmatrix} 3 & 2 \\ -4 & -2 \end{pmatrix} \begin{pmatrix} 3 & 2 \\ -4 & -2 \end{pmatrix} \begin{pmatrix} 3 & 2 \\ -4 & -2 \end{pmatrix} = \begin{pmatrix} 1 & 2 \\ -4 & -4 \end{pmatrix} \begin{pmatrix} 3 & 2 \\ -4 & -2 \end{pmatrix}$
$\qquad\qquad = \begin{pmatrix} -5 & -2 \\ 4 & 0 \end{pmatrix}.$

$(8) \begin{pmatrix} \lambda & 0 & 0 \\ 0 & \lambda_2 & 0 \\ 0 & 0 & \lambda_2 \end{pmatrix}^5 = \begin{pmatrix} \lambda_1^5 & 0 & 0 \\ 0 & \lambda_2^5 & 0 \\ 0 & 0 & \lambda_3^5 \end{pmatrix}.$

3 解题过程

(1) 取 $\boldsymbol{A} = \begin{pmatrix} 0 & 0 \\ 1 & 0 \end{pmatrix}$, 得到 $\boldsymbol{A}^2 = 0$, 但 $\boldsymbol{A} \neq 0$.

(2) 取 $\boldsymbol{A} = \begin{pmatrix} 1 & 0 \\ 1 & 0 \end{pmatrix}$, 得到 $\boldsymbol{A}^2 = \boldsymbol{A}$, 但 $\boldsymbol{A} \neq 0$ 且 $\boldsymbol{A} \neq \boldsymbol{E}$.

(3) 取 $\boldsymbol{A} = \begin{pmatrix} 0 & 1 \\ 0 & 0 \end{pmatrix}$, $\boldsymbol{X} = \begin{pmatrix} 1 & 2 \\ 3 & 4 \end{pmatrix}$, $\boldsymbol{Y} = \begin{pmatrix} 1 & 1 \\ 3 & 4 \end{pmatrix}$, 可得到 $\boldsymbol{AX} = \boldsymbol{AY}$, 但 $\boldsymbol{X} \neq \boldsymbol{Y}$.

4 解题过程

(1) $\boldsymbol{AB} = \begin{pmatrix} 1 & 2 \\ 1 & 3 \end{pmatrix} \begin{pmatrix} 1 & 0 \\ 1 & 2 \end{pmatrix} = \begin{pmatrix} 3 & 4 \\ 4 & 6 \end{pmatrix};$

$\boldsymbol{BA} = \begin{pmatrix} 1 & 0 \\ 1 & 2 \end{pmatrix} \begin{pmatrix} 1 & 2 \\ 1 & 3 \end{pmatrix} = \begin{pmatrix} 1 & 2 \\ 3 & 8 \end{pmatrix}.$

因此, $\boldsymbol{AB} \neq \boldsymbol{BA}$.

(2) $(\boldsymbol{A} + \boldsymbol{B})^2 = \boldsymbol{A}^2 + \boldsymbol{AB} + \boldsymbol{BA} + \boldsymbol{B}^2$, 因为 $\boldsymbol{AB} \neq \boldsymbol{BA}$,
因此 $(\boldsymbol{A} + \boldsymbol{B})^2 \neq \boldsymbol{A}^2 + 2\boldsymbol{AB} + \boldsymbol{B}^2.$

(3) $(\boldsymbol{A} + \boldsymbol{B})(\boldsymbol{A} - \boldsymbol{B}) = \boldsymbol{A}^2 - \boldsymbol{AB} + \boldsymbol{BA} - \boldsymbol{B}^2$, 因为 $\boldsymbol{AB} \neq \boldsymbol{BA}$,
故 $(\boldsymbol{A} + \boldsymbol{B})(\boldsymbol{A} - \boldsymbol{B}) \neq \boldsymbol{A}^2 - \boldsymbol{B}^2.$

5 证明

(1) $(\boldsymbol{A} + \boldsymbol{B})^2 = \boldsymbol{A}^2 + \boldsymbol{AB} + \boldsymbol{BA} + \boldsymbol{B}^2.$

已知 $AB = BA$，可得到 $(A+B)^2 = A^2 + AB + AB + B^2 = A^2 + 2AB + B^2$.

(2) $(A+B)(A-B) = A^2 - AB + BA - B^2$.

已知 $AB = BA$，可得到 $(A+B)(A-B) = A^2 - AB + AB - B^2 = A^2 - B^2$.

(3) 使用归纳法来证明：(a) 当 $k = 1$ 时，显然成立. (b) 假设当 $k = n$ 时等式成立，则 $k = n+1$ 时，$(AB)^{n+1} = (AB)^n AB = A^n B^n AB = A^n B^{n-1} BAB = A^n B^{n-1} AB^2 = \cdots = A^n ABB^n = A^{n+1} B^{n+1}$.

6 证明 将 A 代入函数得到

$$f(A) = A^2 - 5A + 3E$$

$$= \begin{pmatrix} 2 & -1 \\ -3 & 3 \end{pmatrix}^2 - 5\begin{pmatrix} 2 & -1 \\ -3 & 3 \end{pmatrix} + 3\begin{pmatrix} 1 & 0 \\ 0 & 1 \end{pmatrix}$$

$$= \begin{pmatrix} 7 & -5 \\ -15 & 12 \end{pmatrix} + \begin{pmatrix} -10 & 5 \\ 15 & -15 \end{pmatrix} + \begin{pmatrix} 3 & 0 \\ 0 & 3 \end{pmatrix}$$

$$= \begin{pmatrix} 0 & 0 \\ 0 & 0 \end{pmatrix}.$$

7 解法 1：通过找规律得到 $\begin{pmatrix} 1 & 0 \\ \lambda & 1 \end{pmatrix}^n = \begin{pmatrix} 1 & 0 \\ n\lambda & 1 \end{pmatrix}$.

证明 使用归纳法：

(1) 当 $n = 1$ 时显然成立；

(2) 假 $n = k$ 时成立，则 $n = k+1$ 时，

$$\begin{pmatrix} 1 & 0 \\ \lambda & 1 \end{pmatrix}^{k+1} = \begin{pmatrix} 1 & 0 \\ \lambda & 1 \end{pmatrix}^k \begin{pmatrix} 1 & 0 \\ \lambda & 1 \end{pmatrix} = \begin{pmatrix} 1 & 0 \\ k\lambda & 1 \end{pmatrix}\begin{pmatrix} 1 & 0 \\ \lambda & 1 \end{pmatrix} = \begin{pmatrix} 1 & 0 \\ (k+1)\lambda & 1 \end{pmatrix}.$$

解法 2：设 $A = \begin{pmatrix} 0 & 0 \\ 1 & 0 \end{pmatrix}$，$A^2 = 0$，

$$\begin{pmatrix} 1 & 0 \\ \lambda & 1 \end{pmatrix}^n = \left[\begin{pmatrix} 1 & 0 \\ 0 & 1 \end{pmatrix} + \lambda\begin{pmatrix} 0 & 0 \\ 1 & 0 \end{pmatrix} \right]^n = (E + \lambda A)^n$$

$$= E^n + C_n^1 (\lambda A) E^{n-1} + C_n^2 (\lambda A)^2 E^{n-2} + \cdots$$

$$= E + n\lambda A$$

$$= \begin{pmatrix} 1 & 0 \\ 0 & 1 \end{pmatrix} + \begin{pmatrix} 0 & 0 \\ n\lambda & 0 \end{pmatrix}$$

$$= \begin{pmatrix} 1 & 0 \\ n\lambda & 1 \end{pmatrix}.$$

8 解题过程 根据3家公司的报价可设矩阵$A = \begin{pmatrix} 6000 & 3500 & 420 \\ 5800 & 4000 & 500 \\ 5900 & 3800 & 450 \end{pmatrix}$,设购买量为矩阵$B = \begin{pmatrix} 30 \\ 5 \\ 20 \end{pmatrix}$,

则可得每个公司的总价格$AB = \begin{pmatrix} 6000 & 3500 & 420 \\ 5800 & 4000 & 500 \\ 5900 & 3800 & 450 \end{pmatrix} \begin{pmatrix} 30 \\ 5 \\ 20 \end{pmatrix} = \begin{pmatrix} 205900 \\ 204000 \\ 205000 \end{pmatrix}$,可得知从乙

公司购买所需费用最低.

习题 3-2

1 解题过程 $A^{\mathrm{T}}A = \begin{pmatrix} 2 & -1 & 3 \\ 0 & 1 & -1 \\ 0 & 1 & 3 \end{pmatrix} \begin{pmatrix} 2 & 0 & 0 \\ -1 & 1 & 1 \\ 3 & -1 & 3 \end{pmatrix} = \begin{pmatrix} 14 & -4 & 8 \\ -4 & 2 & -2 \\ 8 & -2 & 10 \end{pmatrix}$.

$AA^{\mathrm{T}} = \begin{pmatrix} 2 & 0 & 0 \\ -1 & 1 & 1 \\ 3 & -1 & 3 \end{pmatrix} \begin{pmatrix} 2 & -1 & 3 \\ 0 & 1 & -1 \\ 0 & 1 & 3 \end{pmatrix} = \begin{pmatrix} 4 & -2 & 6 \\ -2 & 3 & -1 \\ 6 & -1 & 19 \end{pmatrix}$.

2 证明 (1) $(A+B)^{\mathrm{T}} = A^{\mathrm{T}} + B^{\mathrm{T}} = A + B$,得$A + B$是对称矩阵.

$(\lambda A)^{\mathrm{T}} = \lambda A^{\mathrm{T}} = \lambda A$,得$\lambda A$也是对称矩阵.

(2) 充分性:$(AB)^{\mathrm{T}} = B^{\mathrm{T}}A^{\mathrm{T}} = BA$.

因为$AB = BA$,故$(AB)^{\mathrm{T}} = AB$.

必要性:$(AB)^{\mathrm{T}} = B^{\mathrm{T}}A^{\mathrm{T}} = BA$.

又因为AB为对称矩阵,故$AB = BA$.

3 解题过程 设$x = \begin{pmatrix} 0 & 1 & 0 & 0 \\ 0 & 0 & 1 & 0 \\ 0 & 0 & 0 & 1 \\ 0 & 0 & 0 & 0 \end{pmatrix}$,$x^2 = \begin{pmatrix} 0 & 0 & 1 & 0 \\ 0 & 0 & 0 & 1 \\ 0 & 0 & 0 & 0 \\ 0 & 0 & 0 & 0 \end{pmatrix}$,$x^3 = \begin{pmatrix} 0 & 0 & 0 & 1 \\ 0 & 0 & 0 & 0 \\ 0 & 0 & 0 & 0 \\ 0 & 0 & 0 & 0 \end{pmatrix}$,$x^4 = 0$,

$A = E + x$,则

$A^2 = (E + x)^2 = E + 2x + x^2 = \begin{pmatrix} 1 & 2 & 1 & 0 \\ 0 & 2 & 1 & 0 \\ 0 & 0 & 1 & 2 \\ 0 & 0 & 0 & 0 \end{pmatrix}$,

$$A^3 = (E+x)^3 = E + 3x + 3x^2 + x^3 = \begin{pmatrix} 1 & 3 & 3 & 1 \\ 0 & 1 & 3 & 3 \\ 0 & 0 & 1 & 3 \\ 0 & 0 & 0 & 1 \end{pmatrix},$$

$$A^n = (E+x)^n = E + C_n^1 x + C_n^2 x^2 + C_n^3 x^3 = \begin{pmatrix} 1 & n & C_n^2 & C_n^3 \\ 0 & 1 & n & C_n^2 \\ 0 & 0 & 1 & n \\ 0 & 0 & 0 & 1 \end{pmatrix}.$$

4 证明 $(B^T AB)^T = B^T A^T (B^T)^T = B^T A^T B.$

因为 A 是对称矩阵,则 $(B^T AB)^T = B^T A^T B = B^T AB.$

5 证明 (1) $(A + A^T)^T = A^T + (A^T)^T = A^T + A = A + A^T.$

$\quad (A - A^T)^T = A^T - (A^T)^T = A^T - A = -(A - A^T).$

得到 $A + A^T$ 是对称矩阵,$A - A^T$ 是反对称矩阵.

(2) $A = \frac{1}{2}(A + A^T) + \frac{1}{2}(A - A^T)$,$\frac{1}{2}(A + A^T)$ 是对称矩阵,$\frac{1}{2}(A - A^T)$ 是反对称矩阵.

6 证明 因为 A 是实对称矩阵,则 $a_{ij} = a_{ji}$.

A^2 主对角线上的元为 $\sum_{j=1}^{n} a_{ij} a_{ji} = \sum_{j=1}^{n} a_{ij}^2 = 0$,

可得 $a_{ij} = 0, (i, j = 1, \cdots, n)$,即 $A = 0$.

7 解题过程 $|A| = \begin{vmatrix} a & -b \\ b & a \end{vmatrix} = a^2 + b^2$,

$|3AA^T| = 9|A| \cdot |A^T| = 9|A|^2 = 9(a^2 + b^2)^2.$

8 解题过程 (1) $A_{11} = \begin{vmatrix} -1 & 1 \\ 1 & -2 \end{vmatrix} = 1, A_{12} = -\begin{vmatrix} 1 & 1 \\ 0 & -2 \end{vmatrix} = -2, A_{13} = \begin{vmatrix} 1 & -1 \\ 0 & 1 \end{vmatrix} = 1.$

$A_{21} = \begin{vmatrix} 0 & 3 \\ 1 & -2 \end{vmatrix} = 3, A_{22} = \begin{vmatrix} 2 & 3 \\ 0 & -2 \end{vmatrix} = -4, A_{23} = \begin{vmatrix} 2 & 0 \\ 0 & 1 \end{vmatrix} = -2,$

$A_{31} = \begin{vmatrix} 0 & 3 \\ -1 & 1 \end{vmatrix} = 3, A_{32} = -\begin{vmatrix} 2 & 3 \\ 1 & 1 \end{vmatrix} = 1, A_{33} = \begin{vmatrix} 2 & 0 \\ 1 & -1 \end{vmatrix} = -2,$

$A^* = \begin{pmatrix} 1 & 3 & 3 \\ 2 & -4 & 1 \\ 1 & -2 & -2 \end{pmatrix}.$

(2) $A_{11} = \begin{vmatrix} 4 & 6 \\ 6 & 9 \end{vmatrix} = 2, A_{12} = -\begin{vmatrix} 2 & 6 \\ -1 & 9 \end{vmatrix} = -24, A_{13} = \begin{vmatrix} 2 & 4 \\ -1 & 6 \end{vmatrix} = 16,$

$A_{21} = -\begin{vmatrix} 2 & 3 \\ 6 & 9 \end{vmatrix} = 0, A_{22} = \begin{vmatrix} 1 & 3 \\ -1 & 9 \end{vmatrix} = 12, A_{23} = -\begin{vmatrix} 1 & 2 \\ -1 & 6 \end{vmatrix} = -8,$

$A_{31} = \begin{vmatrix} 2 & 3 \\ 4 & 6 \end{vmatrix} = 0, A_{32} = -\begin{vmatrix} 1 & 3 \\ 2 & 6 \end{vmatrix} = 0, A_{33} = \begin{vmatrix} 1 & 2 \\ 2 & 4 \end{vmatrix} = 0,$

$A^* = \begin{pmatrix} 0 & 0 & 0 \\ -24 & 12 & 0 \\ 16 & -8 & 0 \end{pmatrix}.$

习题 3-3

1 解题过程

(1) $\begin{vmatrix} 3 & 1 \\ 2 & -5 \end{vmatrix} = -17, \boldsymbol{A}^* = \begin{pmatrix} -5 & -1 \\ -2 & 3 \end{pmatrix} \begin{pmatrix} 3 & 1 \\ 2 & -5 \end{pmatrix}^{-1} = -\frac{1}{17}\begin{pmatrix} -5 & -1 \\ -2 & 3 \end{pmatrix}.$

(2) $\begin{vmatrix} \cos\theta & -\sin\theta \\ \sin\theta & \cos\theta \end{vmatrix} = \cos^2\theta + \sin^2\theta = 1, \boldsymbol{A}^* = \begin{pmatrix} \cos\theta & \sin\theta \\ -\sin\theta & \cos\theta \end{pmatrix},$

$\begin{pmatrix} \cos\theta & -\sin\theta \\ \sin\theta & \cos\theta \end{pmatrix}^{-1} = \begin{pmatrix} \cos\theta & \sin\theta \\ -\sin\theta & \cos\theta \end{pmatrix}.$

(3) $\begin{vmatrix} 0 & 0 & 1 \\ 0 & 1 & 0 \\ 1 & 0 & 0 \end{vmatrix} = -1, \boldsymbol{A}^* = \begin{pmatrix} 0 & 0 & -1 \\ 0 & -1 & 0 \\ -1 & 0 & 0 \end{pmatrix},$ 得到 $\begin{pmatrix} 0 & 0 & 1 \\ 0 & 1 & 0 \\ 1 & 0 & 0 \end{pmatrix}^{-1} = \begin{pmatrix} 0 & 0 & 1 \\ 0 & 1 & 0 \\ 1 & 0 & 0 \end{pmatrix}.$

(4) $\left| \begin{pmatrix} 1 & -1 \\ -1 & 1 \end{pmatrix} \begin{pmatrix} 2 & 1 \\ 1 & 2 \end{pmatrix} \right| = \begin{vmatrix} 1 & -1 \\ -1 & 1 \end{vmatrix} \begin{vmatrix} 2 & 1 \\ 1 & 2 \end{vmatrix} = 0,$ 故矩阵不可逆.

(5) $\begin{vmatrix} 1 & -1 & 2 \\ 2 & 3 & -1 \\ 0 & -5 & 5 \end{vmatrix} = \begin{vmatrix} 1 & -1 & 2 \\ 0 & 5 & -5 \\ 0 & -5 & 5 \end{vmatrix} = 0,$ 故矩阵不可逆.

(6) $\begin{vmatrix} 1 & 1 & 1 & 1 \\ 0 & 1 & 1 & 1 \\ 0 & 0 & 1 & 1 \\ 0 & 0 & 0 & 1 \end{vmatrix} = 1,$ 矩阵可逆.

$\begin{pmatrix} 1 & 1 & 1 & 1 & \vdots & 1 & 0 & 0 & 0 \\ 0 & 1 & 1 & 1 & \vdots & 0 & 1 & 0 & 0 \\ 0 & 0 & 1 & 1 & \vdots & 0 & 0 & 1 & 0 \\ 0 & 0 & 0 & 1 & \vdots & 0 & 0 & 0 & 1 \end{pmatrix} \rightarrow \begin{pmatrix} 1 & 0 & 0 & 0 & \vdots & 1 & -1 & 0 & 0 \\ 0 & 1 & 0 & 0 & \vdots & 0 & 1 & -1 & 0 \\ 0 & 0 & 1 & 0 & \vdots & 0 & 0 & 1 & -1 \\ 0 & 0 & 0 & 1 & \vdots & 0 & 0 & 0 & 1 \end{pmatrix}$

$$\begin{pmatrix} 1 & 1 & 1 & 1 \\ 0 & 1 & 1 & 1 \\ 0 & 0 & 1 & 1 \\ 0 & 0 & 0 & 1 \end{pmatrix}^{-1} = \begin{pmatrix} 1 & -1 & 0 & 0 \\ 0 & 1 & -1 & 0 \\ 0 & 0 & 1 & -1 \\ 0 & 0 & 0 & 1 \end{pmatrix}.$$

(7) $\begin{vmatrix} 1 & 0 & 0 & 0 \\ a & 1 & 0 & 0 \\ a^2 & a & 1 & 0 \\ a^3 & a^2 & a & 1 \end{vmatrix} = 1$, 矩阵可逆.

$$A^* = \begin{pmatrix} 1 & 0 & 0 & 1 \\ -a & 1 & 0 & 0 \\ 0 & -a & 1 & 0 \\ 0 & 0 & -a & 1 \end{pmatrix}, 得到 \begin{pmatrix} 1 & 0 & 0 & 0 \\ a & 1 & 0 & 0 \\ a^2 & a & 1 & 0 \\ a^3 & a^2 & a & 1 \end{pmatrix}^{-1} = \begin{pmatrix} 1 & 0 & 0 & 0 \\ -a & 1 & 0 & 0 \\ 0 & -a & 1 & 0 \\ 0 & 0 & -a & 1 \end{pmatrix}.$$

2 解题过程 $(A^*)^{-1} = (|A|A^{-1})^{-1} = \dfrac{1}{|A|}A.$

$\dfrac{1}{|A|} = |A^{-1}| = 2.$

$$A = (A^{-1})^{-1} = \begin{pmatrix} \dfrac{5}{2} & -1 & -\dfrac{1}{2} \\ -1 & 1 & 0 \\ -\dfrac{1}{2} & 0 & \dfrac{1}{2} \end{pmatrix},$$

$$(A^*)^{-1} = \dfrac{1}{|A|}A = 2\begin{pmatrix} \dfrac{5}{2} & -1 & -\dfrac{1}{2} \\ -1 & 1 & 0 \\ -\dfrac{1}{2} & 0 & \dfrac{1}{2} \end{pmatrix} = \begin{pmatrix} 5 & -2 & -1 \\ -2 & 2 & 0 \\ -1 & 0 & 1 \end{pmatrix}.$$

3 解题过程 (1)$X = \begin{pmatrix} 2 & 5 \\ 1 & 3 \end{pmatrix}^{-1}\begin{pmatrix} 7 & 19 \\ 4 & 11 \end{pmatrix} = \begin{pmatrix} 3 & -5 \\ -1 & 2 \end{pmatrix}\begin{pmatrix} 7 & 19 \\ 4 & 11 \end{pmatrix} = \begin{pmatrix} 1 & 2 \\ 1 & 3 \end{pmatrix}.$

(2)$X = \begin{pmatrix} 1 & -1 & 3 \\ 4 & 3 & 2 \\ 2 & -2 & 5 \end{pmatrix}\begin{pmatrix} 2 & 1 & -1 \\ 1 & 1 & 1 \\ 3 & 2 & 1 \end{pmatrix}^{-1} = \begin{pmatrix} 1 & -1 & 3 \\ 4 & 3 & 2 \\ 2 & -2 & 5 \end{pmatrix}\begin{pmatrix} -1 & -3 & 2 \\ 2 & 5 & -3 \\ -1 & -1 & 1 \end{pmatrix}$

$= \begin{pmatrix} -6 & -11 & 8 \\ 0 & 1 & 1 \\ -11 & -21 & 15 \end{pmatrix}.$

$$(3)\boldsymbol{X} = \begin{pmatrix} 1 & 4 \\ -1 & 2 \end{pmatrix}^{-1} \begin{pmatrix} 3 & 1 \\ 0 & -1 \end{pmatrix} \begin{pmatrix} 2 & 0 \\ -1 & 1 \end{pmatrix}^{-1} = \frac{1}{12} \begin{pmatrix} 2 & -4 \\ 1 & 1 \end{pmatrix} \begin{pmatrix} 3 & 1 \\ 0 & -1 \end{pmatrix} \begin{pmatrix} 1 & 0 \\ 1 & 2 \end{pmatrix}$$

$$= \frac{1}{12} \begin{pmatrix} 12 & 12 \\ 3 & 0 \end{pmatrix}.$$

4 解题 过程
$$(1) \begin{bmatrix} 1 & -1 & 2 \\ -2 & -1 & -2 \\ 4 & 3 & 3 \end{bmatrix} \begin{bmatrix} x_1 \\ x_2 \\ x_3 \end{bmatrix} = \begin{bmatrix} 1 \\ 3 \\ -1 \end{bmatrix},$$

$$\begin{bmatrix} x_1 \\ x_2 \\ x_3 \end{bmatrix} = \begin{bmatrix} 1 & -1 & 2 \\ -2 & -1 & -2 \\ 4 & 3 & 3 \end{bmatrix}^{-1} \begin{bmatrix} 1 \\ 3 \\ -1 \end{bmatrix} = \begin{bmatrix} 3 & 9 & 4 \\ -2 & -5 & -2 \\ -2 & -7 & -3 \end{bmatrix} \begin{bmatrix} 1 \\ 3 \\ -1 \end{bmatrix} = \begin{bmatrix} 26 \\ -15 \\ -20 \end{bmatrix}.$$

$$(2) \begin{bmatrix} 1 & -2 & 1 \\ 2 & -3 & 5 \\ 3 & 1 & 2 \end{bmatrix} \begin{bmatrix} x \\ y \\ z \end{bmatrix} = \begin{bmatrix} 5 \\ -1 \\ 4 \end{bmatrix},$$

$$\begin{bmatrix} x \\ y \\ z \end{bmatrix} = \begin{bmatrix} 1 & -2 & 1 \\ 2 & -3 & 5 \\ 3 & 1 & 2 \end{bmatrix}^{-1} \begin{bmatrix} 5 \\ -1 \\ 4 \end{bmatrix} = -\frac{1}{22} \begin{bmatrix} -11 & 5 & -7 \\ 11 & -1 & -3 \\ 11 & -7 & 1 \end{bmatrix} \begin{bmatrix} 5 \\ -1 \\ 4 \end{bmatrix}$$

$$= -\frac{1}{22} \begin{bmatrix} -88 \\ 44 \\ 66 \end{bmatrix} = \begin{bmatrix} 4 \\ -2 \\ -3 \end{bmatrix}.$$

5 解题 过程
(1) 令 $\boldsymbol{A} = -\boldsymbol{E}, \boldsymbol{B} = \boldsymbol{E}$ 都可逆, 而 $\boldsymbol{A} + \boldsymbol{B} = 0$, 不可逆.

(2) 成立, $\boldsymbol{AB}$ 可逆, 则可知 $|\boldsymbol{AB}| \neq 0$.

$|\boldsymbol{AB}| = |\boldsymbol{A}| |\boldsymbol{B}| \neq 0$, 故 $|\boldsymbol{A}| \neq 0$ 且 $|\boldsymbol{B}| \neq 0$.

可推出 $\boldsymbol{A}, \boldsymbol{B}$ 都可逆.

6 证明
由于 $\boldsymbol{A}^m = 0$, 则 $\boldsymbol{E} - \boldsymbol{A}^m = \boldsymbol{E}$.

$(\boldsymbol{E} - \boldsymbol{A})(\boldsymbol{E} + \boldsymbol{A} + \boldsymbol{A}^2 + \cdots + \boldsymbol{A}^{m-1}) = \boldsymbol{E}$.

两边取行列式 $|\boldsymbol{E} - \boldsymbol{A}| |\boldsymbol{E} + \boldsymbol{A} + \boldsymbol{A}^2 + \cdots + \boldsymbol{A}^{m-1}| = 1$.

可得到 $\boldsymbol{E} - \boldsymbol{A}$ 可逆, 且 $(\boldsymbol{E} - \boldsymbol{A})^{-1} = \boldsymbol{E} + \boldsymbol{A} + \boldsymbol{A}^2 + \cdots + \boldsymbol{A}^{m-1}$.

7 证明
由 $\boldsymbol{A}^2 - \boldsymbol{A} - 2\boldsymbol{E} = 0$, 可推出

$\boldsymbol{A}(\boldsymbol{A} - \boldsymbol{E}) = 2\boldsymbol{E}, (\boldsymbol{A} + 2\boldsymbol{E})(\boldsymbol{A} - 3\boldsymbol{E}) = -4\boldsymbol{E}$,

则 $\boldsymbol{A}$ 与 $\boldsymbol{A} + 2\boldsymbol{E}$ 都可逆.

$\boldsymbol{A} \cdot \frac{1}{2}(\boldsymbol{A} - \boldsymbol{E}) = \boldsymbol{E}$, 故 $\boldsymbol{A}^{-1} = \frac{1}{2}(\boldsymbol{A} - \boldsymbol{E})$.

$$(A+2E) \cdot \left(-\frac{1}{4}\right)(A-3E) = E, 故 (A+2E)^{-1} = -\frac{1}{4}(A-3E).$$

【注】 本题主要是通过构造 A 与 $A+2E$ 的等式得出结果.

8 解题过程 由 $AP = PB$ 可得出

$$A = PBP^{-1} = \begin{pmatrix} 1 & 0 & 0 \\ 2 & -1 & 0 \\ 2 & 1 & 1 \end{pmatrix} \begin{pmatrix} 1 & 0 & 0 \\ 0 & 0 & 0 \\ 0 & 0 & -1 \end{pmatrix} \begin{pmatrix} 1 & 0 & 0 \\ 2 & -1 & 0 \\ 2 & 1 & 1 \end{pmatrix}^{-1} = \begin{pmatrix} 1 & 0 & 0 \\ 2 & 0 & 0 \\ 6 & -1 & -1 \end{pmatrix},$$

$$A^{10} = (PBP^{-1})^{10} = PB^{10}P^{-1} = \begin{pmatrix} 1 & 0 & 0 \\ 2 & -1 & 0 \\ 2 & 1 & 1 \end{pmatrix} \begin{pmatrix} 1 & 0 & 0 \\ 0 & 0 & 0 \\ 0 & 0 & -1 \end{pmatrix}^{10} \begin{pmatrix} 1 & 0 & 0 \\ 2 & -1 & 0 \\ 2 & 1 & 1 \end{pmatrix}^{-1}$$

$$= \begin{pmatrix} 1 & 0 & 0 \\ 2 & -1 & 0 \\ 2 & 1 & 1 \end{pmatrix} \begin{pmatrix} 1 & 0 & 0 \\ 0 & 0 & 0 \\ 0 & 0 & 1 \end{pmatrix} \begin{pmatrix} 1 & 0 & 0 \\ 2 & -1 & 0 \\ -4 & 1 & 1 \end{pmatrix} = \begin{pmatrix} 1 & 0 & 0 \\ 2 & 0 & 0 \\ -2 & 1 & 1 \end{pmatrix}.$$

9 解题过程 $(3A)^{-1} - 18A^* = \frac{1}{3}A^{-1} - 18 \mid A \mid A^{-1} = \left(\frac{1}{3} - 18 \mid A \mid\right)A^{-1} = -\frac{1}{3}A^{-1},$

$$\mid (3A)^{-1} - 18A^* \mid = \left| -\frac{1}{3}A^{-1} \right| = -\frac{1}{27} \mid A^{-1} \mid = -\frac{1}{27} \times 27 = -1.$$

■ 习题 3−4

1 证明 设 $B = (B_1, B_2, \cdots, B_5)$，其中 $B_1, B_2, \cdots B_3$ 为 $n \times 1$ 矩阵，

则 $AB = 0 \Leftrightarrow A(B_1, B_2, \cdots, B_5) = 0,$

即 $(AB_1, AB_2, \cdots, AB_5) = 0 \Leftrightarrow AB_i = 0 \quad (i = 1, 2, \cdots, 5).$

可得到 B_i 为 $Ax = 0$ 的解.

2 解题过程 设 A_1 为 $n \times n$ 矩阵，A_2 为 $n \times 3$ 矩阵，令 $A = (A_1 \quad A_2)$，

则 $\begin{pmatrix} C \\ D \end{pmatrix} = (A_1 \quad A_2) \begin{pmatrix} C \\ D \end{pmatrix} = A_1 C + A_2 D.$

即 $AC = E_n, A_2 D = 0$ 可使 $A \begin{pmatrix} C \\ D \end{pmatrix} = E_n$

则 $A_1 = C^{-1}$，由于 D 只有一行为非零，可使 A_2 的第一列全为零，则 $A_2 D = 0.$

3 解题过程   设 $B = \begin{pmatrix} 1 & 1 \\ 3 & 2 \end{pmatrix}, C = \begin{pmatrix} 3 & -2 \\ 0 & -1 \end{pmatrix}$，则 $A = \begin{pmatrix} B & 0 \\ 0 & C \end{pmatrix}$，$|B| = -1$，$|C| = -3$.

$$B^{-1} = \begin{pmatrix} -2 & 1 \\ 3 & -1 \end{pmatrix}, C^{-1} = \begin{pmatrix} \dfrac{1}{3} & -\dfrac{2}{3} \\ 0 & -1 \end{pmatrix}.$$

$$|A| = |B||C| = 3.$$

$$A^{-1} = \begin{pmatrix} B^{-1} & 0 \\ 0 & C^{-1} \end{pmatrix} = \begin{pmatrix} -2 & 1 & 0 & 0 \\ 3 & -1 & 0 & 0 \\ 0 & 0 & \dfrac{1}{3} & -\dfrac{2}{3} \\ 0 & 0 & 0 & -1 \end{pmatrix}.$$

$$|A^{10}| = |A|^{10} = 3^{10}.$$

$$AA^{\mathrm{T}} = \begin{pmatrix} B & 0 \\ 0 & C \end{pmatrix}\begin{pmatrix} B^{\mathrm{T}} & 0 \\ 0 & C^{\mathrm{T}} \end{pmatrix} = \begin{pmatrix} B^{\mathrm{T}}B & 0 \\ 0 & C^{\mathrm{T}}C \end{pmatrix} = \begin{pmatrix} 2 & 5 & 0 & 0 \\ 5 & 13 & 0 & 0 \\ 0 & 0 & 13 & 2 \\ 0 & 0 & 2 & 1 \end{pmatrix}.$$

4 证明 $|A| = 3$，故 A 可逆.

设 $B = \begin{pmatrix} 1 & -2 \\ 0 & 3 \end{pmatrix}$，则 A 可表示为 $\begin{pmatrix} 0 & B \\ E & 0 \end{pmatrix}$.

设 $A^{-1} = \begin{pmatrix} C_1 & C_2 \\ C_3 & C_4 \end{pmatrix}$，$C_1, C_2, C_3, C_4$ 是 2×2 方阵.

由 $AA^{-1} = E_4$ 得 $\begin{pmatrix} 0 & B \\ E & 0 \end{pmatrix}\begin{pmatrix} C_1 & C_2 \\ C_3 & C_4 \end{pmatrix} = \begin{pmatrix} BC_3 & BC_4 \\ C_1 & C_2 \end{pmatrix} = \begin{pmatrix} E_2 & 0 \\ 0 & E_2 \end{pmatrix}$，

则 $\begin{cases} BC_3 = E_2 \\ BC_4 = 0 \\ C_1 = 0 \\ C_2 = E_2 \end{cases}$，得到 $\begin{cases} C_1 = 0 \\ C_2 = E_2 \\ C_3 = B^{-1} \\ C_4 = 0 \end{cases}$.

计算 $B^{-1} = \begin{pmatrix} 1 & \dfrac{2}{3} \\ 0 & \dfrac{1}{3} \end{pmatrix}$，得到 $A^{-1} = \begin{pmatrix} 0 & 0 & 1 & 0 \\ 0 & 0 & 0 & 1 \\ 1 & \dfrac{2}{3} & 0 & 0 \\ 0 & \dfrac{1}{3} & 0 & 0 \end{pmatrix}.$

5 证明 若 $P = \begin{pmatrix} A & C \\ 0 & B \end{pmatrix}$,则 $|P| = |A||B| \neq 0, P$ 可逆.

设 $P^{-1} = \begin{pmatrix} D_1 & D_2 \\ D_3 & D_4 \end{pmatrix}$,则由 $PP^{-1} = E$,得到

$$\begin{pmatrix} A & C \\ 0 & B \end{pmatrix}\begin{pmatrix} D_1 & D_2 \\ D_3 & D_4 \end{pmatrix} = \begin{pmatrix} AD_1 + CD_3 & AD_2 + CD_4 \\ BD_3 & BD_4 \end{pmatrix} = \begin{pmatrix} E & 0 \\ 0 & E \end{pmatrix},$$

可得 $D_1 = A^{-1}, D_2 = -A^{-1}CB^{-1}, D_3 = 0, D_4 = B^{-1}$,即 $P^{-1} = \begin{pmatrix} A^{-1} & -A^{-1}CB^{-1} \\ 0 & B^{-1} \end{pmatrix}$.

同理,若 $P = \begin{pmatrix} A & 0 \\ C & B \end{pmatrix}$,则 $P^{-1} = \begin{pmatrix} A^{-1} & 0 \\ -B^{-1}CA^{-1} & B^{-1} \end{pmatrix}$.

6 解题过程 因为 $AA^* = |A|E, A^* = |A|A^{-1}, A^{-1} = \dfrac{A^*}{|A|}$,

所以分块矩阵 $\begin{pmatrix} 0 & A \\ B & 0 \end{pmatrix}$ 的行列式为

$$\begin{vmatrix} 0 & A \\ B & 0 \end{vmatrix} = (-1)^{2 \times 2}|A||B| = 2 \times 3 = 6.$$

因此分块矩阵可逆.

$$\begin{pmatrix} 0 & A \\ B & 0 \end{pmatrix}^* = \begin{vmatrix} 0 & A \\ B & 0 \end{vmatrix}\begin{pmatrix} 0 & A \\ B & 0 \end{pmatrix}^{-1} = 6\begin{pmatrix} 0 & B^{-1} \\ A^{-1} & 0 \end{pmatrix}$$

$$= 6\begin{pmatrix} 0 & \dfrac{B^*}{|B|} \\ \dfrac{A^*}{|A|} & 0 \end{pmatrix} = 6\begin{pmatrix} 0 & \dfrac{B^*}{3} \\ \dfrac{A^*}{2} & 0 \end{pmatrix}$$

$$= \begin{pmatrix} 0 & 2B^* \\ 3A^* & 0 \end{pmatrix}.$$

■ 习题 3-5 ■

1 解题过程 $\begin{pmatrix} 0 & 0 & 1 \\ 0 & 1 & 0 \\ 1 & 0 & 0 \end{pmatrix}^{20} = \begin{pmatrix} 1 & 0 & 0 \\ 0 & 1 & 0 \\ 0 & 0 & 1 \end{pmatrix}$ $\begin{pmatrix} 0 & 0 & 1 \\ 0 & 1 & 0 \\ 1 & 0 & 0 \end{pmatrix}^{21} = \begin{pmatrix} 0 & 0 & 1 \\ 0 & 1 & 0 \\ 1 & 0 & 0 \end{pmatrix}$,

则 $\begin{pmatrix} 0 & 0 & 1 \\ 0 & 1 & 0 \\ 1 & 0 & 0 \end{pmatrix}^{20}\begin{pmatrix} a_1 & a_2 & a_3 \\ b_1 & b_2 & b_3 \\ c_1 & c_2 & c_3 \end{pmatrix}\begin{pmatrix} 0 & 0 & 1 \\ 0 & 1 & 0 \\ 1 & 0 & 0 \end{pmatrix}^{21} = \begin{pmatrix} a_3 & a_2 & a_1 \\ b_3 & b_2 & b_1 \\ c_3 & c_2 & c_1 \end{pmatrix}.$

2 分析 通过初等变换将$(A\vdots E)$变为$(E\vdots B)$,则B为A的逆矩阵.

解题过程 (1)

$$\left(\begin{array}{cccc:cccc}1&0&0&0&1&0&0&0\\1&2&0&0&0&1&0&0\\1&2&3&0&0&0&1&0\\1&2&3&4&0&0&0&1\end{array}\right)\rightarrow\left(\begin{array}{cccc:cccc}1&0&0&0&1&0&0&0\\0&2&0&0&-1&1&0&0\\0&2&3&0&-1&0&1&0\\0&2&3&4&-1&0&0&1\end{array}\right)\rightarrow$$

$$\left(\begin{array}{cccc:cccc}1&0&0&0&1&0&0&0\\0&2&0&0&-1&1&0&0\\0&0&3&0&0&-1&1&0\\0&0&0&4&0&0&-1&1\end{array}\right)\rightarrow\left(\begin{array}{cccc:cccc}1&0&0&0&1&0&0&0\\0&1&0&0&-\frac{1}{2}&\frac{1}{2}&0&0\\0&0&1&0&0&-\frac{1}{3}&\frac{1}{3}&0\\0&0&0&1&0&0&-\frac{1}{4}&\frac{1}{4}\end{array}\right),$$

得到
$$\left(\begin{array}{cccc}1&0&0&0\\1&2&0&0\\1&2&3&0\\1&2&3&4\end{array}\right)^{-1}=\left(\begin{array}{cccc}1&0&0&0\\-\frac{1}{2}&\frac{1}{2}&0&0\\0&-\frac{1}{3}&\frac{1}{3}&0\\0&0&-\frac{1}{4}&\frac{1}{4}\end{array}\right).$$

(2)
$$\left(\begin{array}{ccc:ccc}3&2&1&1&0&0\\3&1&5&0&1&0\\3&2&3&0&0&1\end{array}\right)\rightarrow\left(\begin{array}{ccc:ccc}3&2&1&1&0&0\\0&-1&4&-1&1&0\\0&0&2&-1&0&1\end{array}\right)\rightarrow$$

$$\left(\begin{array}{ccc:ccc}3&2&0&\frac{3}{2}&0&-\frac{1}{2}\\0&-1&0&1&1&-2\\0&0&2&-1&0&1\end{array}\right)\rightarrow\left(\begin{array}{ccc:ccc}3&0&0&\frac{7}{6}&1&-\frac{9}{2}\\0&-1&0&1&1&-2\\0&0&2&-1&0&1\end{array}\right)\rightarrow$$

$$\left(\begin{array}{ccc:ccc}1&0&0&\frac{7}{6}&\frac{2}{3}&-\frac{3}{2}\\0&1&0&-1&-1&2\\0&0&1&-\frac{1}{2}&0&\frac{1}{2}\end{array}\right),得到\left(\begin{array}{ccc}3&2&1\\3&1&5\\3&2&3\end{array}\right)^{-1}=\left(\begin{array}{ccc}\frac{7}{6}&\frac{2}{3}&-\frac{3}{2}\\-1&-1&2\\-\frac{1}{2}&0&\frac{1}{2}\end{array}\right).$$

(3)
$$\left(\begin{array}{cccc:cccc}1&2&1&1&1&0&0&0\\2&3&1&0&0&1&0&0\\3&1&1&-2&0&0&1&0\\4&2&-1&-6&0&0&0&1\end{array}\right)\rightarrow\left(\begin{array}{cccc:cccc}1&2&1&1&1&0&0&0\\0&-1&-1&-2&-2&1&0&0\\0&-5&-2&-5&-3&0&1&0\\0&-6&-5&-10&-4&0&0&1\end{array}\right)\rightarrow$$

$$\begin{pmatrix} 1 & 0 & -1 & -3 & \vdots & -3 & 2 & 0 & 0 \\ 0 & -1 & -1 & -2 & \vdots & -2 & 1 & 0 & 0 \\ 0 & 0 & 3 & 5 & \vdots & 7 & -5 & 1 & 0 \\ 0 & 0 & 1 & 2 & \vdots & 8 & -6 & 0 & 1 \end{pmatrix} \rightarrow \begin{pmatrix} 1 & 0 & 0 & -1 & \vdots & 5 & -4 & 0 & 1 \\ 0 & 1 & 0 & 0 & \vdots & -6 & 5 & 0 & -1 \\ 0 & 0 & 0 & -1 & \vdots & -17 & 13 & 1 & -3 \\ 0 & 0 & 1 & 2 & \vdots & 8 & -6 & 0 & 1 \end{pmatrix} \rightarrow$$

$$\begin{pmatrix} 1 & 0 & 0 & 0 & \vdots & 22 & -17 & -1 & 4 \\ 0 & 1 & 0 & 0 & \vdots & -6 & 5 & 0 & -1 \\ 0 & 0 & 0 & -1 & \vdots & -17 & 13 & 1 & -3 \\ 0 & 0 & 1 & 0 & \vdots & -26 & 20 & 2 & -5 \end{pmatrix} \rightarrow \begin{pmatrix} 1 & 0 & 0 & 0 & \vdots & 22 & -17 & 1 & 4 \\ 0 & 1 & 0 & 0 & \vdots & -6 & 5 & 0 & -1 \\ 0 & 0 & 1 & 0 & \vdots & -26 & 20 & 2 & -5 \\ 0 & 0 & 0 & 1 & \vdots & 17 & -13 & -1 & 3 \end{pmatrix},$$

则 $\begin{pmatrix} 1 & 2 & 1 & 1 \\ 2 & 3 & 1 & 0 \\ 3 & 1 & 1 & -2 \\ 4 & 2 & -1 & -6 \end{pmatrix}^{-1} = \begin{pmatrix} 22 & -17 & -1 & 4 \\ -6 & 5 & 0 & -1 \\ -26 & 20 & 2 & -5 \\ 17 & -13 & -1 & 3 \end{pmatrix}.$

3 解题过程　(1) 令 $A = \begin{pmatrix} 5 & 3 & 1 \\ 1 & -3 & -2 \\ -5 & 2 & 1 \end{pmatrix}, B = \begin{pmatrix} -8 & 3 & 0 \\ -5 & 9 & 0 \\ -2 & 15 & 0 \end{pmatrix},$ 方程解为 $X = BA^{-1}.$

$\begin{pmatrix} A \\ B \end{pmatrix} \xrightarrow{\text{初等列变换}} \begin{pmatrix} 5 & 3 & 1 \\ 1 & -3 & -2 \\ -5 & 2 & 1 \\ -8 & 3 & 0 \\ -5 & 9 & 0 \\ -2 & 15 & 0 \end{pmatrix} \rightarrow \begin{pmatrix} 1 & 3 & 5 \\ -2 & -3 & 1 \\ 1 & 2 & -5 \\ 0 & 3 & -8 \\ 0 & 9 & -5 \\ 0 & 15 & -2 \end{pmatrix} \rightarrow \begin{pmatrix} 1 & 0 & 0 \\ -2 & 3 & 11 \\ 1 & -1 & -10 \\ 0 & 3 & -8 \\ 0 & 9 & -5 \\ 0 & 15 & -2 \end{pmatrix} \rightarrow$

$\begin{pmatrix} 1 & 0 & 0 \\ 0 & 3 & 0 \\ \frac{1}{3} & -1 & -\frac{19}{3} \\ 2 & 3 & -19 \\ 6 & 9 & -38 \\ 10 & 15 & -57 \end{pmatrix} \rightarrow \begin{pmatrix} 1 & 0 & 0 \\ 0 & 1 & 0 \\ \frac{1}{3} & -\frac{1}{3} & 1 \\ 2 & 1 & 3 \\ 6 & 3 & 6 \\ 10 & 5 & 9 \end{pmatrix} \rightarrow \begin{pmatrix} 1 & 0 & 0 \\ 0 & 1 & 0 \\ 0 & 0 & 1 \\ 1 & 2 & 3 \\ 4 & 5 & 6 \\ 7 & 8 & 9 \end{pmatrix},$ 则 $X = \begin{pmatrix} 1 & 2 & 3 \\ 4 & 5 & 6 \\ 7 & 8 & 9 \end{pmatrix}.$

(2) 令 $A = \begin{pmatrix} 1 & 2 & 3 \\ 3 & 1 & 2 \\ 2 & 3 & 1 \end{pmatrix}, B = \begin{pmatrix} 2 & 4 & 1 \\ 4 & 0 & 2 \\ 0 & 2 & 4 \end{pmatrix}, X = A^{-1}B.$

$(A\ \ B) \xrightarrow{\text{初等行变换}} \begin{pmatrix} 1 & 2 & 3 & 2 & 4 & 0 \\ 3 & 1 & 2 & 4 & 0 & 2 \\ 2 & 3 & 1 & 0 & 2 & 4 \end{pmatrix} \rightarrow \begin{pmatrix} 1 & 2 & 3 & 2 & 4 & 0 \\ 0 & -5 & -7 & -2 & -12 & 2 \\ 0 & -1 & -5 & -4 & -6 & 4 \end{pmatrix} \rightarrow$

$$\begin{pmatrix} 1 & 0 & -7 & -6 & -8 & 8 \\ 0 & -1 & -5 & -4 & -6 & 4 \\ 0 & 0 & 18 & 18 & 18 & -18 \end{pmatrix} \rightarrow \begin{pmatrix} 1 & 0 & 0 & 1 & -1 & 1 \\ 0 & -1 & 0 & 1 & -1 & -1 \\ 0 & 0 & 1 & 1 & 1 & -1 \end{pmatrix} \rightarrow$$

$$\begin{pmatrix} 1 & 0 & 0 & 1 & -1 & 1 \\ 0 & 1 & 0 & -1 & 1 & 1 \\ 0 & 0 & 1 & 1 & 1 & -1 \end{pmatrix}, 则 \boldsymbol{X} = \begin{pmatrix} 1 & -1 & 1 \\ -1 & 1 & 1 \\ 1 & 1 & -1 \end{pmatrix}.$$

4 证明   (1) $\boldsymbol{B}$ 是由 $\boldsymbol{A}$ 的第二行和第三行对换得到,故 $|\boldsymbol{B}| = -|\boldsymbol{A}|$,因为 $\boldsymbol{A}$ 可逆,则 $|\boldsymbol{A}| \neq 0$,故

          $|\boldsymbol{B}| \neq 0$,$\boldsymbol{B}$ 可逆.

         (2) $\boldsymbol{B}$ 可表示为 $\boldsymbol{E}(2,3)\boldsymbol{A}$,

            $\boldsymbol{B}^{-1} = [\boldsymbol{E}(2,3)\boldsymbol{A}]^{-1} = \boldsymbol{A}^{-1}\boldsymbol{E}(2,3),$

         则 $\boldsymbol{A}\boldsymbol{B}^{-1} = \boldsymbol{A} \cdot \boldsymbol{A}^{-1}\boldsymbol{E}(2,3) = \boldsymbol{E}(2,3).$

5 解题过程 $\boldsymbol{Q} = (\boldsymbol{\alpha}_1 + \boldsymbol{\alpha}_2, \boldsymbol{\alpha}_2, \boldsymbol{\alpha}_3) = (\boldsymbol{\alpha}_1, \boldsymbol{\alpha}_2, \boldsymbol{\alpha}_3) \begin{pmatrix} 1 & 0 & 0 \\ 1 & 1 & 0 \\ 0 & 0 & 1 \end{pmatrix}$

              $= (\boldsymbol{\alpha}_1, \boldsymbol{\alpha}_2, \boldsymbol{\alpha}_3)\boldsymbol{E}_3[2,1(1)],$

        因此 $\boldsymbol{Q} = \boldsymbol{P}\boldsymbol{E}_3[2,1(1)].$

        $\boldsymbol{Q}^{\mathrm{T}}\boldsymbol{A}\boldsymbol{Q} = \{\boldsymbol{P}\boldsymbol{E}_3[2,1(1)]\}^{\mathrm{T}}\boldsymbol{A}\{\boldsymbol{P}\boldsymbol{E}_3[2,1(1)]\}$

              $= \boldsymbol{E}_3^{\mathrm{T}}[2,1(1)][\boldsymbol{P}^{\mathrm{T}}\boldsymbol{A}\boldsymbol{P}]\boldsymbol{E}_3[2,1(1)]$

              $= \begin{pmatrix} 1 & 1 & 0 \\ 0 & 1 & 0 \\ 1 & 0 & 1 \end{pmatrix}\begin{pmatrix} 1 & 0 & 0 \\ 0 & 1 & 0 \\ 0 & 0 & 2 \end{pmatrix}\begin{pmatrix} 1 & 0 & 0 \\ 1 & 1 & 0 \\ 0 & 0 & 1 \end{pmatrix} = \begin{pmatrix} 2 & 1 & 0 \\ 1 & 1 & 0 \\ 0 & 0 & 2 \end{pmatrix}.$

习题 3-6

1 解题过程 $\begin{pmatrix} 0 & 2 & -3 & 1 \\ 0 & 3 & -4 & 3 \\ 0 & 4 & -7 & -1 \end{pmatrix} \rightarrow \begin{pmatrix} 0 & 2 & -3 & 1 \\ 0 & 0 & \frac{1}{2} & \frac{3}{2} \\ 0 & 0 & -1 & -3 \end{pmatrix} \rightarrow \begin{pmatrix} 0 & 2 & -3 & 1 \\ 0 & 0 & 1 & 3 \\ 0 & 0 & 0 & 0 \end{pmatrix} \rightarrow$

         $\begin{pmatrix} 0 & 1 & -\frac{3}{2} & \frac{1}{2} \\ 0 & 0 & 1 & 3 \\ 0 & 0 & 0 & 0 \end{pmatrix} \rightarrow \begin{pmatrix} 0 & 1 & 0 & 5 \\ 0 & 0 & 1 & 3 \\ 0 & 0 & 0 & 0 \end{pmatrix}.$

2 解题过程 ▸ 若 $R(A) = r$, 矩阵 A 中可以存在等于 0 的 $r-1$ 和 r 阶子式, 但不会有不等于 0 的 $r+1$ 阶子式, 否则 $R(A) > r$.

3 解题过程 ▸

(1) $\begin{bmatrix} 2 & -1 & 1 & -1 & 3 \\ 4 & -2 & -2 & 3 & 2 \\ 2 & -1 & 5 & -6 & 1 \end{bmatrix} \rightarrow \begin{bmatrix} 2 & -1 & 1 & -1 & 3 \\ 0 & 0 & -4 & 5 & -4 \\ 0 & 0 & 4 & -5 & -2 \end{bmatrix} \rightarrow \begin{bmatrix} 2 & -1 & 1 & -1 & 3 \\ 0 & 0 & -4 & 5 & -4 \\ 0 & 0 & 0 & 0 & -6 \end{bmatrix},$

故矩阵秩为 3.

(2) $\begin{bmatrix} 1 & 2 & 3 & 4 \\ 1 & -2 & 4 & 5 \\ 1 & 10 & 1 & 2 \end{bmatrix} \rightarrow \begin{bmatrix} 1 & 2 & 3 & 4 \\ 0 & -4 & 1 & 1 \\ 0 & 8 & -2 & -2 \end{bmatrix} \rightarrow \begin{bmatrix} 1 & 2 & 3 & 4 \\ 0 & -4 & 1 & 1 \\ 0 & 0 & 0 & 0 \end{bmatrix},$ 故矩阵秩为 2.

(3) $\begin{bmatrix} 1 & -1 & 2 & 1 & 0 \\ 2 & -2 & 4 & 2 & 0 \\ 3 & 0 & 6 & -1 & 1 \\ 0 & 3 & 0 & 0 & 1 \end{bmatrix} \rightarrow \begin{bmatrix} 1 & -1 & 2 & 1 & 0 \\ 0 & 0 & 0 & 0 & 0 \\ 0 & 3 & 0 & -4 & 1 \\ 0 & 3 & 0 & 0 & 1 \end{bmatrix} \rightarrow \begin{bmatrix} 1 & -1 & 2 & 1 & 0 \\ 0 & 3 & 0 & 0 & 1 \\ 0 & 0 & 0 & -4 & 0 \\ 0 & 0 & 0 & 0 & 0 \end{bmatrix},$

故矩阵秩为 3.

(4) $\begin{bmatrix} 3 & -1 & 3 & 2 \\ 5 & -3 & 2 & 3 \\ 1 & -3 & -5 & 0 \\ 7 & -5 & 1 & 4 \end{bmatrix} \rightarrow \begin{bmatrix} 1 & -3 & -5 & 0 \\ 0 & 12 & 27 & 3 \\ 0 & 8 & 18 & 2 \\ 0 & 16 & 36 & 4 \end{bmatrix} \rightarrow \begin{bmatrix} 1 & -3 & -5 & 0 \\ 0 & 12 & 27 & 3 \\ 0 & 0 & 0 & 0 \\ 0 & 0 & 0 & 0 \end{bmatrix},$ 故矩阵秩为 2.

4 解题过程 ▸

$\begin{bmatrix} 1 & 1 & 2 & a & 3 \\ 2 & 2 & 3 & 1 & 4 \\ 1 & 0 & 1 & 1 & 5 \\ 2 & 3 & 5 & 5 & 4 \end{bmatrix} \rightarrow \begin{bmatrix} 1 & 1 & 2 & a & 3 \\ 0 & 0 & -1 & 1-2a & -2 \\ 0 & -1 & -1 & 1-a & 2 \\ 0 & 1 & 1 & 5-2a & -2 \end{bmatrix} \rightarrow \begin{bmatrix} 1 & 1 & 2 & a & 3 \\ 0 & 0 & -1 & 1-2a & -2 \\ 0 & -1 & -1 & 1-a & 2 \\ 0 & 0 & 0 & 6-3a & 0 \end{bmatrix} \rightarrow$

$\begin{bmatrix} 1 & 1 & 2 & a & 3 \\ 0 & -1 & -1 & 1-a & 2 \\ 0 & 0 & -1 & 1-2a & -2 \\ 0 & 0 & 0 & 6-3a & 0 \end{bmatrix},$ 由于矩阵秩为 3, 故 $6-3a = 0$, 得 $a = 2$.

5 证明 ▸ 通过反证法来证明, 若 $R(A) = n$, 对 A 可逆,

$AB = 0$, 两边同左乘 A^{-1}, 得到 $A^{-1}AB = 0$,

则 $B = 0$, 与已知矛盾, 故 $R(A) = n$ 不成立, 得 $R(A) < n$.

6 证明 ▸ 必要性: A 与 B 等价, 可知 $R(A) = R(B)$.

充分性: 设 $R(A) = R(B) = r$,

则 A 可经初等变换化为 $\begin{pmatrix} E_r & 0 \\ 0 & 0 \end{pmatrix}$，同理 B 也可化为 $\begin{pmatrix} E_r & 0 \\ 0 & 0 \end{pmatrix}$，

即 $A \sim \begin{pmatrix} E_r & 0 \\ 0 & 0 \end{pmatrix}$，$B \sim \begin{pmatrix} E_r & 0 \\ 0 & 0 \end{pmatrix}$，则 $A \sim B$.

7 解题过程

$$\begin{bmatrix} 1 & 1 & \lambda^2 & -2 \\ 1 & -2 & \lambda & 1 \\ -2 & 1 & -2 & \lambda \end{bmatrix} \rightarrow \begin{bmatrix} 1 & 1 & \lambda^2 & -2 \\ 0 & -3 & \lambda-\lambda^2 & 3 \\ 0 & 3 & 2\lambda^2-2 & \lambda-4 \end{bmatrix} \rightarrow$$

$$\begin{bmatrix} 1 & 1 & \lambda^2 & -2 \\ 0 & -3 & \lambda-\lambda^2 & 3 \\ 0 & 0 & \lambda^2+\lambda-2 & \lambda-1 \end{bmatrix}.$$

当且仅当 $\begin{cases} \lambda^2+\lambda-2=0 \\ \lambda-1=0 \end{cases}$ 时，矩阵秩最小，解得 $\lambda=1$.

8 证明

设 $A'=\begin{pmatrix} a_1 \\ a_2 \\ \vdots \\ a_n \end{pmatrix}$，$B=(b_1,b_2,\cdots,b_n)$，

则 $A=A'B$，因为 $A \neq 0$，故 $R(A')=R(B)=1$.

又 $R(A) \leqslant \min[R(A'),R(B)]$ 且 $R(A) \neq 0$，得 $R(A)=1$.

$A^2=A'BA'B=A'(BA')B$，

$BA'=\sum\limits_{i=1}^{n} a_i b_i$，则 $A^2=\left(\sum\limits_{i=1}^{n} a_i b_i\right)A'B=\left(\sum\limits_{i=1}^{n} a_i b_i\right)A$，故存在 $k=\left(\sum\limits_{i=1}^{n} a_i b_i\right)$ 使得

$A^2=kA$.

9 证明

(1) $(A+B,B) \xrightarrow{c} (A,B)$

因此 $R(A+B) \leqslant R(A+B,B)=R(A,B)$

$\leqslant R(A)+R(B)$.

(2) 设 $R(B)=r$，则存在可逆矩阵 P,Q 使得 $PBQ=\begin{pmatrix} E_r & 0 \\ 0 & 0 \end{pmatrix}$.

$R(AB)=R\left[AP^{-1}\begin{pmatrix} E_r & 0 \\ 0 & 0 \end{pmatrix}Q^{-1}\right]=R\left[AP^{-1}\begin{pmatrix} E_r & 0 \\ 0 & 0 \end{pmatrix}\right]$.

因为 $AP^{-1}\begin{pmatrix} E_r & 0 \\ 0 & 0 \end{pmatrix}$ 至多有 r 个非零行和非零列，

所以 $R(AB) \leqslant r=R(B)$.

第三章 矩阵的运算

$$R(AB) = R[(AB)^T] = R(B^T A^T) \leqslant R(A^T) = R(A),$$

因此 $R(AB) \leqslant \min\{R(A), R(B)\}$.

经济数学——线性代数(第三版)同步辅导及习题全解

总习题

1 解题过程

(1) $(\alpha\alpha^T)^2 = \alpha\alpha^T\alpha\alpha^T = (\alpha^T\alpha)\alpha\alpha^T$,

$$(\alpha\alpha^T)^2 = \begin{pmatrix} 1 & -1 & 1 \\ -1 & 1 & -1 \\ 1 & -1 & 1 \end{pmatrix}\begin{pmatrix} 1 & -1 & 1 \\ -1 & 1 & -1 \\ 1 & -1 & 1 \end{pmatrix} = \begin{pmatrix} 3 & -3 & 3 \\ -3 & 3 & -3 \\ 3 & -3 & 3 \end{pmatrix} = 3\begin{pmatrix} 1 & -1 & 1 \\ -1 & 1 & -1 \\ 1 & -1 & 1 \end{pmatrix},$$

得 $\alpha^T\alpha = 3$.

(2) 设 $A = \begin{pmatrix} 1 \\ 2 \end{pmatrix}$, $B = (1 \quad 1)$, 则 $\begin{pmatrix} 1 & 1 \\ 2 & 2 \end{pmatrix} = AB$, $BA = 3$.

$$\begin{pmatrix} 1 & 1 \\ 2 & 2 \end{pmatrix}^n = (AB)^n = A(BA\cdots BA)B = (BA)^{n-1}AB$$

$$= 3^{n-1}AB = 3^{n-1}\begin{pmatrix} 1 & 1 \\ 2 & 2 \end{pmatrix}.$$

(3) 由于 A 的逆矩阵为 B, 则 $AB = E$.

$$AB = (E - \alpha\alpha^T)(E + \frac{1}{a}\alpha\alpha^T) = E + (\frac{1}{a})\alpha\alpha^T - \frac{1}{a}(\alpha\alpha^T)^2$$

$$= E + (\frac{1}{a} - 1)\alpha\alpha^T - \frac{1}{a}(\alpha^T\alpha)\alpha\alpha^T = E + (\frac{1}{a} - 1 - \frac{1}{a} \cdot 2a^2)\alpha\alpha^T$$

$$= E + (\frac{1}{a} - 1 - 2a)\alpha\alpha^T.$$

则 $\frac{1}{a} - 1 - 2a = 0$, 解得 $a = -1$,

(4) $C^{-1} = \frac{1}{|C|}C^*$, 得 $C^* = |C|C^{-1} = |A||B|\begin{pmatrix} A^{-1} & 0 \\ 0 & B^{-1} \end{pmatrix}$

$$= \begin{pmatrix} |A||B|A^{-1} & 0 \\ 0 & |A||B|B^{-1} \end{pmatrix}$$

$$= \begin{pmatrix} |B|A^* & 0 \\ 0 & |A|B^* \end{pmatrix}.$$

(5) $|2(A^TB^{-1})^2| = 2^3|(A^T)^2| \cdot |(B^{-1})^2| = 8 \cdot |A|^2|B^{-1}|^2$

$$= 8 \cdot (-1)^2 (\frac{1}{|\boldsymbol{B}|})^2 = 2,$$

则 $| 2(\boldsymbol{A}^{\mathrm{T}} \boldsymbol{B}^{-1})^2 | = | 2 | = 2.$

(6) $|\boldsymbol{A} + \boldsymbol{B}^{-1}| = |\boldsymbol{A}(\boldsymbol{A}^{-1} + \boldsymbol{B})\boldsymbol{B}^{-1}| = |\boldsymbol{A}| \cdot |\boldsymbol{A}^{-1} + \boldsymbol{B}| \cdot |\boldsymbol{B}^{-1}|$

$$= 3 \cdot 2 \cdot \frac{1}{2} = 3.$$

2 解题过程

(1) $\boldsymbol{A}\boldsymbol{P}_1\boldsymbol{P}_2 = \begin{pmatrix} a_{12} + a_{13} & a_{11} & a_{13} \\ a_{22} + a_{23} & a_{21} & a_{23} \\ a_{32} + a_{33} & a_{31} & a_{33} \end{pmatrix} \neq \boldsymbol{B},$

$\boldsymbol{A}\boldsymbol{P}_2\boldsymbol{P}_1 = \begin{pmatrix} a_{12} & a_{11} + a_{13} & a_{13} \\ a_{22} & a_{21} + a_{23} & a_{23} \\ a_{32} & a_{31} + a_{33} & a_{33} \end{pmatrix} \neq \boldsymbol{B},$

$\boldsymbol{P}_1\boldsymbol{P}_2\boldsymbol{A} = \begin{pmatrix} a_{21} & a_{22} & a_{23} \\ a_{11} & a_{12} & a_{13} \\ a_{31} + a_{11} & a_{32} + a_{12} & a_{33} + a_{13} \end{pmatrix} = \boldsymbol{B},$

$\boldsymbol{P}_2\boldsymbol{P}_1\boldsymbol{A} = \begin{pmatrix} a_{21} & a_{22} & a_{23} \\ a_{11} & a_{12} & a_{13} \\ a_{31} + a_{21} & a_{32} + a_{22} & a_{33} + a_{23} \end{pmatrix} \neq \boldsymbol{B}.$

(2) $\boldsymbol{A}$ 的秩为 $n-1$，则 $|\boldsymbol{A}| = 0,$

即 $|\boldsymbol{A}| = [(n-1)a + 1](1-a)^{n-1} = 0,$

则 $a = 1$ 或 $a = -\dfrac{1}{n-1}.$

当 $a = 1$ 时 $R(\boldsymbol{A}) = 1$ 与 $R(\boldsymbol{A}) = n-1$ 矛盾，故 $a = -\dfrac{1}{n-1}.$

3 解题过程

由 $a_{ij} = A_{ij}$ 可得到 $\boldsymbol{A}^* = \boldsymbol{A}^{\mathrm{T}},$

则 $\boldsymbol{A}\boldsymbol{A}^* = \boldsymbol{A}\boldsymbol{A}^{\mathrm{T}} \Rightarrow |\boldsymbol{A}| \boldsymbol{E} = \boldsymbol{A}\boldsymbol{A}^{\mathrm{T}},$ 两边同时取行列式 $|\boldsymbol{A}|^3 = |\boldsymbol{A}|^2,$ 解得 $|\boldsymbol{A}| = 0$ 或 $|\boldsymbol{A}| = 1.$ 若 $|\boldsymbol{A}| = 0$ 则 $\boldsymbol{A}\boldsymbol{A}^{\mathrm{T}} = 0$ 与 $a_n \neq 0$ 矛盾，故 $|\boldsymbol{A}| = 1.$

4 解题过程

因为 $a_{ij} + A_{ij} = 0$，所以 $A_{ij} = -a_{ij}$，因此 $\boldsymbol{A}^* = -\boldsymbol{A}^{\mathrm{T}}, \boldsymbol{A}\boldsymbol{A}^* = -\boldsymbol{A}\boldsymbol{A}^{\mathrm{T}} = |\boldsymbol{A}| \boldsymbol{E}.$
取行列式有 $-|\boldsymbol{A}|^2 = |\boldsymbol{A}|^3$，即 $|\boldsymbol{A}| = 0$ 或 $|\boldsymbol{A}| = -1.$ 取 $|\boldsymbol{A}| = 0$，则 $-\boldsymbol{A}\boldsymbol{A}^T = 0,$
即 $\boldsymbol{A} = 0$，所以 $|\boldsymbol{A}| = -1.$

5 解题过程

根据 $\boldsymbol{x}(\boldsymbol{E} - \boldsymbol{C}^{-1}\boldsymbol{B})^{\mathrm{T}} \boldsymbol{C}^{\mathrm{T}} = \boldsymbol{E}$ 得

$\boldsymbol{x} = [(\boldsymbol{E} - \boldsymbol{C}^{-1}\boldsymbol{B})^{\mathrm{T}} \boldsymbol{C}^{\mathrm{T}}]^{-1} = \{[\boldsymbol{C}(\boldsymbol{E} - \boldsymbol{C}^{-1}\boldsymbol{B})]^{\mathrm{T}}\}^{-1} = [(\boldsymbol{C} - \boldsymbol{B})^{\mathrm{T}}]^{-1}.$

首先计算 $(C-B)^{\mathrm{T}} = \begin{pmatrix} 1 & 0 & 0 & 0 \\ 2 & 1 & 0 & 0 \\ 3 & 2 & 1 & 0 \\ 4 & 3 & 2 & 1 \end{pmatrix}$,

$$\left[(C-B)^{\mathrm{T}}\right]^{-1} = \begin{pmatrix} 1 & 0 & 0 & 0 \\ -2 & 1 & 0 & 0 \\ 1 & -2 & 1 & 0 \\ 0 & 1 & -2 & 1 \end{pmatrix}, 则\ X = \begin{pmatrix} 1 & 0 & 0 & 0 \\ -2 & 1 & 0 & 0 \\ 1 & -2 & 1 & 0 \\ 0 & 1 & -2 & 1 \end{pmatrix}.$$

6 证明 (1) 充分性:

$A^2 = (E - xx^{\mathrm{T}})(E - xx^{\mathrm{T}}) = E - 2xx^{\mathrm{T}} + (xx^{\mathrm{T}})(xx^{\mathrm{T}}) = E - 2xx^{\mathrm{T}} + (x^{\mathrm{T}}x)xx^{\mathrm{T}}.$

已知 $x^{\mathrm{T}}x = 1$,故 $A^2 = E - xx^{\mathrm{T}} = A$.

必要性:$A^2 = E + (x^{\mathrm{T}}x - 2)xx^{\mathrm{T}}, A = E - xx^{\mathrm{T}}.$

已知 $A^2 = A$,则 $x^{\mathrm{T}}x - 2 = -1$,得 $x^{\mathrm{T}}x = 1$.

(2) 由(1)可知当 $x^{\mathrm{T}}x = 1$ 时 $A^2 = A$,即 $A(A - E) = 0$.

若 $A = E$,则可得到 $xx^{\mathrm{T}} = 0$ 与 $x^{\mathrm{T}}x = 1$ 矛盾,

故 $A \neq E$ 可推出 A 不可逆.

7 解题过程 (1) $PQ = \begin{pmatrix} E & 0 \\ -X^T A^* & |A| \end{pmatrix} \begin{pmatrix} A & \alpha \\ \alpha' & b \end{pmatrix}$

$= \begin{pmatrix} A & \alpha \\ -\alpha^{\mathrm{T}}A^*A + |A|\alpha^7 & -\alpha^{\mathrm{T}}A^*\alpha + |A|b \end{pmatrix}$

$= \begin{pmatrix} A & \alpha \\ 0 & |A|(b - \alpha^{\mathrm{T}}A^{-1}\alpha) \end{pmatrix}.$

(2) 证明:$|PQ| = |A|^2(b - \alpha^{\mathrm{T}}A^{-1}\alpha), |P| = |A| \neq 0,$

则 Q 可逆 $\Leftrightarrow |PQ| \neq 0,$

即 $|A|^2(b - \alpha^{\mathrm{T}}A^{-1}) \neq 0$

$\Leftrightarrow b - \alpha^{\mathrm{T}}A^{-1}\alpha \neq 0$

$\Leftrightarrow b \neq \alpha^{\mathrm{T}}A^{-1}\alpha.$

8 证明 (1) 已知 $R(B) = r$,且 $AB = 0$,

当 $n = r$ 时,$ABB^{-1} = 0$,即 $A = 0$.

当 $n > r$ 时,B 可通过初等变换化为 $(C, 0)$,其中 C 为 r 阶方阵,则存在 P 使得 $BP = (C\ \ 0)$.

对 $AB = 0$ 两边同乘 P 得到 $ABP = 0$,

即 $(AC\ \ 0) = 0$,即可得到 $A = 0(C$ 是可逆的).

(2) $AB = B \Rightarrow (A - E)B = 0$,

根据(1)的结论可知 $A - E = 0$,即 $A = E$.

【注】 证明题(2)中用到(1)的结论,可作为已知直接使用,不需再次证明.

9 解题过程 设 $A = \begin{pmatrix} 3 & 4 & 1 \\ 4 & 3.5 & 1.2 \\ 2.5 & 3 & 2 \\ 4 & 4 & 0.5 \end{pmatrix}, B = \begin{pmatrix} 0.15 \\ 0.2 \\ 0.1 \end{pmatrix},$

AB 为甲、乙、丙、丁 4 个地点食品部、日用品部、电器部的总日营业额.

$$AB = \begin{pmatrix} 3 & 4 & 1 \\ 4 & 3.5 & 1.2 \\ 2.5 & 3 & 2 \\ 4 & 4 & 0.5 \end{pmatrix} \begin{pmatrix} 0.15 \\ 0.2 \\ 0.1 \end{pmatrix} = \begin{pmatrix} 1.35 \\ 1.42 \\ 1.175 \\ 1.45 \end{pmatrix},$$

由 AB 得出在丁处开分公司所得利润最大.

10 解题过程 $(500 \quad 1200 \quad 2000) \begin{pmatrix} 0.95 & 0 & 0 \\ 0 & 0.9 & 0 \\ 0 & 0 & 0.9 \end{pmatrix} \begin{pmatrix} 3000 \\ 3100 \\ 3200 \end{pmatrix} = 10533 \times 10^3$ 元,总购买费用为

10533 千元.

小结

1.矩阵的线性运算:加法、数乘、乘法及运算法则.

2.特殊矩阵及方阵的行列式.

3.逆矩阵及其计算方法.

4.分块矩阵及其运算.

5.利用初等变换求逆矩阵.

6.矩阵的秩及计算.

第四章

线性方程组的理论

学习要求

1. 通过线性方程组的系数矩阵和增广矩阵的秩来判断方程组的解.

2. 理解 n 维向量概念，掌握向量的线性运算，理解向量组的线性组合和线性表示的概念.

3. 理解向量组的线性相关和线性无关的概念，能够判断向量组的线性相关或线性无关.

4. 理解向量组的最大无关组和向量组的秩的概念，能够熟练计算向量组的最大无关组和秩.

5. 理解齐次线性方程组的基础解系的概念，熟练掌握齐次线性方程组通解求法.

6. 理解非齐次线性方程组解的结构，熟练掌握非齐次线性方程组的通解求法.

知识点归纳

■ 线性方程组的解与秩的关系 ■

将线性方程组

$$\begin{cases} a_{11}x_1 + a_{12}x_2 + \cdots + a_{1n}x_n = b_1 \\ a_{21}x_1 + a_{22}x_2 + \cdots + a_{2n}x_n = b_2 \\ \qquad\qquad \cdots \\ a_{m1}x_1 + a_{m2}x_2 + \cdots + a_{mn}x_n = b_m \end{cases}$$

用矩阵的形式来表示，可得到 $A_{m\times n}x = b$，则线性方程组的系数矩阵为 A，增广矩阵为 $B = (A, b)$，则线性方程组的解与秩的关系有：

1 (1) 线性方程组有解的充分必要条件是 $R(A) = R(B)$；当 $R(A) = R(B) = n$ 时，方程组只有唯一

解；当 $R(A) = R(B) < n$ 时，方程组有无穷多个解.

（2）当 $b = 0$ 时，方程组有非零解的充分必要条件是系数矩阵的秩 $R(A) < n$；矩阵方程 $AX = B$ 有解的充分必要条件是 $R(A) = R(A, B)$.

■ 向量的线性表示

（1）给定向量组 $a_1, a_2, \cdots, a_m$ 和向量 b，如果存在一组数 $\lambda_1, \lambda_2, \cdots, \lambda_m$，使得

$$b = \lambda_1 a_1 + \lambda_2 a_2 + \cdots + \lambda_m a_m,$$

则称向量 b 是 $a_1, a_2, \cdots, a_m$ 的线性组合，或称向量 b 可以由 $a_1, a_2, \cdots, a_m$ 线性表示.

（2）向量 b 用向量组 $a_1, a_2, \cdots, a_m$ 线性表示的计算方法：

① 转化为求非齐次线性方程组 $(a_1, a_2, \cdots, a_m) \begin{bmatrix} x_1 \\ x_2 \\ \vdots \\ x_m \end{bmatrix} = b$ 是否有解，若方程组有解，则 b 可以用

$a_1, a_2, \cdots, a_m$ 线性表示，否则不能.

② 如果 $a_1, a_2, \cdots, a_m$ 线性无关，而 $a_1, a_2, \cdots, a_m, b$ 线性相关，则 b 可以用 $a_1, a_2, \cdots, a_m$ 线性表示，且 $\lambda_1, \lambda_2, \cdots, \lambda_m$ 唯一.

③ 如果 $R(a_1, a_2, \cdots, a_m) = R(a_1, a_2, \cdots, a_m, b)$，则 b 可以用 $a_1, a_2, \cdots, a_m$ 线性表示；否则不能.

■ 向量组的线性相关性

设有 n 维向量组 $a_1, a_2, \cdots, a_m$，如果存在一组不全为零的数 $k_1, k_2, \cdots, k_m$，使得

$$k_1 a_1 + k_2 a_2 + \cdots + k_m a_m = 0,$$

则称向量组 $a_1, a_2, \cdots, a_m$ 线性相关，否则就称线性无关.

对于向量组 $a_1, a_2, \cdots, a_m$，对应齐次线性方程组 $a_1 x_1 + a_2 x_2 + \cdots + a_m x_m = 0$ 有非零解，则向量组 $a_1, a_2, \cdots, a_m$ 线性相关；如果齐次线性方程组只有零解，则向量组 $a_1, a_2, \cdots, a_m$ 线性无关.

判断向量组线性相关性：

（1）向量组 $a_1, a_2, \cdots, a_m (m \geqslant 2)$ 线性相关的充分必要条件：至少存在一个向量可由其余 $m - 1$ 个向量线性表示.

（2）列向量组 $a_1, a_2, \cdots, a_m$ 构成的矩阵 $A = (a_1, a_2, \cdots a_m)$，若 $R(A) < m$，则向量组 $a_1, a_2, \cdots, a_m$ 线性相关；否则 $a_1, a_2, \cdots, a_m$ 线性无关.

（3）任意 $n + 1$ 个 n 维向量线性相关.

（4）当向量个数等于向量的维数时，向量线性相关的充分必要条件是由该向量组成的矩阵行列式等于 0；线性无关的充分必要条件是行列式不等于 0.

（5）n 维向量组中线性无关的向量最多有 n 个.

（6）若 $a_1,a_2,\cdots,a_m$ 线性相关，则 $a_1,a_2,\cdots,a_m,a_{m+1},\cdots,a_n$ 必线性相关；反之，若 $a_1,a_2,\cdots,a_m$，$a_{m+1},\cdots,a_n$ 线性无关，则 $a_1,a_2,\cdots,a_m$ 必线性无关.

■ 最大无关组和秩

（1）向量等价.

设有向量组 $A:a_1,a_2,\cdots,a_m$；　$B:b_1,b_2,\cdots,b_s$，若向量组 A 中每一个向量都能由向量组 B 线性表示，则称向量组 A 能由向量组 B 线性表示；如果向量组 A 和向量组 B 能够互相线性表示，则称这两个向量组等价.

（2）最大无关组.

若向量组 A 中能选出 r 个向量 $a_1,a_2,\cdots,a_r$ 满足：

① 向量组 $a_1,a_2,\cdots,a_r$ 线性无关；

②A 中任意向量均可由向量组 $a_1,a_2,\cdots,a_r$ 线性表示.

则称向量组 $a_1,a_2,\cdots,a_r$ 为 A 的一个最大线性无关向量组（简称最大无关组）.

（3）向量组的最大无关组与秩.

① 向量组的最大无关组所含向量个数为这个向量组的秩；

② 向量组线性无关的充分必要条件是它的秩与它所含向量个数相同，线性相关的充分必要条件是它的秩小于它所含向量的个数.

（4）常用结论.

① 等价向量组的秩相等；

② 若向量组 $a_1,a_2,\cdots,a_r$ 可由向量组 $b_1,b_2,\cdots,b_s$ 线性表示，则 $R(a_1,a_2,\cdots,a_r)\leqslant R(b_1,b_2,\cdots,b_s)$.

■ 齐次线性方程组的解

（1）基础解系和通解. 设齐次线性方程组 $A_{m\times n}x=0$ 有非零解，如果它的 k 个解向量 $\xi_1,\xi_2,\cdots,\xi_k$ 满足：

$\xi_1,\xi_2,\cdots,\xi_k$ 线性无关；

$A_{m\times n}x=0$ 的任意一个解 ξ 都可以由 $\xi_1,\xi_2,\cdots,\xi_k$ 线性表示，即 $\xi=c_1\xi_1+c_2\xi_2+\cdots+c_k\xi_k$，则称 $\xi_1,\xi_2,\cdots,\xi_k$ 是方程组的基础解系，且当 $c_1,c_2,\cdots,c_k$ 为任意常数时，$\xi=c_1\xi_1+c_2\xi_2+\cdots+c_k\xi_k$ 为方程组的通解.

(2) 对于齐次线性方程组 $A_{m \times n}x = 0$,其解:

① 当 $R(A) = n$ 时,方程组只有零解;

② 当 $R(A) < n$ 时,方程组有无穷多解,基础解系中解向量的个数是 $n - R(A)$.

■ 非齐次线性方程组

(1) 通解.

设 $\boldsymbol{\eta}$ 是非齐次线性方程组 $A_{m \times n}x = b$ 的一个解,$\boldsymbol{\xi}_1, \boldsymbol{\xi}_2, \cdots, \boldsymbol{\xi}_{n-r}$ 是齐次线性方程组 $A_{m \times n}x = 0$ 的基础解系,则非齐次线性方程组的通解为

$$x = k_1 \boldsymbol{\xi}_1 + k_2 \boldsymbol{\xi}_2 + \cdots + k_{n-r} \boldsymbol{\xi}_{n-r} + \boldsymbol{\eta},$$

其中 $k_1, k_2, \cdots, k_{n-r}$ 为任意实数.

(2) 对于非齐次线性方程组 $A_{m \times n}x = b$,增广矩阵为 $B = (A, b)$,则

① 有唯一解的充分必要条件是 $R(A) = R(B) = n$;

② 有无穷多解的充分必要条件是 $R(A) = R(B) < n$;

③ 无解的充分必要条件是 $R(A) \neq R(B)$.

(3) 解的性质.

① 若 $\boldsymbol{\xi}_1, \boldsymbol{\xi}_2$ 是 $A_{m \times n}x = 0$ 的解,则 $k_1 \boldsymbol{\xi}_1 + k_2 \boldsymbol{\xi}_2$ 也是 $A_{m \times n}x = 0$ 的解;

② 若 $\boldsymbol{\eta}_1, \boldsymbol{\eta}_2$ 是 $A_{m \times n}x = b$ 的解,则 $\boldsymbol{\eta}_1 - \boldsymbol{\eta}_2$ 是 $A_{m \times n}x = 0$ 的解;

③ 若 $\boldsymbol{\xi}$ 是 $A_{m \times n}x = 0$ 的解,$\boldsymbol{\eta}$ 是 $A_{m \times n}x = b$ 的解,则 $\boldsymbol{\xi} + \boldsymbol{\eta}$ 仍然是 $A_{m \times n}x = b$ 的解.

■ 向量空间

(1) 设 V 为 n 维向量的集合,若集合 V 非空,且集合 V 对于 n 维向量的加法及数乘两种运算封闭,即

① 若 $\boldsymbol{\alpha} \in V, \boldsymbol{\beta} \in V$,则 $\boldsymbol{\alpha} + \boldsymbol{\beta} \in V$;

② 若 $\boldsymbol{\alpha} \in V, \lambda \in \mathbf{R}$,则 $\lambda \boldsymbol{\alpha} \in V$,

则称集合 V 为 $\mathbf{R}$ 上的向量空间.

(2) 设 V 为向量空间,如果 r 个向量 $\boldsymbol{\alpha}_1, \boldsymbol{\alpha}_2, \cdots, \boldsymbol{\alpha}_r \in V$,且满足:

① $\boldsymbol{\alpha}_1, \boldsymbol{\alpha}_2, \cdots, \boldsymbol{\alpha}_r$ 线性无关;

② V 中任一向量都可以由 $\boldsymbol{\alpha}_1, \boldsymbol{\alpha}_2, \cdots, \boldsymbol{\alpha}_r$ 线性表示,

那么向量组 $\boldsymbol{\alpha}_1, \boldsymbol{\alpha}_2, \cdots, \boldsymbol{\alpha}_r$ 就称为向量空间 V 的一个基,r 称为向量空间 V 的维数,并称 V 为 r 维向量空间.

如果向量空间 V 没有基,那么 V 的维数为 0.0 维向量空间只含一个零向量 $\mathbf{0}$. 若把向量空间 V 看作向量组,则由最大无关组的定义可知,V 的基就是向量组的最大无关组,V 的维数就是向量组的秩.

（3）如果在向量空间 V 中取定一个基 $a_1, a_2, \cdots, a_r$，那么 V 中任一向量 x 可唯一地表示为 $x = \lambda_1 a_1 + \lambda_2 a_2 + \cdots + \lambda_r a_r$，数组 $\lambda_1, \lambda_2, \cdots, \lambda_r$ 称为向量 x 在基 $a_1, a_2, \cdots, a_r$ 中的坐标.

重点与难点

1. 线性方程组的解判断，熟练掌握线性方程组的求法及解的性质.

2. n 维向量及其线性运算.

3. 向量组的相关性及其性质.

4. 熟练掌握向量组的秩的求法.

5. 理解向量空间相关概念及其性质.

典型例题与解析

例 1 设

$$\boldsymbol{\alpha}_1 = \begin{pmatrix} 1 \\ -1 \\ 2 \end{pmatrix}, \boldsymbol{\alpha}_2 = \begin{pmatrix} -1 \\ 2 \\ -3 \end{pmatrix}, \boldsymbol{\alpha}_3 = \begin{pmatrix} 2 \\ -3 \\ 6 \end{pmatrix}, \boldsymbol{\beta} = \begin{pmatrix} 2 \\ 3 \\ -1 \end{pmatrix},$$

判断向量 $\boldsymbol{\beta}$ 能否由向量组 $\boldsymbol{\alpha}_1, \boldsymbol{\alpha}_2, \boldsymbol{\alpha}_3$ 线性表示，若能够，写出它的一种表达式.

【分析】 假设 $\boldsymbol{\beta}$ 可由 $\boldsymbol{\alpha}_1, \boldsymbol{\alpha}_2, \boldsymbol{\alpha}_3$ 线性表示，转化为求解线性方程组问题，若有解则能够表示，否则不能.

【解】 设 $\boldsymbol{\beta} = \boldsymbol{\alpha}_1 x_1 + \boldsymbol{\alpha}_2 x_2 + \boldsymbol{\alpha}_3 x_3$，转化为方程组 $\begin{cases} x_1 - x_2 + 2x_3 = 2 \\ -x_1 + 2x_2 - 3x_3 = 3 \\ 2x_1 - 3x_2 + 6x_3 = -1 \end{cases}$.

下面求解非齐次线性方程组，即

$$\begin{pmatrix} 1 & -1 & 2 & \vdots & 2 \\ -1 & 2 & -3 & \vdots & 3 \\ 2 & -3 & 6 & \vdots & -1 \end{pmatrix} \xrightarrow{\text{初等行变换}} \begin{pmatrix} 1 & -1 & 2 & \vdots & 2 \\ 0 & 1 & -1 & \vdots & 5 \\ 0 & -1 & 2 & \vdots & -5 \end{pmatrix} \rightarrow \begin{pmatrix} 1 & 0 & 1 & \vdots & 7 \\ 0 & 1 & -1 & \vdots & 5 \\ 0 & 0 & 1 & \vdots & 0 \end{pmatrix} \rightarrow \begin{pmatrix} 1 & 0 & 0 & \vdots & 7 \\ 0 & 1 & 0 & \vdots & 5 \\ 0 & 0 & 1 & \vdots & 0 \end{pmatrix}.$$

解得 $x_1 = 7, x_2 = 5, x_3 = 0$，可得 $\boldsymbol{\beta} = 7\boldsymbol{\alpha}_1 + 5\boldsymbol{\alpha}_2$.

【注】 当解得有多个非零解时，则线性表示不唯一.

例 2 设有向量组 $\boldsymbol{\beta} = (2,0,0,3)^{\mathrm{T}}, \boldsymbol{\alpha}_1 = (1,1,1,1)^{\mathrm{T}}, \boldsymbol{\alpha}_2 = (-1,0,2,1)^{\mathrm{T}}, \boldsymbol{\alpha}_3 = (1,2,4,3)^{\mathrm{T}}, \boldsymbol{\alpha}_4 = (2,2,2,2)^{\mathrm{T}}$，问：$\boldsymbol{\beta}$ 是否可由 $\boldsymbol{\alpha}_1, \boldsymbol{\alpha}_2, \boldsymbol{\alpha}_3, \boldsymbol{\alpha}_4$ 线性表示？

【分析】 转化为矩阵 $(\boldsymbol{\alpha}_1\ \boldsymbol{\alpha}_2\ \boldsymbol{\alpha}_3\ \boldsymbol{\alpha}_4)$ 与矩阵 $(\boldsymbol{\alpha}_1\ \boldsymbol{\alpha}_2\ \boldsymbol{\alpha}_3\ \boldsymbol{\alpha}_4\ \boldsymbol{\beta})$ 是否同秩，若秩相同，则 $\boldsymbol{\beta}$ 可由 $\boldsymbol{\alpha}_1, \boldsymbol{\alpha}_2, \boldsymbol{\alpha}_3, \boldsymbol{\alpha}_4$ 线性表示，否则不能.

【解】 对矩阵 $(\boldsymbol{\alpha}_1, \boldsymbol{\alpha}_2, \boldsymbol{\alpha}_3, \boldsymbol{\alpha}_4, \boldsymbol{\beta})$ 进行初等行变换：

$$(\boldsymbol{\alpha}_1\ \boldsymbol{\alpha}_2\ \boldsymbol{\alpha}_3\ \boldsymbol{\alpha}_4 \vdots \boldsymbol{\beta}) \begin{pmatrix} 1 & -1 & 1 & 2 & \vdots & 2 \\ 1 & 0 & 2 & 2 & \vdots & 0 \\ 1 & 2 & 4 & 2 & \vdots & 0 \\ 1 & 1 & 3 & 2 & \vdots & 3 \end{pmatrix} \rightarrow \begin{pmatrix} 1 & -1 & 1 & 2 & \vdots & 2 \\ 0 & 1 & 1 & 0 & \vdots & -2 \\ 0 & 3 & 3 & 0 & \vdots & -2 \\ 0 & 2 & 2 & 0 & \vdots & 1 \end{pmatrix} \rightarrow \begin{pmatrix} 1 & -1 & 1 & 2 & \vdots & 2 \\ 0 & 1 & 1 & 0 & \vdots & -2 \\ 0 & 0 & 0 & 0 & \vdots & 4 \\ 0 & 0 & 0 & 0 & \vdots & 0 \end{pmatrix}.$$

得到 $R(\boldsymbol{\alpha}_1\ \boldsymbol{\alpha}_2\ \boldsymbol{\alpha}_3\ \boldsymbol{\alpha}_4) = 2$，而 $R(\boldsymbol{\alpha}_1\ \boldsymbol{\alpha}_2\ \boldsymbol{\alpha}_3\ \boldsymbol{\alpha}_4\ \boldsymbol{\beta}) = 3$，故 $\boldsymbol{\beta}$ 不能由 $\boldsymbol{\alpha}_1, \boldsymbol{\alpha}_2, \boldsymbol{\alpha}_3, \boldsymbol{\alpha}_4$ 线性表示.

例 3 已知向量组 $\boldsymbol{\alpha}_1, \boldsymbol{\alpha}_2, \cdots, \boldsymbol{\alpha}_s (s \geqslant 2)$ 线性无关，$\boldsymbol{\beta}_1 = \boldsymbol{\alpha}_1 + \boldsymbol{\alpha}_2, \boldsymbol{\beta}_2 = \boldsymbol{\alpha}_2 + \boldsymbol{\alpha}_3, \cdots, \boldsymbol{\beta}_{s-1} = \boldsymbol{\alpha}_{s-1} + \boldsymbol{\alpha}_s, \boldsymbol{\beta}_s = \boldsymbol{\alpha}_s + \boldsymbol{\alpha}_1$，试讨论向量组 $\boldsymbol{\beta}_1, \boldsymbol{\beta}_2, \cdots, \boldsymbol{\beta}_s$ 的线性相关性.

【分析】 根据线性无关的定义，将其转化为线性方程组求解问题.

【解】 设 $k_1\boldsymbol{\beta}_1 + k_2\boldsymbol{\beta}_2 + \cdots + k_s\boldsymbol{\beta}_s = 0$，

即 $k_1(\boldsymbol{\alpha}_1 + \boldsymbol{\alpha}_2) + k_2(\boldsymbol{\alpha}_2 + \boldsymbol{\alpha}_3) + \cdots + k_s(\boldsymbol{\alpha}_s + \boldsymbol{\alpha}_1) = 0$，

进一步 $(k_1 + k_s)\boldsymbol{\alpha}_1 + (k_1 + k_2)\boldsymbol{\alpha}_2 + \cdots + (k_{s-1} + k_s)\boldsymbol{\alpha}_s = 0$.

已知 $\boldsymbol{\alpha}_1, \boldsymbol{\alpha}_2, \cdots, \boldsymbol{\alpha}_s$ 线性无关，故得到 $\begin{cases} k_1 + k_s = 0 \\ k_1 + k_2 = 0 \\ \cdots \\ k_{s-1} + k_s = 0 \end{cases}$ 转化为计算方程是否有非零解.

系数矩阵行列式为

$$\begin{vmatrix} 1 & 0 & \cdots & 0 & 1 \\ 1 & 1 & \cdots & 0 & 0 \\ \vdots & \vdots & & \vdots & \vdots \\ 0 & 0 & & 1 & 1 \end{vmatrix} = 1 + (-1)^{1+s}.$$

当 s 为偶数时，行列式为 0，方程组有非零解，$\boldsymbol{\beta}_1, \boldsymbol{\beta}_2, \cdots, \boldsymbol{\beta}_s$ 线性相关；当 s 为奇数时，$D = 2 \neq 0$，方程组只有零解，$\boldsymbol{\beta}_1, \boldsymbol{\beta}_2, \cdots, \boldsymbol{\beta}_s$ 线性无关.

例 4 设 $\boldsymbol{\alpha}_1 = (1,0,5,2), \boldsymbol{\alpha}_2 = (3,-2,3,-4), \boldsymbol{\alpha}_3 = (-1,1,t,3)$ 线性相关，求参数 t.

【分析】 当向量组矩阵的秩小于向量组个数时，向量组线性相关.

【解】 计算向量组矩阵的秩：

$$(\boldsymbol{\alpha}_1^{\mathrm{T}},\boldsymbol{\alpha}_2^{\mathrm{T}},\boldsymbol{\alpha}_3^{\mathrm{T}})=\begin{pmatrix}1&3&-1\\0&-2&1\\5&3&t\\2&-4&3\end{pmatrix}\xrightarrow{\text{初等行变换}}\begin{pmatrix}1&3&-1\\0&-2&1\\0&-12&t+5\\0&-10&5\end{pmatrix}\rightarrow\begin{pmatrix}1&3&-1\\0&-2&1\\0&0&t-1\\0&0&0\end{pmatrix}.$$

当 $t=1$ 时 $R(\boldsymbol{\alpha}_1^{\mathrm{T}},\boldsymbol{\alpha}_2^{\mathrm{T}},\boldsymbol{\alpha}_3^{\mathrm{T}})=2<$ 向量个数，此时 $\boldsymbol{\alpha}_1,\boldsymbol{\alpha}_2,\boldsymbol{\alpha}_3$ 线性相关.

例5 若 $\boldsymbol{\alpha}_1=(1,-1,2,4),\boldsymbol{\alpha}_2=(0,3,1,2),\boldsymbol{\alpha}_3=(3,0,7,a),\boldsymbol{\alpha}_4=(1,2,2,0)$ 线性无关，求参数 a 应满足的条件.

【分析】 通过逐步增加向量来计算最大无关组，主要用于向量个数较少，能够比较直观地进行判断的情况. 另外，可对向量组进行初等变换确定最大无关组和秩.

【解】 对 $(\boldsymbol{\alpha}_1^{\mathrm{T}},\boldsymbol{\alpha}_2^{\mathrm{T}},\boldsymbol{\alpha}_3^{\mathrm{T}},\boldsymbol{\alpha}_4^{\mathrm{T}})$ 进行初等行变换：

设 $\boldsymbol{A}=(\boldsymbol{\alpha}_1^{\mathrm{T}},\boldsymbol{\alpha}_2^{\mathrm{T}},\boldsymbol{\alpha}_3^{\mathrm{T}},\boldsymbol{\alpha}_4^{\mathrm{T}})$，

则 $\boldsymbol{\alpha}_1,\boldsymbol{\alpha}_2,\boldsymbol{\alpha}_3,\boldsymbol{\alpha}_4$ 线性无关 $\Leftrightarrow|\boldsymbol{A}|\neq0$.

又 $|\boldsymbol{A}|=\begin{vmatrix}1&0&3&1\\-1&3&0&2\\2&1&7&2\\4&2&a&0\end{vmatrix}=3(a-14)\neq0$，故 $a\neq14$.

例6 设 $\boldsymbol{\xi}$ 是 n 维列向量，且 $\boldsymbol{\xi}^{\mathrm{T}}\boldsymbol{\xi}=1$，若 $\boldsymbol{A}=\boldsymbol{E}-\boldsymbol{\xi}\boldsymbol{\xi}^{\mathrm{T}}$，证明：$|\boldsymbol{A}|=0$.

【证明】 已知 $\boldsymbol{\xi}^{\mathrm{T}}\boldsymbol{\xi}=1$，故 $\boldsymbol{\xi}\neq\boldsymbol{0}$.

对 $\boldsymbol{A}=\boldsymbol{E}-\boldsymbol{\xi}\boldsymbol{\xi}^{\mathrm{T}}$ 两边右乘 $\boldsymbol{\xi}$，

$\boldsymbol{A}\boldsymbol{\xi}=\boldsymbol{\xi}-\boldsymbol{\xi}\boldsymbol{\xi}^{\mathrm{T}}\boldsymbol{\xi}=\boldsymbol{\xi}-\boldsymbol{\xi}=\boldsymbol{0}$.

$\boldsymbol{\xi}\neq\boldsymbol{0}$，可知方程 $\boldsymbol{A}\boldsymbol{x}=\boldsymbol{0}$ 有非零解，故 $|\boldsymbol{A}|=0$.

例7 设 $\boldsymbol{A}$ 是 $n\times s$ 矩阵，$\boldsymbol{B}$ 是 $s\times n$ 矩阵，证明：方程组 $(\boldsymbol{AB})\boldsymbol{x}=\boldsymbol{0}$ 与 $\boldsymbol{Bx}=\boldsymbol{0}$ 同解的充分必要条件是 $R(\boldsymbol{AB})=R(\boldsymbol{B})$.

【证明】 充分性：

由 $R(\boldsymbol{AB})=R(\boldsymbol{B})$，得到 $n-R(\boldsymbol{AB})=n-R(\boldsymbol{B})$.

可得到 $(\boldsymbol{AB})\boldsymbol{x}=\boldsymbol{0}$ 与 $\boldsymbol{Bx}=\boldsymbol{0}$ 的基础解系的向量数相等.

又知 $\boldsymbol{Bx}=\boldsymbol{0}$ 的解也是 $(\boldsymbol{AB})\boldsymbol{x}=\boldsymbol{0}$ 的解.

故 $\boldsymbol{Bx}=\boldsymbol{0}$ 的基础解系也是 $(\boldsymbol{AB})\boldsymbol{x}=\boldsymbol{0}$ 的基础解系.

所以 $(\boldsymbol{AB})\boldsymbol{x}=\boldsymbol{0}$ 与 $\boldsymbol{Bx}=\boldsymbol{0}$ 同解.

必要性：

$(\boldsymbol{AB})\boldsymbol{x}=\boldsymbol{0}$ 与 $\boldsymbol{Ax}=\boldsymbol{0}$ 同解，则基础解系相同，故 $n-R(\boldsymbol{AB})=n-R(\boldsymbol{B})$，得到 $R(\boldsymbol{AB})=R(\boldsymbol{B})$.

例 8 求方程组

$$\begin{cases} x_1 + x_2 - 3x_3 - x_4 = 1 \\ 3x_1 - x_2 - 3x_3 + 4x_4 = 4 \\ x_1 + 5x_2 - 9x_3 - 8x_4 = 0 \end{cases}$$

的通解.

【解】 经初等行变换将增广矩阵化为行最简形矩阵：

$$\begin{pmatrix} 1 & 1 & -3 & -1 & 1 \\ 3 & -1 & -3 & 4 & 4 \\ 1 & 5 & -9 & -8 & 0 \end{pmatrix} \rightarrow \begin{pmatrix} 1 & 1 & -3 & -1 & 1 \\ 0 & -4 & 6 & 7 & 1 \\ 0 & 4 & -6 & -7 & -1 \end{pmatrix} \rightarrow \begin{pmatrix} 1 & 1 & -3 & -1 & 1 \\ 0 & 1 & -\frac{3}{2} & -\frac{7}{4} & -\frac{1}{4} \\ 0 & 0 & 0 & 0 & 0 \end{pmatrix} \rightarrow$$

$$\begin{pmatrix} 1 & 0 & -\frac{3}{2} & \frac{3}{4} & \frac{5}{4} \\ 0 & 1 & -\frac{3}{2} & -\frac{7}{4} & -\frac{1}{4} \\ 0 & 0 & 0 & 0 & 0 \end{pmatrix}, 得同解为 \begin{cases} x_1 = \frac{3}{2}x_3 - \frac{3}{4}x_4 + \frac{5}{4} \\ x_2 = \frac{3}{2}x_3 + \frac{7}{4}x_4 - \frac{1}{4} \end{cases}, 解得原方程一个特解为$$

$$\boldsymbol{\eta} = \begin{pmatrix} \frac{5}{4} \\ -\frac{1}{4} \\ 0 \\ 0 \end{pmatrix}, 对应齐次线性方程组的基础解系为 \boldsymbol{\xi}_1 = \begin{pmatrix} 3 \\ 3 \\ 2 \\ 0 \end{pmatrix}, \boldsymbol{\xi}_3 = \begin{pmatrix} 3 \\ -7 \\ 0 \\ -4 \end{pmatrix}.$$

得方程组的通解为 $\boldsymbol{x} = k_1\boldsymbol{\xi}_1 + k_2\boldsymbol{\xi}_2 + \boldsymbol{\eta} \ (k_1, k_2 \in \mathbf{R})$.

【注】 基础解系和特解不唯一，但通解之间是等价的.

例 9 已知线性方程组 $\boldsymbol{Ax} = \boldsymbol{b}$ 的二个解为 $\boldsymbol{\eta}_1 = (1, -1, 1)^{\mathrm{T}}, \boldsymbol{\eta}_2 = (2, 0, 1)^{\mathrm{T}}, \boldsymbol{\eta}_3 = (2, -1, 2)^{\mathrm{T}}$, 且 $R(\boldsymbol{A}) = 1$, 求线性方程组 $\boldsymbol{Ax} = \boldsymbol{b}$ 的通解.

【分析】 基础解系个数加上系数的矩阵的秩等于变量个数.

【解】 方程组变量个数为 3, 又知 $R(\boldsymbol{A}) = 1$,

则 $\boldsymbol{Ax} = \boldsymbol{0}$ 的基础解系个数为 2.

由 $\boldsymbol{\eta}_1, \boldsymbol{\eta}_2, \boldsymbol{\eta}_3$ 可得到 $\boldsymbol{Ax} = \boldsymbol{0}$ 的基础解系

$\boldsymbol{\xi}_1 = \boldsymbol{\eta}_2 - \boldsymbol{\eta}_1 = (1, 1, 0)^{\mathrm{T}}, \boldsymbol{\xi}_2 = \boldsymbol{\eta}_3 - \boldsymbol{\eta}_2 = (0, -1, 1)^{\mathrm{T}}$.

故 $\boldsymbol{Ax} = \boldsymbol{b}$ 的通解为 $\boldsymbol{x} = k_1\boldsymbol{\xi}_1 + k_2\boldsymbol{\xi}_2 + \boldsymbol{\eta}_2 (k_1, k_2 \in \mathbf{R})$.

第四章 线性方程组的理论

例 10 设 $\mathbf{R}^n$ 的子集

$$V = \{(a_1, a_2, a_3 \cdots, a_n) \mid a_2 = 2a_1\},$$

求证 V 是一个向量空间.

【证明】 由于零向量 $\mathbf{0}$ 满足 $a_2 = 2a_1$,故 $\mathbf{0} \in V$,设 $\boldsymbol{\alpha} = (a_1, a_2, \cdots, a_n),\boldsymbol{\beta} = (b_1, b_2, \cdots, b_n)$

且 $\boldsymbol{\alpha},\boldsymbol{\beta} \in V$,则 $a_2 = 2a_1, b_2 = 2b_1, a_2 + b_2 = 2(a_1 + b_1),\boldsymbol{\alpha} + \boldsymbol{\beta} = (a_1 + b_1, a_2 + b_2, \cdots, a_n + b_n)$.

则 $\boldsymbol{\alpha} + \boldsymbol{\beta} \in V,V$ 对加法封闭.

对于 $k \in \mathbf{R}$,有 $k\boldsymbol{\alpha} = (ka_1, ka_2, \cdots, ka_n)$ 且 $ka_2 = 2(ka_1)$,则 $k\boldsymbol{\alpha} \in V$,故 V 对数乘封闭,由向量空间定义知 V 是一个向量空间.

考研真题解析

1 (2012 年第 5 题)设 $\boldsymbol{\alpha}_1 = \begin{pmatrix} 0 \\ 0 \\ c_1 \end{pmatrix},\boldsymbol{\alpha}_2 = \begin{pmatrix} 0 \\ 1 \\ c_2 \end{pmatrix},\boldsymbol{\alpha}_3 = \begin{pmatrix} 1 \\ -1 \\ c_3 \end{pmatrix},\boldsymbol{\alpha}_4 = \begin{pmatrix} -1 \\ 1 \\ c_4 \end{pmatrix}$,其中 c_1, c_2, c_3, c_4 为任意常

数,则下列向量组线性相关的是( ).

(A)$\boldsymbol{\alpha}_1,\boldsymbol{\alpha}_2,\boldsymbol{\alpha}_3$ (B)$\boldsymbol{\alpha}_1,\boldsymbol{\alpha}_2,\boldsymbol{\alpha}_4$

(C)$\boldsymbol{\alpha}_1,\boldsymbol{\alpha}_3,\boldsymbol{\alpha}_4$ (D)$\boldsymbol{\alpha}_2,\boldsymbol{\alpha}_3,\boldsymbol{\alpha}_4$

【解】 由于 $|\boldsymbol{\alpha}_1,\boldsymbol{\alpha}_3,\boldsymbol{\alpha}_4| = \begin{vmatrix} 0 & 1 & -1 \\ 0 & -1 & 1 \\ c_1 & c_3 & c_4 \end{vmatrix} = c_1 \begin{vmatrix} 1 & -1 \\ -1 & 1 \end{vmatrix} = 0$,则 $\boldsymbol{\alpha}_1,\boldsymbol{\alpha}_3,\boldsymbol{\alpha}_4$ 线性相关.

2 (2011 年第 6 题)设 A 为 4×3 矩阵,$\boldsymbol{\eta}_1,\boldsymbol{\eta}_2,\boldsymbol{\eta}_3$ 是非齐次线性方程组 $A\boldsymbol{x} = \boldsymbol{\beta}$ 的 3 个线性无关的解,k_1, k_2 为任意常数,则 $A\boldsymbol{x} = \boldsymbol{\beta}$ 的通解为( ).

(A)$\dfrac{\boldsymbol{\eta}_2 + \boldsymbol{\eta}_3}{2} + k_1(\boldsymbol{\eta}_2 - \boldsymbol{\eta}_1)$ (B)$\dfrac{\boldsymbol{\eta}_2 - \boldsymbol{\eta}_3}{2} + k_2(\boldsymbol{\eta}_2 - \boldsymbol{\eta}_1)$

(C)$\dfrac{\boldsymbol{\eta}_2 + \boldsymbol{\eta}_3}{2} + k_1(\boldsymbol{\eta}_3 - \boldsymbol{\eta}_1) + k_2(\boldsymbol{\eta}_2 - \boldsymbol{\eta}_1)$ (D)$\dfrac{\boldsymbol{\eta}_2 - \boldsymbol{\eta}_3}{2} + k_2(\boldsymbol{\eta}_2 - \boldsymbol{\eta}_1) + k_3(\boldsymbol{\eta}_3 - \boldsymbol{\eta}_1)$

【解】 非齐次线性方程组解的差为齐次线性方程组的解,因为 $\boldsymbol{\eta}_1,\boldsymbol{\eta}_2,\boldsymbol{\eta}_3$ 线性无关,则 $\boldsymbol{\eta}_3 - \boldsymbol{\eta}_1$,

$\boldsymbol{\eta}_2 - \boldsymbol{\eta}_1$ 是 $A\boldsymbol{x} = \mathbf{0}$ 的解,且它们线性无关.又知 $\dfrac{\boldsymbol{\eta}_2 + \boldsymbol{\eta}_3}{2}$ 是 $A\boldsymbol{x} = \boldsymbol{\beta}$ 的解,故 $A\boldsymbol{x} = \boldsymbol{\beta}$ 的通解为

$\dfrac{\boldsymbol{\eta}_2 + \boldsymbol{\eta}_3}{2} + k_1(\boldsymbol{\eta}_3 - \boldsymbol{\eta}_1) + k_2(\boldsymbol{\eta}_2 - \boldsymbol{\eta}_1)$.

3 (2011 年第 20 题) 设向量组 $\boldsymbol{\alpha}_1 = (1,0,1)^{\mathrm{T}}, \boldsymbol{\alpha}_2 = (0,1,1)^{\mathrm{T}}, \boldsymbol{\alpha}_3 = (1,3,5)^{\mathrm{T}}$, 不能由向量组 $\boldsymbol{\beta}_1 = (1,a,1)^{\mathrm{T}}, \boldsymbol{\beta}_2 = (1,2,3)^{\mathrm{T}}, \boldsymbol{\beta}_3 = (1,3,5)^{\mathrm{T}}$ 线性表示.

(1) 求 a 的值;

(2) 将 $\boldsymbol{\beta}_1, \boldsymbol{\beta}_2, \boldsymbol{\beta}_3$ 由 $\boldsymbol{\alpha}_1, \boldsymbol{\alpha}_2, \boldsymbol{\alpha}_3$ 线性表示.

【解】 (1) $|\boldsymbol{\alpha}_1 \ \boldsymbol{\alpha}_2 \ \boldsymbol{\alpha}_3| = \begin{vmatrix} 1 & 0 & 1 \\ 0 & 1 & 3 \\ 1 & 1 & 5 \end{vmatrix} = 1$, 而 $\boldsymbol{\alpha}_1, \boldsymbol{\alpha}_2, \boldsymbol{\alpha}_3$ 不能由 $\boldsymbol{\beta}_1, \boldsymbol{\beta}_2, \boldsymbol{\beta}_3$ 线性表示, 故 $R(\boldsymbol{\beta}_1, \boldsymbol{\beta}_2, \boldsymbol{\beta}_3)$

$< R(\boldsymbol{\alpha}_1, \boldsymbol{\alpha}_2, \boldsymbol{\alpha}_3)$, 则由 $|\boldsymbol{\beta}_1, \boldsymbol{\beta}_2, \boldsymbol{\beta}_3| = \begin{vmatrix} 1 & 1 & 1 \\ a & 2 & 3 \\ 1 & 3 & 5 \end{vmatrix} = 2 - 2a = 0$, 解得 $a = 1$.

(2) 设 $(\boldsymbol{\beta}_1, \boldsymbol{\beta}_2, \boldsymbol{\beta}_3) = (\boldsymbol{\alpha}_1, \boldsymbol{\alpha}_2, \boldsymbol{\alpha}_3)\boldsymbol{P}$, 计算 $(\boldsymbol{\alpha}_1, \boldsymbol{\alpha}_2, \boldsymbol{\alpha}_3)^{-1} = \begin{pmatrix} 2 & 1 & -1 \\ 3 & 4 & -3 \\ -1 & -1 & 1 \end{pmatrix}$, 则

$$\boldsymbol{P} = (\boldsymbol{\alpha}_1, \boldsymbol{\alpha}_2, \boldsymbol{\alpha}_3)^{-1}(\boldsymbol{\beta}_1, \boldsymbol{\beta}_2, \boldsymbol{\beta}_3) = \begin{pmatrix} 2 & 1 & -1 \\ 3 & 4 & -3 \\ -1 & -1 & 1 \end{pmatrix} \begin{pmatrix} 1 & 1 & 1 \\ 1 & 2 & 3 \\ 1 & 3 & 5 \end{pmatrix} = \begin{pmatrix} 2 & 1 & 0 \\ 4 & 2 & 0 \\ -1 & 0 & 1 \end{pmatrix},$$

得到 $(\boldsymbol{\beta}_1, \boldsymbol{\beta}_2, \boldsymbol{\beta}_3) = (2\boldsymbol{\alpha}_1 + 4\boldsymbol{\alpha}_2 - \boldsymbol{\alpha}_3, \boldsymbol{\alpha}_1 + 2\boldsymbol{\alpha}_2, \boldsymbol{\alpha}_3)$.

4 (2010 年第 5 题) 设向量组 I: $\boldsymbol{\alpha}_1, \boldsymbol{\alpha}_2, \cdots \boldsymbol{\alpha}_r$ 可由向量组 II: $\boldsymbol{\beta}_1, \boldsymbol{\beta}_2, \cdots \boldsymbol{\beta}_s$ 线性表示, 下列命题正确的是 ( ).

(A) 若向量组 I 线性无关, 则 $r \leqslant s$ (B) 若向量组 I 线性相关, 则 $r > s$

(C) 若向量组 II 线性无关, 则 $r \leqslant s$ (D) 若向量组 II 线性相关, 则 $r > s$

【解】 对于答案 A, 若 $r > s$, 则向量组 I 一定线性相关;

对于答案 B, D, 反例: 向量组 I 和向量组 II 都是 $(1,2), (2,4)$;

对于答案 C, 反例: 向量组 I 为 $(1,2), (2,4)$, 向量组 II 为 $(1,2)$.

5 (2009 年第 20 题) 设 $\boldsymbol{A} = \begin{pmatrix} 1 & -1 & -1 \\ -1 & 1 & 1 \\ 0 & -4 & -2 \end{pmatrix}, \boldsymbol{\xi}_1 = \begin{pmatrix} -1 \\ 1 \\ -2 \end{pmatrix},$

(1) 求满足 $\boldsymbol{A}\boldsymbol{\xi}_2 = \boldsymbol{\xi}_1, \boldsymbol{A}^2\boldsymbol{\xi}_3 = \boldsymbol{\xi}_1$ 的所有向量 $\boldsymbol{\xi}_2, \boldsymbol{\xi}_3$;

(2) 对 (1) 中的任意向量 $\boldsymbol{\xi}_2, \boldsymbol{\xi}_3$, 证明 $\boldsymbol{\xi}_1, \boldsymbol{\xi}_2, \boldsymbol{\xi}_3$ 线性无关.

(1)【解】 解方程 $\boldsymbol{A}\boldsymbol{\xi}_2 = \boldsymbol{\xi}_1$,

$$(A, \xi_1) = \begin{pmatrix} 1 & -1 & -1 & -1 \\ -1 & 1 & 1 & 1 \\ 0 & -4 & -2 & -2 \end{pmatrix} \rightarrow \begin{pmatrix} 1 & -1 & -1 & -1 \\ 0 & 2 & 1 & 1 \\ 0 & 0 & 0 & 0 \end{pmatrix}.$$

可知 $R(A) = 2$,故有一个自由变量,得到 $A\xi_2 = 0$ 的一个基础解系为 $\boldsymbol{\eta} = \begin{pmatrix} 1 \\ -1 \\ 2 \end{pmatrix}$,原方程

组的一个特解为 $\boldsymbol{\eta}_0 = \begin{pmatrix} 0 \\ 0 \\ 1 \end{pmatrix}$,故得到 $\boldsymbol{\xi}_2 = k_1 \begin{pmatrix} 1 \\ -1 \\ 2 \end{pmatrix} + \begin{pmatrix} 0 \\ 0 \\ 1 \end{pmatrix}$,其中 $k_1 \in \mathbf{R}$.

同理解方程 $A^2\xi_3 = \xi_1$ 得 $\boldsymbol{\xi}_3 = t_1 \begin{pmatrix} -1 \\ 1 \\ 0 \end{pmatrix} + t_2 \begin{pmatrix} 0 \\ 0 \\ 1 \end{pmatrix} + \begin{pmatrix} -\frac{1}{2} \\ 0 \\ 0 \end{pmatrix}$,其中 $t_1, t_2 \in \mathbf{R}$.

(2)【证明】 计算 (ξ_1, ξ_2, ξ_3) 的行列式:

$$|\boldsymbol{\xi}_1, \boldsymbol{\xi}_2, \boldsymbol{\xi}_3| = \begin{vmatrix} -1 & k_1 & t_1 - \frac{1}{2} \\ 1 & -k_1 & -t_1 \\ -2 & 2k_1 + 1 & t_2 \end{vmatrix} = -\frac{1}{2},$$

因为 $|\boldsymbol{\xi}_1, \boldsymbol{\xi}_2, \boldsymbol{\xi}_3| \neq 0$,故 $\boldsymbol{\xi}_1, \boldsymbol{\xi}_2, \boldsymbol{\xi}_3$ 线性无关.

6 (2007年第7题)设向量组 $\boldsymbol{\alpha}_1, \boldsymbol{\alpha}_2, \boldsymbol{\alpha}_3$ 线性无关,则下列向量组线性相关的是( ).

(A)$\boldsymbol{\alpha}_2 - \boldsymbol{\alpha}_1, \boldsymbol{\alpha}_2 - \boldsymbol{\alpha}_3, \boldsymbol{\alpha}_3 - \boldsymbol{\alpha}_1$ (B)$\boldsymbol{\alpha}_1 + \boldsymbol{\alpha}_2, \boldsymbol{\alpha}_2 + \boldsymbol{\alpha}_3, \boldsymbol{\alpha}_3 + \boldsymbol{\alpha}_1$

(C)$\boldsymbol{\alpha}_1, \boldsymbol{\alpha}_1 + \boldsymbol{\alpha}_2, \boldsymbol{\alpha}_1 + \boldsymbol{\alpha}_2 + \boldsymbol{\alpha}_3$ (D)$\boldsymbol{\alpha}_1, \boldsymbol{\alpha}_2 - \boldsymbol{\alpha}_1, \boldsymbol{\alpha}_3 - \boldsymbol{\alpha}_1$

【解】 由答案 A 可以得到 $(\boldsymbol{\alpha}_1 - \boldsymbol{\alpha}_2) + (\boldsymbol{\alpha}_2 - \boldsymbol{\alpha}_3) = -(\boldsymbol{\alpha}_3 - \boldsymbol{\alpha}_1)$,即 $\boldsymbol{\alpha}_1 - \boldsymbol{\alpha}_2, \boldsymbol{\alpha}_2 - \boldsymbol{\alpha}_3, \boldsymbol{\alpha}_3 - \boldsymbol{\alpha}_1$ 线性相关.利用定义可以证明 B、C、D 都是线性无关的.

7 (2007年第21题)设线性方程组 $\begin{cases} x_1 + x_2 + x_3 = 0 \\ x_1 + 2x_2 + ax_3 = 0 \\ x_1 + 4x_2 + a^0 x_3 = 0 \end{cases}$ (1)

与方程 $x_1 + 2x_2 + x_3 = a - 1$ (2)

有公共解,求 a 的值及所有公共解.

【分析】 联合(1)和(2)得到一个新的方程组,进行求解,所得解为(1)和(2)的公共解.

【解】 解方程组 $\begin{cases} x_1 + x_2 + x_3 = 0 \\ x_1 + 2x_2 + ax_3 = 0 \\ x_1 + 4x_2 + a^2 x_3 = 0 \\ x_1 + 2x_2 + x_3 = a - 1 \end{cases}$,

$$\begin{pmatrix} 1 & 1 & 1 & 0 \\ 1 & 2 & a & 0 \\ 1 & 4 & a^2 & 0 \\ 1 & 2 & 1 & a-1 \end{pmatrix} \rightarrow \begin{pmatrix} 1 & 1 & 1 & 0 \\ 0 & 1 & a-1 & 0 \\ 0 & 0 & 1-a & a-1 \\ 0 & 0 & (a-2)(a-1) & 0 \end{pmatrix}.$$

当 $a \neq 2$ 且 $a \neq 1$ 时,方程组无解,即方程组(1) 和 (2) 无公共解.

当 $a = 1$ 时,$\begin{pmatrix} 1 & 1 & 1 & 0 \\ 1 & 2 & a & 0 \\ 1 & 4 & a^2 & 0 \\ 1 & 2 & 1 & a-1 \end{pmatrix} \rightarrow \begin{pmatrix} 1 & 0 & 1 & 0 \\ 0 & 1 & 0 & 0 \\ 0 & 0 & 0 & 0 \\ 0 & 0 & 0 & 0 \end{pmatrix}$,通解为 $\begin{pmatrix} x_1 \\ x_2 \\ x_3 \end{pmatrix} = k \begin{pmatrix} -1 \\ 0 \\ 1 \end{pmatrix}$,即为(1) 和 (2) 的

公共解.

当 $a = 2$ 时,$\begin{pmatrix} 1 & 1 & 1 & 0 \\ 1 & 2 & a & 0 \\ 1 & 4 & a^2 & 0 \\ 1 & 2 & 1 & a-1 \end{pmatrix} \rightarrow \begin{pmatrix} 1 & 0 & 0 & 0 \\ 0 & 1 & 0 & 1 \\ 0 & 0 & 1 & -1 \\ 0 & 0 & 0 & 0 \end{pmatrix}$,方程组的解为 $\begin{pmatrix} x_1 \\ x_2 \\ x_3 \end{pmatrix} = \begin{pmatrix} 0 \\ 1 \\ -1 \end{pmatrix}$,即为(1)

和(2) 的公共解.

8 (2006 年第 12 题) 设 $\alpha_1, \alpha_2, \cdots, \alpha_s$ 均为 n 维列向量,A 为 $m \times n$ 矩阵,下列选项正确的是( ).

(A) 若 $\alpha_1, \alpha_2, \cdots, \alpha_s$ 线性相关,则 $A\alpha_1, A\alpha_2, \cdots, A\alpha_s$ 线性相关

(B) 若 $\alpha_1, \alpha_2, \cdots, \alpha_s$ 线性相关,则 $A\alpha_1, A\alpha_2, \cdots, A\alpha_s$ 线性无关

(C) 若 $\alpha_1, \alpha_2, \cdots, \alpha_s$ 线性无关,则 $A\alpha_1, A\alpha_2, \cdots, A\alpha_s$ 线性相关

(D) 若 $\alpha_1, \alpha_2, \cdots, \alpha_s$ 线性无关,则 $A\alpha_1, A\alpha_2, \cdots, A\alpha_s$ 线性无关

【解】 设 $B = (\alpha_1, \alpha_2, \cdots, \alpha_s)$,则 $(A\alpha_1, A\alpha_2, \cdots, A\alpha_s) = AB$,所以,若向量 $\alpha_1, \alpha_2, \cdots, \alpha_s$ 线性相关,则 $R(B) < s$,从而 $R(AB) \leqslant R(B) < s$,故向量组 $A\alpha_1, A\alpha_2, \cdots, A\alpha_s$ 线性相关.

9 (2006 年第 20 题) 设 4 维向量组 $\alpha_1 = (1+a, 1, 1, 1)^T$,$\alpha_2 = (2, 2+a, 2, 2)^T$,$\alpha_3 = (3, 3, 3+a, 3)^T$,$\alpha_4 = (4, 4, 4, 4+a)^T$,问当 a 为何值时,$\alpha_1, \alpha_2, \alpha_3, \alpha_4$ 线性相关?当 $\alpha_1, \alpha_2, \alpha_3$, α_4 线性相关时,求其一个极大线性无关组,并将其余向量用该极大线性无关组线性表示.

【分析】 由于向量个数与维数相等,故可求向量组行列式来确定 a 的值,然后通过初等变换来求极大无关组.

【解】 计算向量组行列式 $|\alpha_1, \alpha_2, \alpha_3, \alpha_4| = \begin{vmatrix} 1+a & 2 & 3 & 4 \\ 1 & 2+a & 3 & 4 \\ 1 & 2 & 3+a & 4 \\ 1 & 2 & 3 & 4+a \end{vmatrix} = (10+a)a^3.$

当 $a=0$ 或 $a=-10$ 时,$\boldsymbol{\alpha}_1,\boldsymbol{\alpha}_2,\boldsymbol{\alpha}_3,\boldsymbol{\alpha}_4$ 线性相关.

当 $a=0$ 时,得到 $\boldsymbol{\alpha}_1$ 是一个极大线性无关组 $\boldsymbol{\alpha}_2=2\boldsymbol{\alpha}_1,\boldsymbol{\alpha}_3=3\boldsymbol{\alpha}_1,\boldsymbol{\alpha}_4=4\boldsymbol{\alpha}_1$.

当 $a=-10$ 时,对 $(\boldsymbol{\alpha}_1,\boldsymbol{\alpha}_2,\boldsymbol{\alpha}_3,\boldsymbol{\alpha}_4)$ 进行初等行变换,化为行最简形矩阵,得到

$$(\boldsymbol{\alpha}_1,\boldsymbol{\alpha}_2,\boldsymbol{\alpha}_3,\boldsymbol{\alpha}_4)=\begin{pmatrix} -9 & 2 & 3 & 4 \\ 1 & -8 & 3 & 4 \\ 1 & 2 & -7 & 4 \\ 1 & 2 & 3 & -6 \end{pmatrix}\rightarrow\begin{pmatrix} 1 & 0 & 0 & -1 \\ 0 & 1 & 0 & -1 \\ 0 & 0 & 1 & -1 \\ 0 & 0 & 0 & 0 \end{pmatrix}.$$

得到 $\boldsymbol{\alpha}_1,\boldsymbol{\alpha}_2,\boldsymbol{\alpha}_3$ 是一个极大无关组,$\boldsymbol{\alpha}_4=-\boldsymbol{\alpha}_1-\boldsymbol{\alpha}_2-\boldsymbol{\alpha}_3$.

10 (2005 年第 4 题)设行向量组 $(2,1,1,1),(2,1,a,a),(3,2,1,a),(4,3,2,1)$ 线性相关,且 $a\neq1$,则 $a=$ _____.

【分析】 4 个 4 维向量所组成的矩阵行列式等于 0,则向量组线性相关.

【解】 $\begin{vmatrix} 2 & 1 & 1 & 1 \\ 2 & 1 & a & a \\ 3 & 2 & 1 & a \\ 4 & 3 & 2 & 1 \end{vmatrix}=(a-1)(2a-1)=0$,解得 $a=1,a=\dfrac{1}{2}$,由于已知 $a\neq1$,故 $a=\dfrac{1}{2}$.

11 (2004 年第 13 题)设 n 阶矩阵 $\boldsymbol{A}$ 的伴随矩阵 $\boldsymbol{A}^*\neq\boldsymbol{0}$,若 ξ_1,ξ_2,ξ_3,ξ_4 是非齐次线性方程组 $\boldsymbol{Ax}=\boldsymbol{b}$ 的互不相等的解,则对应的齐次线性方程组 $\boldsymbol{Ax}=\boldsymbol{0}$ 的基础解系( ).

(A) 不存在

(B) 仅含一个非零解向量

(C) 含有两个线性无关的解向量

(D) 含有三个线性无关的解向量

【解】 根据系数矩阵的秩和未知量的个数可以确定基础解系的个数.

基础解系所含向量的个数为 $n-R(\boldsymbol{A})$,并且

$$R(\boldsymbol{A}^*)=\begin{cases} n, & R(\boldsymbol{A})=n \\ 1, & R(\boldsymbol{A})=n-1. \\ 0, & R(\boldsymbol{A})<n-1 \end{cases}$$

已知 $\boldsymbol{A}^*\neq\boldsymbol{0}$,则 $R(\boldsymbol{A})$ 等于 n 或 $n-1$,又知 $\boldsymbol{Ax}=\boldsymbol{b}$ 有互不相等的解,故 $R(\boldsymbol{A})=n-1$,则 $\boldsymbol{Ax}=\boldsymbol{0}$ 的基础解系仅有一个向量.

12 (2004 年第 20 题)设 $\boldsymbol{\alpha}_1=(1,2,0)^\mathrm{T},\boldsymbol{\alpha}_2=(1,a+2,-3a)^\mathrm{T},\boldsymbol{\alpha}_3=(-1,-b-2,a+2b)^\mathrm{T},\boldsymbol{\beta}=(1,3,-3)^\mathrm{T}$. 试讨论当 a,b 为何值时,

(1)$\boldsymbol{\beta}$ 不能由 $\boldsymbol{\alpha}_1,\boldsymbol{\alpha}_2,\boldsymbol{\alpha}_3$ 线性表示;

(2)$\boldsymbol{\beta}$ 可由 $\boldsymbol{\alpha}_1,\boldsymbol{\alpha}_2,\boldsymbol{\alpha}_3$ 唯一地线性表示,并求出表示式;

(3)$\boldsymbol{\beta}$ 可由 $\boldsymbol{\alpha}_1,\boldsymbol{\alpha}_2,\boldsymbol{\alpha}_3$ 线性表示,但表示式不唯一,并求出表示式.

【解】 $\boldsymbol{\beta}$ 是否能由 $\boldsymbol{\alpha}_1,\boldsymbol{\alpha}_2,\boldsymbol{\alpha}_3$ 线性表示可转化为方程 $\boldsymbol{\alpha}_1 x_1+\boldsymbol{\alpha}_2 x_2+\boldsymbol{\alpha}_3 x_3=\boldsymbol{\beta}$ 是否有解问题,设有 x_1, x_2,x_3 使得 $\boldsymbol{\alpha}_1 x_1+\boldsymbol{\alpha}_2 x_2+\boldsymbol{\alpha}_3 x_3=\boldsymbol{\beta}$,对增广矩阵 $(\boldsymbol{\alpha}_1,\boldsymbol{\alpha}_2,\boldsymbol{\alpha}_3,\boldsymbol{\beta})$ 进行初等行变换,

$$(\boldsymbol{\alpha}_1,\boldsymbol{\alpha}_2,\boldsymbol{\alpha}_3,\boldsymbol{\beta})=\begin{pmatrix}1 & 1 & -1 & 1\\2 & a+2 & -b-2 & 3\\0 & -3a & a+2b & -3\end{pmatrix}\rightarrow\begin{pmatrix}1 & 1 & -1 & 1\\0 & a & -b & 1\\0 & 0 & a-b & 0\end{pmatrix}.$$

(1) 当 $a=0,b\neq 0$ 时有 $(\boldsymbol{\alpha}_1,\boldsymbol{\alpha}_2,\boldsymbol{\alpha}_3,\boldsymbol{\beta})\rightarrow\begin{pmatrix}1 & 1 & -1 & 1\\0 & 0 & -b & 1\\0 & 0 & 0 & -1\end{pmatrix}$,可得方程组无解,则 $\boldsymbol{\beta}$ 不能由

$\boldsymbol{\alpha}_1,\boldsymbol{\alpha}_2,\boldsymbol{\alpha}_3$ 线性表示;

(2) 当 $a\neq 0$,且 $a\neq b$ 时,有 $(\boldsymbol{\alpha}_1,\boldsymbol{\alpha}_2,\boldsymbol{\alpha}_3,\boldsymbol{\beta})\rightarrow\begin{pmatrix}1 & 0 & 0 & 1-\dfrac{1}{a}\\0 & 1 & 0 & \dfrac{1}{a}\\0 & 0 & 1 & 0\end{pmatrix}$,可得到 $R(\boldsymbol{\alpha}_1,\boldsymbol{\alpha}_2,\boldsymbol{\alpha}_3)=$

$R(\boldsymbol{\alpha}_1,\boldsymbol{\alpha}_2,\boldsymbol{\alpha}_3,\boldsymbol{\beta})=3$,方程组有唯一解 $\begin{pmatrix}x_1\\x_2\\x_3\end{pmatrix}=\begin{pmatrix}1-\dfrac{1}{a}\\\dfrac{1}{a}\\0\end{pmatrix}$,此时 $\boldsymbol{\beta}=(1-\dfrac{1}{a})\boldsymbol{\alpha}_1+\dfrac{1}{a}\boldsymbol{\alpha}_2$;

(3) 当 $a=b\neq 0$ 时,$(\boldsymbol{\alpha}_1,\boldsymbol{\alpha}_2,\boldsymbol{\alpha}_3,\boldsymbol{\beta})\rightarrow\begin{pmatrix}1 & 0 & 0 & 1-\dfrac{1}{a}\\0 & 1 & -1 & \dfrac{1}{a}\\0 & 0 & 0 & 0\end{pmatrix}$,此时 $R(\boldsymbol{\alpha}_1,\boldsymbol{\alpha}_2,\boldsymbol{\alpha}_3)=R(\boldsymbol{\alpha}_1,\boldsymbol{\alpha}_2,$

$\boldsymbol{\alpha}_3,\boldsymbol{\beta})=2$,方程组的通解为 $\begin{pmatrix}x_1\\x_2\\x_3\end{pmatrix}=k\begin{pmatrix}0\\1\\1\end{pmatrix}+\begin{pmatrix}1-\dfrac{1}{a}\\\dfrac{1}{a}\\0\end{pmatrix}$,其中 k 为任意实数,

则 $\boldsymbol{\beta}$ 可由 $\boldsymbol{\alpha}_1,\boldsymbol{\alpha}_2,\boldsymbol{\alpha}_3$ 线性表示,且表示不唯一,$\boldsymbol{\beta}=(1-\dfrac{1}{a})\boldsymbol{\alpha}_1+(\dfrac{1}{a}+k)\boldsymbol{\alpha}_2+k\boldsymbol{\alpha}_3$.

习题解析

习题 4−1

1 解题过程 (A)$Ax = 0$仅有零解$\Rightarrow A$的秩为n,但不能保证$(A \quad b)$的秩也是n,若$R(A \quad b) > n$,则$Ax = b$无解.

(B) 当且仅当$R(A) = R(A \quad b)$时,成立.

(C)$Ax = b$有无穷多解,则$R(A)$一定小于n,故$Ax = 0$有非零解.

2 解题过程 当$R(A) = R(A \quad b)$时,则方程组有解.

(A) 当$r = m$时,则$R(A) = m, R(A \quad b) = m, Ax = b$有解.

(B)、(C)、(D) 不能保证$R(A) = R(A \quad b)$.

3 解题过程 (1) 对系数矩阵进行初等行变换,化为行最简形矩阵.

$$\begin{pmatrix} 1 & 2 & 3 & 0 \\ 2 & 5 & 3 & 0 \\ 1 & 0 & 0 & 8 \end{pmatrix} \rightarrow \begin{pmatrix} 1 & 2 & 3 & 0 \\ 0 & 1 & -3 & 0 \\ 0 & -2 & -3 & 8 \end{pmatrix} \rightarrow \begin{pmatrix} 1 & 2 & 3 & 0 \\ 0 & 1 & -3 & 0 \\ 0 & 0 & -9 & 8 \end{pmatrix} \rightarrow \begin{pmatrix} 1 & 2 & 0 & \dfrac{8}{3} \\ 0 & 1 & 0 & -\dfrac{8}{3} \\ 0 & 0 & 1 & -\dfrac{8}{9} \end{pmatrix} \rightarrow$$

$$\begin{pmatrix} 1 & 0 & 0 & 8 \\ 0 & 1 & 0 & -\dfrac{8}{3} \\ 0 & 0 & 1 & \dfrac{8}{9} \end{pmatrix}, 基础解系为 \boldsymbol{\xi} = \begin{pmatrix} -8 \\ \dfrac{8}{3} \\ \dfrac{8}{9} \\ 1 \end{pmatrix}, 方程组的解为 x = k\boldsymbol{\xi}(k \in \mathbf{R}).$$

(2) 对增广矩阵进行初等行变换,化为行最简形矩阵.

$$\begin{pmatrix} 2 & 1 & -1 & 1 & 1 \\ 4 & 2 & -2 & 1 & 2 \\ 2 & 1 & -1 & -1 & 1 \end{pmatrix} \rightarrow \begin{pmatrix} 2 & 1 & -1 & 1 & 1 \\ 0 & 0 & 0 & -1 & 0 \\ 0 & 0 & 0 & -2 & 0 \end{pmatrix} \rightarrow \begin{pmatrix} 1 & \dfrac{1}{2} & -\dfrac{1}{2} & 0 & \dfrac{1}{2} \\ 0 & 0 & 0 & 1 & 0 \\ 0 & 0 & 0 & 0 & 0 \end{pmatrix},$$

对应齐次方程组基础解系为 $\boldsymbol{\xi}_1 = \begin{pmatrix} -1 \\ 2 \\ 0 \\ 0 \end{pmatrix}, \boldsymbol{\xi}_2 = \begin{pmatrix} 1 \\ 0 \\ 2 \\ 0 \end{pmatrix},$ 原方程组特解 $\boldsymbol{\eta} = \begin{pmatrix} \dfrac{1}{2} \\ 0 \\ 0 \\ 0 \end{pmatrix},$

原方程组通解为 $\boldsymbol{x} = k_1 \boldsymbol{\xi}_1 + k_2 \boldsymbol{\xi}_2 + \boldsymbol{\eta} (k_1, k_2 \in \mathbf{R}).$

4 证明 系数矩阵 $\boldsymbol{A} = \begin{pmatrix} 1 & a_1 & a_1^2 \\ 1 & a_2 & a_2^2 \\ 1 & a_3 & a_3^2 \\ 1 & a_4 & a_4^2 \end{pmatrix},$ 增广矩阵 $\boldsymbol{B} = \begin{pmatrix} 1 & a_1 & a_1^2 & a_1^3 \\ 1 & a_2 & a_2^2 & a_2^3 \\ 1 & a_3 & a_3^2 & a_3^3 \\ 1 & a_4 & a_4^2 & a_4^3 \end{pmatrix},$

$|\boldsymbol{B}| = \prod_{1 \leqslant j < i \leqslant 4} (a_i - a_j).$

若 a_1, a_2, a_3, a_4 两两互不相等,则 $|\boldsymbol{B}| \neq 0.$

$R(\boldsymbol{B}) = 4$,而 $R(\boldsymbol{A}) = 3$,所以线性方程组无解.

5 分析 此类题的基本解决方法是对增广矩阵进行初等行变换,化为行最简形矩阵来讨论.

解题过程 $\boldsymbol{B} = \begin{pmatrix} a & 1 & 1 & 4 \\ 1 & b & 1 & 3 \\ 1 & 2b & 1 & 4 \end{pmatrix} \rightarrow \begin{pmatrix} 1 & b & 1 & 3 \\ 0 & 1-ab & 1-a & 4-3a \\ 0 & b & 0 & 1 \end{pmatrix} \rightarrow \begin{pmatrix} 1 & b & 1 & 3 \\ 0 & 1 & 1-a & 4-2a \\ 0 & b & 0 & 1 \end{pmatrix} \rightarrow$

$\begin{pmatrix} 1 & 0 & 1-b+ab & 3-4a+2ab \\ 0 & 1 & 1-a & 4-2a \\ 0 & 0 & -b+ab & 1-4b+2ab \end{pmatrix},$

当 $ab - b \neq 0$ 时,即 $a \neq 1$ 且 $b \neq 1$ 时,方程组有唯一解.

当 $ab - b = 0$ 且 $1 - 4b + 2ab \neq 0$ 时,即 $a = 1, b \neq \dfrac{1}{2}$ 时,方程组无解.

其他情况时,方程组有无穷多解.

6 解题过程 计算系数矩阵行列式

$\begin{vmatrix} 1+\lambda & 1 & 1 \\ 1 & 1+\lambda & 1 \\ 1 & 1 & 1+\lambda \end{vmatrix} = \lambda^2 (\lambda + 3).$

当 $\lambda \neq 0$ 且 $\lambda \neq -3$ 时,方程组有唯一解.

当 $\lambda = 0$ 时,对增广矩阵进行初等行变换,化为阶梯矩阵

$\begin{pmatrix} 1 & 1 & 1 & \vdots & 0 \\ 1 & 1 & 1 & \vdots & 3 \\ 1 & 1 & 1 & \vdots & 0 \end{pmatrix} \rightarrow \begin{pmatrix} 1 & 1 & 1 & \vdots & 0 \\ 0 & 0 & 0 & \vdots & 3 \\ 0 & 0 & 0 & \vdots & 0 \end{pmatrix},$

显然,当 $\lambda = 0$ 时方程组无解.

当 $\lambda = -3$ 时,

$$\begin{pmatrix} -2 & 1 & 1 & \vdots & 0 \\ 1 & -2 & 1 & \vdots & 3 \\ 1 & 1 & -2 & \vdots & -3 \end{pmatrix} \rightarrow \begin{pmatrix} 1 & 1 & -2 & -3 \\ 0 & -3 & 3 & 6 \\ 0 & 3 & -3 & -6 \end{pmatrix} \rightarrow \begin{pmatrix} 1 & 1 & -2 & -3 \\ 0 & 1 & -1 & -2 \\ 0 & 0 & 0 & 0 \end{pmatrix} \rightarrow \begin{pmatrix} 1 & 0 & -1 & -1 \\ 0 & 1 & -1 & -2 \\ 0 & 0 & 0 & 0 \end{pmatrix}.$$

当 $\lambda = -3$ 时,方程组有无穷多解.

通解为 $\begin{pmatrix} x_1 \\ x_2 \\ x_3 \end{pmatrix} = \begin{pmatrix} -1 \\ -2 \\ 0 \end{pmatrix} + k \begin{pmatrix} 1 \\ 1 \\ 1 \end{pmatrix}$ $(k \in \mathbf{R}).$

7 分析 判断非齐次线性方程组的解主要依据其增广矩阵的初等行变换,化为行阶梯矩阵.

证明 将方程组增广矩阵化为行阶梯矩阵

$$\begin{pmatrix} 1 & -1 & 0 & 0 & 0 & \vdots & b_1 \\ 0 & 1 & -1 & 0 & 0 & \vdots & b_2 \\ 0 & 0 & 1 & -1 & 0 & \vdots & b_3 \\ 0 & 0 & 0 & 1 & -1 & \vdots & b_4 \\ -1 & 0 & 0 & 0 & 1 & \vdots & b_5 \end{pmatrix} \rightarrow \begin{pmatrix} 1 & -1 & 0 & 0 & 0 & \vdots & b_1 \\ 0 & 1 & -1 & 0 & 0 & \vdots & b_2 \\ 0 & 0 & 1 & -1 & 0 & \vdots & b_3 \\ 0 & 0 & 0 & 1 & -1 & \vdots & b_4 \\ 0 & 0 & 0 & 0 & 0 & \vdots & \sum_{i=1}^{5} b_i \end{pmatrix},$$ 方程有解的

充分必要条件是 $\sum_{i=1}^{5} b_i = 0.$

■ 习题 4-2

1 解题过程 $(1)2\boldsymbol{a}_1 - 3\boldsymbol{a}_2 + 4\boldsymbol{a}_3 = (2,-2,2)^{\mathrm{T}} - (-3,3,3)^{\mathrm{T}} + (4,4,-4)^{\mathrm{T}} = (9,-1,-5)^{\mathrm{T}}$

$(2)\boldsymbol{a}_1 + 4\boldsymbol{a}_2 - 7\boldsymbol{a}_3 = (1,-1,1)^{\mathrm{T}} + (-4,4,4)^{\mathrm{T}} - (7,7,-7)^{\mathrm{T}}$
$= (-10,-4,12)^{\mathrm{T}}.$

2 解题过程 $3\boldsymbol{x} + \begin{pmatrix} 0 \\ 1 \\ 1 \\ 0 \end{pmatrix} = \begin{pmatrix} 2 \\ 1 \\ 0 \\ 1 \end{pmatrix} + 5\boldsymbol{x},$

移项得 $2\boldsymbol{x} = \begin{pmatrix} 0 \\ 1 \\ 1 \\ 0 \end{pmatrix} - \begin{pmatrix} 2 \\ 1 \\ 0 \\ 1 \end{pmatrix} = \begin{pmatrix} -2 \\ 0 \\ 1 \\ 0 \end{pmatrix}, \boldsymbol{x} = \begin{pmatrix} -1 \\ 0 \\ \frac{1}{2} \\ 0 \end{pmatrix}.$

3 解题过程 将 $\boldsymbol{\alpha}_1, \boldsymbol{\alpha}_2, \boldsymbol{\alpha}_3$ 代入 $\boldsymbol{\alpha}_1 + 2\boldsymbol{\alpha}_2 + 3\boldsymbol{\alpha}_3 + 4\boldsymbol{\beta} = \mathbf{0}$ 得

$$\begin{bmatrix} 5 \\ -8 \\ -1 \\ 2 \end{bmatrix} + \begin{bmatrix} 4 \\ -2 \\ 8 \\ -6 \end{bmatrix} + \begin{bmatrix} -9 \\ 6 \\ -15 \\ 12 \end{bmatrix} + 4\boldsymbol{\beta} = \mathbf{0}, 4\boldsymbol{\beta} = \begin{bmatrix} 0 \\ -4 \\ -8 \\ 8 \end{bmatrix}, 得 \boldsymbol{\beta} = \begin{bmatrix} 0 \\ 1 \\ 2 \\ -2 \end{bmatrix}.$$

4 解题过程 $3(\boldsymbol{\alpha}_1 - \boldsymbol{\alpha}) + (2\boldsymbol{\alpha}_2 + \boldsymbol{\alpha}) = (5\boldsymbol{\alpha}_3 + \boldsymbol{\alpha})$,

$3\boldsymbol{\alpha}_1 - 3\boldsymbol{\alpha} + 2\boldsymbol{\alpha}_2 + 2\boldsymbol{\alpha} = 5\boldsymbol{\alpha}_3 + 5\boldsymbol{\alpha}$,

$$6\boldsymbol{\alpha} = 3\boldsymbol{\alpha}_1 + 2\boldsymbol{\alpha}_2 - 5\boldsymbol{\alpha}_3 = \begin{bmatrix} 6 \\ 15 \\ 3 \end{bmatrix} + \begin{bmatrix} 20 \\ 2 \\ 10 \end{bmatrix} - \begin{bmatrix} 20 \\ 5 \\ -5 \end{bmatrix} = \begin{bmatrix} 6 \\ 12 \\ 18 \end{bmatrix},$$

解得 $\boldsymbol{\alpha} = (1, 2, 3)^{\mathrm{T}}$.

5 解题过程 $\boldsymbol{\alpha}, \boldsymbol{\beta}, \boldsymbol{\gamma}$ 代入 $\boldsymbol{\alpha} + \boldsymbol{\beta} + \boldsymbol{\gamma} = \mathbf{0}$, 得

$$\begin{bmatrix} 2 \\ k \\ 0 \end{bmatrix} + \begin{bmatrix} -1 \\ 0 \\ \lambda \end{bmatrix} + \begin{bmatrix} u \\ -5 \\ 4 \end{bmatrix} = \mathbf{0} \Rightarrow \begin{bmatrix} u+1 \\ k-5 \\ \lambda+4 \end{bmatrix} = \mathbf{0},$$

即 $\begin{cases} u+1 = 0 \\ k-5 = 0, \\ \lambda+4 = 0 \end{cases}$ 解得 $\begin{cases} u = -1 \\ k = 5 \\ \lambda = -4 \end{cases}$.

6 解题过程 $\boldsymbol{\alpha} + \boldsymbol{\beta} = \begin{pmatrix} -1 \\ 1 \end{pmatrix} + \begin{pmatrix} 2 \\ 2 \end{pmatrix} = \begin{pmatrix} 1 \\ 3 \end{pmatrix}.$

$3\boldsymbol{\alpha} - \boldsymbol{\beta} = \begin{pmatrix} -3 \\ 3 \end{pmatrix} - \begin{pmatrix} 2 \\ 2 \end{pmatrix} = \begin{pmatrix} -5 \\ 1 \end{pmatrix}.$

■ 习题 4−3 ▬▬▬▬▬▬▬▬▬▬▬▬▬▬▬▬▬▬▬▬▬▬

1 解题过程 $(1) (\boldsymbol{\alpha}_1, \boldsymbol{\alpha}_2, \boldsymbol{\alpha}_3, \boldsymbol{\beta}) = \begin{bmatrix} 1 & 0 & 2 & -1 \\ 2 & 1 & 3 & 1 \\ 3 & 4 & 6 & 5 \end{bmatrix} \rightarrow \begin{bmatrix} 1 & 0 & 2 & -1 \\ 0 & 1 & -1 & 3 \\ 0 & 4 & 0 & 8 \end{bmatrix} \rightarrow \begin{bmatrix} 1 & 0 & 2 & -1 \\ 0 & 1 & -1 & 3 \\ 0 & 0 & 4 & -4 \end{bmatrix} \rightarrow$

$\begin{bmatrix} 1 & 0 & 0 & 1 \\ 0 & 1 & 0 & 2 \\ 0 & 0 & 1 & -1 \end{bmatrix},$

$$\boldsymbol{\beta} = \boldsymbol{\alpha}_1 + 2\boldsymbol{\alpha}_2 - \boldsymbol{\alpha}_3.$$

(2) $(\boldsymbol{\alpha}_1, \boldsymbol{\alpha}_2, \boldsymbol{\alpha}_3, \boldsymbol{\beta}) = \begin{pmatrix} 1 & 0 & -2 & 0 \\ 3 & -1 & 1 & 8 \\ -1 & 2 & 3 & -1 \\ 2 & 1 & 2 & 5 \end{pmatrix} \rightarrow \begin{pmatrix} 1 & 0 & -2 & 0 \\ 0 & -1 & 7 & 8 \\ 0 & 2 & 1 & -1 \\ 0 & 1 & 6 & 5 \end{pmatrix} \rightarrow$

$$\begin{pmatrix} 1 & 0 & -2 & 0 \\ 0 & 1 & 7 & -8 \\ 0 & 0 & 15 & 15 \\ 0 & 0 & 13 & 13 \end{pmatrix} \rightarrow \begin{pmatrix} 1 & 0 & 0 & 2 \\ 0 & 1 & 0 & -1 \\ 0 & 0 & 1 & 1 \\ 0 & 0 & 0 & 0 \end{pmatrix},$$

$$\boldsymbol{\beta} = 2\boldsymbol{\alpha}_1 - \boldsymbol{\alpha}_2 + \boldsymbol{\alpha}_3.$$

(3) $(\boldsymbol{\alpha}_1, \boldsymbol{\alpha}_2, \boldsymbol{\alpha}_3, \boldsymbol{\beta}) = \begin{pmatrix} 5 & 4 & 1 & -1 \\ 0 & 1 & 1 & 1 \\ 1 & 0 & 1 & 0 \\ 2 & 1 & 0 & 1 \end{pmatrix} \rightarrow \begin{pmatrix} 1 & 0 & 1 & 0 \\ 0 & 1 & 1 & 1 \\ 0 & 4 & -4 & -1 \\ 0 & 1 & -2 & 1 \end{pmatrix} \rightarrow \begin{pmatrix} 1 & 0 & 1 & 0 \\ 0 & 1 & 1 & 1 \\ 0 & 0 & -8 & -5 \\ 0 & 0 & -3 & 0 \end{pmatrix} \rightarrow$

$$\begin{pmatrix} 1 & 0 & 0 & 0 \\ 0 & 1 & 0 & 1 \\ 0 & 0 & 1 & 0 \\ 0 & 0 & 0 & -5 \end{pmatrix},$$

故 $\boldsymbol{\beta}$ 不能由 $\boldsymbol{\alpha}_1, \boldsymbol{\alpha}_2, \boldsymbol{\alpha}_3$ 线性表示.

(4) $(\boldsymbol{\alpha}_1, \boldsymbol{\alpha}_2, \boldsymbol{\alpha}_3, \boldsymbol{\alpha}_4, \boldsymbol{\beta}) = \begin{pmatrix} 1 & 1 & 1 & 1 & 5 \\ 1 & 2 & -1 & 4 & -2 \\ 2 & -3 & -1 & -5 & -2 \\ 3 & 1 & 2 & 11 & 0 \end{pmatrix} \rightarrow \begin{pmatrix} 1 & 1 & 1 & 1 & 5 \\ 0 & 1 & -2 & 3 & -7 \\ 0 & -5 & -3 & -7 & -12 \\ 0 & -2 & -1 & 8 & -15 \end{pmatrix} \rightarrow$

$$\begin{pmatrix} 1 & 0 & 3 & -2 & 12 \\ 0 & 1 & 2 & 3 & 7 \\ 0 & 0 & -13 & 8 & -47 \\ 0 & 0 & -5 & 14 & -29 \end{pmatrix} \rightarrow \begin{pmatrix} 1 & 0 & 0 & 0 & 1 \\ 0 & 1 & 0 & 0 & 2 \\ 0 & 0 & 1 & 0 & 3 \\ 0 & 0 & 0 & 1 & -1 \end{pmatrix},$$

$$\boldsymbol{\beta} = \boldsymbol{\alpha}_1 + 2\boldsymbol{\alpha}_2 + 3\boldsymbol{\alpha}_3 - \boldsymbol{\alpha}_4.$$

2 解题过程 $(\boldsymbol{\alpha}_1, \boldsymbol{\alpha}_2, \boldsymbol{\alpha}_3, \boldsymbol{\beta}) = \begin{pmatrix} 2 & 3 & 1 & 7 \\ 3 & 7 & -6 & -2 \\ 5 & 8 & 1 & \lambda \end{pmatrix} \xrightarrow{\text{行变换}} \begin{pmatrix} 2 & 3 & 1 & 7 \\ 3 & 5 & 0 & 8 \\ 0 & 0 & 0 & \lambda - 15 \end{pmatrix},$

当 $\lambda - 15 = 0$ 时，即 $\lambda = 15$ 时，$\boldsymbol{\beta}$ 可由 $\boldsymbol{\alpha}_1, \boldsymbol{\alpha}_2, \boldsymbol{\alpha}_3$ 线性表示.

3 解题过程

(1) 不正确.

反例：$0 = 0(1,0)^T + 0(1,1)^T$.

(2) 不正确.

反例：$\boldsymbol{\alpha}_1 = (1,0,0)^T, \boldsymbol{\alpha}_2 = (0,0,1)^T, \boldsymbol{\alpha}_3 = (0,0,0)^T$.

$\boldsymbol{\alpha}_1, \boldsymbol{\alpha}_2, \boldsymbol{\alpha}_3$ 线性相关，但 $\boldsymbol{\alpha}_1$ 不能由 $\boldsymbol{\alpha}_2, \boldsymbol{\alpha}_3$ 线性表示.

(3) 不正确.

反例：$\boldsymbol{\alpha}_1 = (1,1), \boldsymbol{\alpha}_2 = (2,2)$,

$\boldsymbol{\beta}_1 = (1,0), \boldsymbol{\beta}_2 = (3,0)$.

$\boldsymbol{\alpha}_1, \boldsymbol{\alpha}_2$ 线性相关，$\boldsymbol{\beta}_1, \boldsymbol{\beta}_2$ 线性相关，但 $\boldsymbol{\alpha}_1 + \boldsymbol{\beta}_1, \boldsymbol{\alpha}_2 + \boldsymbol{\beta}_2$ 线性无关.

(4) 不正确.

反例：$\boldsymbol{\alpha}_1 = (1,0)^T, \boldsymbol{\alpha}_2 = (2,0)^T$，存在 $k_1 = k, k_2 = 0$，使得 $k_1\boldsymbol{\alpha}_1 + k_2\boldsymbol{\alpha}_2 \neq \boldsymbol{0}$，但 $\boldsymbol{\alpha}_1, \boldsymbol{\alpha}_2$ 线性相关.

(5) 正确.

证明：$\boldsymbol{\alpha}_1, \boldsymbol{\alpha}_2, \boldsymbol{\alpha}_3$ 线性无关，则 $\boldsymbol{\alpha}_2, \boldsymbol{\alpha}_3$ 线性无关，又因为 $\boldsymbol{\alpha}_2, \boldsymbol{\alpha}_3, \boldsymbol{\alpha}_4$ 线性相关，

则设 $\boldsymbol{\alpha}_4 = k_2\boldsymbol{\alpha}_2 + k_3\boldsymbol{\alpha}_3 (\boldsymbol{\alpha}_2, \boldsymbol{\alpha}_3$ 不全为 $\boldsymbol{0}$)，

假设 $\boldsymbol{\alpha}_1$ 可由 $\boldsymbol{\alpha}_2, \boldsymbol{\alpha}_3, \boldsymbol{\alpha}_4$ 线性表示，即 $\boldsymbol{\alpha}_1$ 可由 $\boldsymbol{\alpha}_2, \boldsymbol{\alpha}_3$ 线性表示，这与 $\boldsymbol{\alpha}_1, \boldsymbol{\alpha}_2, \boldsymbol{\alpha}_3$ 线性无关矛盾，因此，$\boldsymbol{\alpha}_1$ 不可由 $\boldsymbol{\alpha}_2, \boldsymbol{\alpha}_3, \boldsymbol{\alpha}_4$ 线性表示.

4 分析

根据向量组的秩是否等于向量个数，来判断相关性.

解题过程

(1) $\begin{vmatrix} 3 & 1 & 7 \\ -1 & 5 & -13 \\ 2 & -7 & 20 \end{vmatrix} = \begin{vmatrix} 0 & 16 & -32 \\ -1 & 5 & -13 \\ 0 & 3 & -6 \end{vmatrix} = \begin{vmatrix} 16 & -32 \\ 3 & -6 \end{vmatrix} = 0$,

故 $\boldsymbol{\alpha}_1, \boldsymbol{\alpha}_2, \boldsymbol{\alpha}_3$ 线性相关.

(2) $\begin{vmatrix} 1 & 1 & 1 & 1 \\ -2 & 3 & 4 & -1 \\ 4 & 9 & 16 & 1 \\ -8 & 27 & 64 & -1 \end{vmatrix} = \begin{vmatrix} 1 & 1 & 1 & 1 \\ 0 & 5 & 6 & 1 \\ 0 & 5 & 12 & -3 \\ 0 & 35 & 72 & 7 \end{vmatrix} = \begin{vmatrix} 1 & 1 & 1 & 1 \\ 0 & 5 & 6 & 1 \\ 0 & 0 & 6 & -4 \\ 0 & 0 & 0 & 28 \end{vmatrix} \neq 0$,

故 $\boldsymbol{\alpha}_1, \boldsymbol{\alpha}_2, \boldsymbol{\alpha}_3, \boldsymbol{\alpha}_4$ 线性无关.

(3) $\begin{pmatrix} 1 & 1 & 3 \\ 2 & 1 & 4 \\ 1 & 2 & 5 \\ 1 & -1 & 1 \end{pmatrix} \rightarrow \begin{pmatrix} 1 & 1 & 3 \\ 0 & 1 & 2 \\ 0 & 0 & 2 \\ 0 & 0 & 0 \end{pmatrix}$,

向量组矩阵秩为 3，故 $\boldsymbol{\alpha}_1, \boldsymbol{\alpha}_2, \boldsymbol{\alpha}_3$ 线性无关.

5 证明 $b_1 + b_3 - b_2 - b_4 = 0$. 可知 b_1, b_2, b_3, b_4 线性相关.

6 证明 假设存在 k_1, k_2, k_3 使得 $k_1 b_1 + k_2 b_2 + k_3 b_3 = 0$,

则 $(k_1 + k_2 + k_3) \alpha_1 + (k_2 + k_3) \alpha_2 + k_3 \alpha_3 = 0$.

已知 $\alpha_1, \alpha_2, \alpha_3$ 线性无关,则 $\begin{cases} k_1 + k_2 + k_3 = 0 \\ k_2 + k_3 = 0 \\ k_3 = 0 \end{cases}$.

解得 $\begin{cases} k_1 = 0 \\ k_2 = 0 \\ k_3 = 0 \end{cases}$,故 b_1, b_2, b_3 线性无关.

7 解题过程 计算向量矩阵

$$\begin{vmatrix} t & -1 & -1 \\ -1 & t & -1 \\ -1 & -1 & t \end{vmatrix} = \begin{vmatrix} t-2 & t-2 & t-2 \\ -1 & t & -1 \\ -1 & -1 & t \end{vmatrix} = (t-2) \begin{vmatrix} 1 & 1 & 1 \\ 0 & t+1 & 0 \\ 0 & 0 & t+1 \end{vmatrix}$$

$$= (t-2)(t+1)^2,$$

当 $t = 2$ 或 $t = -1$ 时,$\alpha_1, \alpha_2, \alpha_3$ 线性相关.

8 解题过程 (1) $(\alpha_1, \alpha_2, \alpha_3, \alpha_4, \beta) = \begin{pmatrix} 1 & 1 & 1 & 1 & 1 \\ 0 & 1 & -1 & 2 & 1 \\ 2 & 3 & a+2 & 4 & b+3 \\ 3 & 5 & 1 & a+8 & 5 \end{pmatrix} \rightarrow \begin{pmatrix} 1 & 1 & 1 & 1 & 1 \\ 0 & 1 & -1 & 2 & 1 \\ 0 & 1 & a & 2 & b+1 \\ 0 & 2 & -2 & a+5 & 2 \end{pmatrix} \rightarrow$

$\begin{pmatrix} 1 & 1 & 1 & 1 & 1 \\ 0 & 1 & -1 & 2 & 1 \\ 0 & 0 & a+1 & 0 & b \\ 0 & 0 & 0 & a+1 & 0 \end{pmatrix}$,

当 $a + 1 = 0$ 且 $b \neq 0$ 时,即 $a = -1$ 且 $b \neq 0$ 时,β 不能表示成 $\alpha_1, \alpha_2, \alpha_3, \alpha_4$ 的线性组合.

(2) 当 $a + 1 \neq 0$ 时,即 $a \neq -1$ 时,表示唯一.

9 解题过程 (1) 向量组 A 线性相关,B 线性无关.

(2) 向量组 A 和 B 都线性无关.

(3) 向量组 A 线性无关,B 线性相关.

习题 4−4

1 分析   对矩阵进行初等行变换,转化为行最简形矩阵.

解题过程   (1) $A = \begin{pmatrix} 2 & -1 & -1 & 1 & 2 \\ 1 & 1 & -2 & 1 & 4 \\ 4 & -6 & 2 & -2 & 4 \\ 3 & 6 & -9 & 7 & 9 \end{pmatrix} \rightarrow \begin{pmatrix} 1 & 1 & -2 & 1 & 4 \\ 0 & -3 & 3 & -1 & -6 \\ 0 & -10 & 10 & -6 & -12 \\ 0 & 3 & -3 & 4 & -3 \end{pmatrix} \rightarrow$

$\begin{pmatrix} 1 & 0 & -1 & 0 & 4 \\ 0 & 1 & -1 & 0 & 3 \\ 0 & 0 & 0 & 1 & -3 \\ 0 & 0 & 0 & 0 & 0 \end{pmatrix},$

向量组的秩为 3,设 $A = (\boldsymbol{\alpha}_1, \boldsymbol{\alpha}_2, \boldsymbol{\alpha}_3, \boldsymbol{\alpha}_4, \boldsymbol{\alpha}_5)$,最大无关组 $\boldsymbol{\alpha}_1, \boldsymbol{\alpha}_2, \boldsymbol{\alpha}_4$,
$\boldsymbol{\alpha}_3 = -\boldsymbol{\alpha}_1 - \boldsymbol{\alpha}_2$, $\boldsymbol{\alpha}_5 = 4\boldsymbol{\alpha}_1 + 3\boldsymbol{\alpha}_2 - 3\boldsymbol{\alpha}_4$.

(2) $\begin{pmatrix} 1 & 0 & 2 & 1 \\ 1 & 2 & 0 & 1 \\ 2 & 1 & 3 & 0 \\ 2 & 5 & -1 & 4 \\ 1 & -1 & 3 & -1 \end{pmatrix} \rightarrow \begin{pmatrix} 1 & 0 & 2 & 1 \\ 0 & 2 & -2 & 0 \\ 0 & 1 & -1 & -2 \\ 0 & 5 & -5 & 2 \\ 0 & -1 & 1 & -2 \end{pmatrix} \rightarrow \begin{pmatrix} 1 & 0 & 2 & 1 \\ 0 & 1 & -1 & 0 \\ 0 & 0 & 0 & -2 \\ 0 & 0 & 0 & 2 \\ 0 & 0 & 0 & -2 \end{pmatrix} \rightarrow$

$\begin{pmatrix} 1 & 0 & 2 & 1 \\ 0 & 1 & -1 & 0 \\ 0 & 0 & 0 & 1 \\ 0 & 0 & 0 & 0 \\ 0 & 0 & 0 & 0 \end{pmatrix},$

向量组的秩为 3,设 $A = (\boldsymbol{\alpha}_1, \boldsymbol{\alpha}_2, \boldsymbol{\alpha}_3, \boldsymbol{\alpha}_4)$,一个最大无关组是 $\boldsymbol{\alpha}_1, \boldsymbol{\alpha}_2, \boldsymbol{\alpha}_4$,
$\boldsymbol{\alpha}_3 = 2\boldsymbol{\alpha}_1 - \boldsymbol{\alpha}_2$.

2 解题过程   (1) $(\boldsymbol{\alpha}_1, \boldsymbol{\alpha}_2, \boldsymbol{\alpha}_3, \boldsymbol{\alpha}_4) = \begin{pmatrix} 4 & 1 & 1 & 2 \\ -1 & -3 & 2 & 1 \\ -5 & -4 & 1 & -1 \\ -6 & -7 & 3 & 0 \end{pmatrix} \rightarrow \begin{pmatrix} 5 & 4 & -1 & 1 \\ -1 & -3 & 2 & 1 \\ -5 & -4 & 1 & -1 \\ -6 & -7 & 3 & 0 \end{pmatrix} \rightarrow$

$\begin{pmatrix} 0 & 0 & 0 & 0 \\ -6 & -7 & 3 & 0 \\ -5 & -4 & 1 & -1 \\ -6 & -7 & 3 & 0 \end{pmatrix} \rightarrow \begin{pmatrix} 0 & 0 & 0 & 0 \\ 0 & 0 & 0 & 0 \\ -5 & -4 & 1 & -1 \\ -6 & -7 & 3 & 0 \end{pmatrix},$

$R(\boldsymbol{\alpha}_1,\boldsymbol{\alpha}_2,\boldsymbol{\alpha}_3,\boldsymbol{\alpha}_4)=2$，最大无关组为 $\boldsymbol{\alpha}_1,\boldsymbol{\alpha}_2$（不唯一）.

$(2)(\boldsymbol{\alpha}_1,\boldsymbol{\alpha}_2,\boldsymbol{\alpha}_3,\boldsymbol{\alpha}_4)=\begin{pmatrix}1&2&0&1\\0&1&1&1\\1&0&1&1\end{pmatrix}\rightarrow\begin{pmatrix}1&0&0&\frac{1}{3}\\0&1&0&\frac{1}{3}\\0&0&1&\frac{2}{3}\end{pmatrix}$，$R(\boldsymbol{\alpha}_1,\boldsymbol{\alpha}_2,\boldsymbol{\alpha}_3,\boldsymbol{\alpha}_4)=3$，向

量组的一个最大无关组 $\boldsymbol{\alpha}_1,\boldsymbol{\alpha}_2,\boldsymbol{\alpha}_3$.

3 解题过程 $\boldsymbol{\alpha}_1,\boldsymbol{\alpha}_2,\boldsymbol{\alpha}_3$ 线性相关，则 $\boldsymbol{\alpha}_1,\boldsymbol{\alpha}_2,\boldsymbol{\alpha}_3,\boldsymbol{\alpha}_4$ 线性相关，$\boldsymbol{\alpha}_2,\boldsymbol{\alpha}_3,\boldsymbol{\alpha}_4$ 线性无关，则 $\boldsymbol{\alpha}_2,\boldsymbol{\alpha}_3,\boldsymbol{\alpha}_4$ 是 $\boldsymbol{\alpha}_1,\boldsymbol{\alpha}_2,\boldsymbol{\alpha}_3,\boldsymbol{\alpha}_4$ 的一个最大无关组，故 $\boldsymbol{\alpha}_1,\boldsymbol{\alpha}_2,\boldsymbol{\alpha}_3,\boldsymbol{\alpha}_4$ 的秩为 3.

4 解题过程   令 $A=\begin{pmatrix}1&0&1&0&0\\0&-1&0&0&0\\0&0&0&1&0&0\\0&0&0&1&0\\0&0&0&0&0\end{pmatrix}$.

5 证明   设 $A=(\boldsymbol{\alpha}_1,\boldsymbol{\alpha}_2,\cdots,\boldsymbol{\alpha}_n),B=(\boldsymbol{e}_1,\boldsymbol{e}_2,\cdots,\boldsymbol{e}_n)$，

因为向量组 B 可由 A 线性表示，故 $R(B)\leqslant R(A)$，又因为 $R(B)=n$，则 $R(A)=n$，因此，

向量组 $\boldsymbol{\alpha}_1,\boldsymbol{\alpha}_2,\cdots,\boldsymbol{\alpha}_n$ 线性无关.

6 证明   必要性：因为 $\boldsymbol{\alpha}_1,\boldsymbol{\alpha}_2,\cdots,\boldsymbol{\alpha}_n$ 线性无关，故 $\boldsymbol{\alpha}_1,\boldsymbol{\alpha}_2,\cdots,\boldsymbol{\alpha}_n,\boldsymbol{\beta}$ 线性相关，其中 $\boldsymbol{\beta}$ 是任一 n 维向

量，则 $\boldsymbol{\beta}$ 可由 $\boldsymbol{\alpha}_1,\boldsymbol{\alpha}_2,\cdots,\boldsymbol{\alpha}_n$ 线性表示.

充分性：取 n 维单位向量 $\boldsymbol{e}_1,\boldsymbol{e}_2,\cdots,\boldsymbol{e}_n$，它们可由 $\boldsymbol{\alpha}_1,\boldsymbol{\alpha}_2,\cdots,\boldsymbol{\alpha}_n$ 线性表示，则可知 $\boldsymbol{\alpha}_1,\boldsymbol{\alpha}_2$，

$\cdots,\boldsymbol{\alpha}_n$ 线性无关.

7 证明   向量组 C 包含向量组 A 和 B，故 $r_3\geqslant r_1$ 且 $r_3\geqslant r_2$，即 $r_3\geqslant\max(r_1,r_2)$.

设 A 的一个最大无关组为 $\boldsymbol{\alpha}_1,\boldsymbol{\alpha}_2,\cdots,\boldsymbol{\alpha}_{r_1}$，$B$ 的一个最大无关组 $\boldsymbol{\beta}_1,\boldsymbol{\beta}_2,\cdots,\boldsymbol{\beta}_{r_2}$，设 D 是由

$\boldsymbol{\alpha}_{r_1},\boldsymbol{\beta}_1,\cdots,\boldsymbol{\beta}_{r_2}$ 组成的，则 C 可由 D 线性表示.

故 $R(C)\leqslant R(D)$，而 $R(D)\leqslant r_1+r_2$，即 $r_3\leqslant r_1+r_2$，所以 $\max(r_1,r_2)\leqslant r_3\leqslant r_1+r_2$.

8 证明   必要性：由向量组 B 线性无关，若 $R(K)<r$，则存在 $\boldsymbol{x}=(x_1,x_2,\cdots,x_r)^{\mathrm{T}}\neq\boldsymbol{0}$，使得

$\boldsymbol{Kx}=\boldsymbol{0}$，两边乘 $(\boldsymbol{\alpha}_1,\boldsymbol{\alpha}_2,\cdots,\boldsymbol{\alpha}_s)$，得到 $(\boldsymbol{\alpha}_1,\boldsymbol{\alpha}_2,\cdots,\boldsymbol{\alpha}_s)\boldsymbol{Kx}=\boldsymbol{0}$，即 $(\boldsymbol{\beta}_1,\boldsymbol{\beta}_2,\cdots,\boldsymbol{\beta}_r)\boldsymbol{x}=\boldsymbol{0}$，则

$\boldsymbol{\beta}_1,\boldsymbol{\beta}_2,\cdots,\boldsymbol{\beta}_r$ 线性相关，与已知 $\boldsymbol{\beta}_1,\boldsymbol{\beta}_2,\cdots,\boldsymbol{\beta}_r$ 线性无关矛盾，故 $R(K)=r$.

充分性：假设存在 $\boldsymbol{x}=(x_1,x_2,\cdots,x_r)^{\mathrm{T}}$，使得 $(\boldsymbol{\beta}_1,\boldsymbol{\beta}_2,\cdots,\boldsymbol{\beta}_r)\boldsymbol{x}=\boldsymbol{0}$，则 $(\boldsymbol{\beta}_1,\boldsymbol{\beta}_2,\cdots,\boldsymbol{\beta}_s)\boldsymbol{Kx}=\boldsymbol{0}$.

由于 $\boldsymbol{\alpha}_1,\boldsymbol{\alpha}_2,\cdots,\boldsymbol{\alpha}_s$ 线性无关，且 K 线性无关，故 $\boldsymbol{Kx}=\boldsymbol{0}$，得 $\boldsymbol{x}=\boldsymbol{0}$，从而得到 $\boldsymbol{\beta}_1,\boldsymbol{\beta}_2,\cdots,\boldsymbol{\beta}_r$

线性无关.

9 证明 对 $(\boldsymbol{\alpha}_1,\boldsymbol{\alpha}_2,\boldsymbol{b}_1,\boldsymbol{b}_2,\boldsymbol{b}_3)$ 进行初等行变换.

$$(\boldsymbol{\alpha}_1,\boldsymbol{\alpha}_2,\boldsymbol{b}_1,\boldsymbol{b}_2,\boldsymbol{b}_3)=\begin{pmatrix}1 & 3 & 2 & 3 & 3\\-1 & 1 & 0 & -1 & -1\\1 & 1 & 1 & 2 & 2\\-1 & 3 & 1 & 0 & 0\end{pmatrix}\rightarrow\begin{pmatrix}1 & 3 & 2 & 3 & 3\\0 & 4 & 2 & 2 & 2\\0 & -2 & -1 & -1 & -1\\0 & 6 & 3 & 3 & 3\end{pmatrix}\rightarrow\begin{pmatrix}1 & 3 & 2 & 3 & 3\\0 & 2 & 1 & 1 & 1\\0 & 0 & 0 & 0 & 0\\0 & 0 & 0 & 0 & 0\end{pmatrix},$$

得到 $R(\boldsymbol{\alpha}_1,\boldsymbol{\alpha}_2)=R(\boldsymbol{b}_1,\boldsymbol{b}_2,\boldsymbol{b}_3)=R(\boldsymbol{\alpha}_1,\boldsymbol{\alpha}_2,\boldsymbol{b}_1,\boldsymbol{b}_2,\boldsymbol{b}_3)=2$,故 $\boldsymbol{A}\sim\boldsymbol{B}$.

■ 习题 4−5

1 解题过程   (1) $\boldsymbol{Ax}=\boldsymbol{0}$ 有非零解的充要条件:系数矩阵 $\boldsymbol{A}$ 中必存在一个列向量可由其余列向量线性表示.

  (2) 由于 $R(\boldsymbol{A})=n-1$,则可知 $\boldsymbol{Ax}=\boldsymbol{0}$ 基础解系只有一个向量,可表示为 $\boldsymbol{\xi}_1-\boldsymbol{\xi}_2$. 则通解为 $k(\boldsymbol{\xi}_1-\boldsymbol{\xi}_2)$ $(k\in\mathbf{R})$.

  (3) $\boldsymbol{\alpha}_1,\boldsymbol{\alpha}_1-\boldsymbol{\alpha}_2$ 仍是 $\boldsymbol{Ax}=\boldsymbol{0}$ 的基础解系.

  $\dfrac{\boldsymbol{\beta}_1+\boldsymbol{\beta}_2}{2}$ 仍是 $\boldsymbol{Ax}=\boldsymbol{b}$ 的解.

  故 $k\boldsymbol{\alpha}_1+k_2(\boldsymbol{\alpha}_1-\boldsymbol{\alpha}_2)+\dfrac{\boldsymbol{\beta}_1+\boldsymbol{\beta}_2}{2}$ 是 $\boldsymbol{Ax}=\boldsymbol{b}$ 的通解.

  (4) 由于 $\boldsymbol{\xi}_1$ 和 $\boldsymbol{\xi}_2$ 线性无关,则 $R(\boldsymbol{A})=1$,故只有(A)满足条件.

2 解题过程   (1) $\begin{pmatrix}1 & -1 & 5 & -1\\1 & 1 & -2 & 3\\3 & -1 & 8 & 1\\1 & 3 & -9 & 7\end{pmatrix}\rightarrow\begin{pmatrix}1 & 0 & \dfrac{3}{2} & 1\\0 & 1 & -\dfrac{7}{2} & 2\\0 & 0 & 0 & 0\\0 & 0 & 0 & 0\end{pmatrix},$

  通解为 $\begin{pmatrix}x_1\\x_2\\x_3\\x_4\end{pmatrix}=k_1\begin{pmatrix}-\dfrac{3}{2}\\\dfrac{7}{2}\\1\\0\end{pmatrix}+k_2\begin{pmatrix}-1\\-2\\0\\1\end{pmatrix}$ $(k_1,k_2\in\mathbf{R})$.

  (2) 系数矩阵秩为 1,基础解系有 $n-1$ 个向量,得到一个基础解系为

  $\boldsymbol{\alpha}_1=(-1,0,\cdots,0,n)$,

$$\boldsymbol{\alpha}_2 = (0, -1, \cdots, 0, n-1),$$

$$\vdots$$

$$\boldsymbol{\alpha}_{n-1} = (0, 0, \cdots, -1, 2)$$

通解为 $\begin{pmatrix} x_1 \\ x_2 \\ \vdots \\ x_n \end{pmatrix} = k_1 x_1 + k_2 x_2 + \cdots + k_{n-1} x_{n-1}$,其中 $k_1, k_2, \cdots, k_{n-1} \in \mathbf{R}$.

3 **解题**过程

已知 $R(\boldsymbol{A}) = n-1$,则 $\boldsymbol{A}x = \boldsymbol{0}$ 基础解系只有一个向量,而 $(1, 1, \cdots, 1)^{\mathrm{T}}$ 显然是 $\boldsymbol{A}x = \boldsymbol{0}$ 的解.

故 $\boldsymbol{A}x = \boldsymbol{0}$ 通解为 $\begin{pmatrix} x_1 \\ x_2 \\ \vdots \\ x_n \end{pmatrix} = k \begin{pmatrix} 1 \\ 1 \\ \vdots \\ 1 \end{pmatrix}$ $(k \in \mathbf{R})$.

4 **解题**过程

取 $\boldsymbol{B}$ 为 $\boldsymbol{A}x = \boldsymbol{0}$ 的两个解向量,且它们线性无关.

解 $\boldsymbol{A}x = \boldsymbol{0}$,得它的基础解系为 $\boldsymbol{\xi}_1 = \begin{pmatrix} 1 \\ 5 \\ 8 \\ 0 \end{pmatrix}$, $\boldsymbol{\xi}_2 = \begin{pmatrix} 0 \\ 2 \\ 1 \\ 1 \end{pmatrix}$,则 $\boldsymbol{B} = \begin{pmatrix} 1 & 0 \\ 5 & 2 \\ 8 & 1 \\ 0 & 1 \end{pmatrix}$.

5 **证明**

由 $\boldsymbol{A}^2 = \boldsymbol{A}$ 得 $\boldsymbol{A}(\boldsymbol{A} - \boldsymbol{E}) = \boldsymbol{0}$.

故 $R(\boldsymbol{A}) + R(\boldsymbol{A} - \boldsymbol{E}) \leqslant n$.

由于 $R(\boldsymbol{A}) + R(\boldsymbol{A} - \boldsymbol{E}) = R(\boldsymbol{A}) + R(\boldsymbol{E} - \boldsymbol{A})$,

且 $R(\boldsymbol{A}) + R(\boldsymbol{E} - \boldsymbol{A}) \geqslant n$,

故 $R(\boldsymbol{A}) + R(\boldsymbol{A} - \boldsymbol{E}) = n$.

6 **解题**过程

设 $\boldsymbol{A} = \begin{pmatrix} \boldsymbol{\xi}_1^{\mathrm{T}} \\ \boldsymbol{\xi}_2^{\mathrm{T}} \\ \boldsymbol{\xi}_3^{\mathrm{T}} \end{pmatrix} = \begin{pmatrix} 1 & 1 & 0 & 0 & 0 \\ -2 & 0 & 1 & 0 & 9 \\ 1 & 0 & 0 & 1 & -5 \end{pmatrix}$,

求解 $\boldsymbol{A}x = \boldsymbol{0}$,得到基础解系 $\boldsymbol{\beta}_1 = \begin{pmatrix} -1 \\ 1 \\ -2 \\ 1 \\ 0 \end{pmatrix}$, $\boldsymbol{\alpha}_2 = \begin{pmatrix} 0 \\ 0 \\ -9 \\ 5 \\ 1 \end{pmatrix}$.

所求齐次线性方程组为 $\begin{cases} -x_1 + x_2 - 2x_3 + x_4 = 0 \\ -9x_3 + 5x_4 + x_5 = 0 \end{cases}$.

【注】 所求方程组不唯一,且所包含个数不低于两个.

7 解题过程

(1) $\begin{pmatrix} 2 & 7 & 3 & 1 & \vdots & 6 \\ 3 & 5 & 2 & 2 & \vdots & 4 \\ 9 & 4 & 1 & 7 & \vdots & 2 \end{pmatrix} \xrightarrow{行变换} \begin{pmatrix} 1 & 0 & -\dfrac{1}{11} & \dfrac{9}{11} & \vdots & -\dfrac{2}{11} \\ 0 & 1 & \dfrac{5}{11} & -\dfrac{1}{11} & \vdots & \dfrac{10}{11} \\ 0 & 0 & 0 & 0 & \vdots & 0 \end{pmatrix}$,

通解为 $\begin{pmatrix} x_1 \\ x_2 \\ x_3 \\ x_4 \end{pmatrix} = k_1 \begin{pmatrix} 1 \\ -5 \\ 11 \\ 0 \end{pmatrix} + k_2 \begin{pmatrix} -9 \\ 1 \\ 0 \\ 11 \end{pmatrix} + \begin{pmatrix} -\dfrac{2}{11} \\ \dfrac{10}{11} \\ 0 \\ 0 \end{pmatrix}$ $(k \in \mathbf{R})$.

(2) $\begin{pmatrix} 1 & 1 & 1 & 1 & 1 & \vdots & 7 \\ 3 & 2 & 1 & 1 & -3 & \vdots & -2 \\ 0 & 1 & 2 & 2 & 6 & \vdots & 23 \\ 5 & 4 & 3 & 3 & -1 & \vdots & 12 \end{pmatrix} \rightarrow \begin{pmatrix} 1 & 0 & -1 & -1 & -5 & \vdots & -16 \\ 0 & 1 & 2 & 2 & 6 & \vdots & 23 \\ 0 & 0 & 0 & 0 & 0 & \vdots & 0 \\ 0 & 0 & 0 & 0 & 0 & \vdots & 0 \end{pmatrix}$,

通解为 $\begin{pmatrix} x_1 \\ x_2 \\ x_3 \\ x_4 \\ x_5 \end{pmatrix} = k_1 \begin{pmatrix} 1 \\ -2 \\ 1 \\ 0 \\ 0 \end{pmatrix} + k_2 \begin{pmatrix} 1 \\ -2 \\ 0 \\ 1 \\ 0 \end{pmatrix} + k_3 \begin{pmatrix} 5 \\ -6 \\ 0 \\ 0 \\ 1 \end{pmatrix} + \begin{pmatrix} -16 \\ 23 \\ 0 \\ 0 \\ 0 \end{pmatrix}$,其中 $k_1, k_2, k_3 \in \mathbf{R}$.

8 解题过程

(1) 假设 $a, k_1, k_2, \cdots, k_{n-r}$,使得 $a\boldsymbol{\eta}^* + k_1 \boldsymbol{\xi}_1 + k_2 \boldsymbol{\xi}_2 + \cdots + k_{n-r} \boldsymbol{\xi}_{n-r} = \mathbf{0}$. (1).

两边同时乘 A 得到 $aA\boldsymbol{\eta}^* = \mathbf{0}$,即 $ab = 0$,故 $a = 0$,代入(1)式得到

$k_1 \boldsymbol{\xi}_1 + k_2 \boldsymbol{\xi}_2 + \cdots + k_{n-r} \boldsymbol{\xi}_{n-r} = \mathbf{0}$.

由于 $\boldsymbol{\xi}_1, \boldsymbol{\xi}_2, \cdots, \boldsymbol{\xi}_{n-r}$ 是 $A\boldsymbol{x} = \mathbf{0}$ 的基础解系,

故 $k_1 = k_2 = \cdots = k_{n-r} = 0$.

所以 $\boldsymbol{\eta}^*, \boldsymbol{\xi}_1, \boldsymbol{\xi}_2, \cdots, \boldsymbol{\xi}_{n-r}$ 线性无关.

(2) 假设存在 $k_0, k_1, \cdots, k_{n-r}$ 使得 $k_0 \boldsymbol{\eta}^* + k_1 (\boldsymbol{\eta}^* + \boldsymbol{\xi}_1) + \cdots + k_{n-r} (\boldsymbol{\eta}^* + \boldsymbol{\xi}_{n-r}) = \mathbf{0}$,

即 $(k_0 + k_1 + \cdots + k_{n-r}) \boldsymbol{\eta}^* + k_1 \boldsymbol{\xi}_1 + \cdots + k_{n-r} \boldsymbol{\xi}_{n-r} = \mathbf{0}$.

根据上一题结论知 $k_0 + k_1 + \cdots + k_{n-r} = k_1 = k_2 = \cdots = k_{n-r} = 0$,

即 $k_0 = k_1 = \cdots = k_{n-r} = 0$.

故 $\boldsymbol{\eta}^*, \boldsymbol{\eta}^* + \boldsymbol{\xi}_1, \cdots, \boldsymbol{\eta}^* + \boldsymbol{\xi}_{n-r}$ 线性无关.

9 证明

$$Ax = A(k_1 \boldsymbol{\eta}_1 + \cdots + k_s \boldsymbol{\eta}_s) = k_1 A\boldsymbol{\eta}_1 + \cdots + k_s A\boldsymbol{\eta}_s = k_1 b + \cdots + k_s b$$
$$= (k_1 + k_2 + \cdots + k_s)b = b,$$

故 x 是 $Ax = b$ 的解.

> 【注】 使用代入法,将 x 代入方程组中,进行推导便可得出结论.

10 证明

设 x' 为 $Ax = b$ 的一个解,则可知

$\boldsymbol{\eta}_1 - x', \boldsymbol{\eta}_2 - x', \cdots, \boldsymbol{\eta}_{n-r+1} - x'$ 线性相关.

则存在不全为 0 的数 $k_1, k_2, \cdots, k_{n-r+1}$ 使得

$$k_1(\boldsymbol{\eta}_1 - x') + k_2(\boldsymbol{\eta}_2 - x') + \cdots + k_{n-r+1}(\boldsymbol{\eta}_{n-r+1} - x') = \boldsymbol{0},$$

即 $k_1 \boldsymbol{\eta}_1 + k_2 \boldsymbol{\eta}_2 + \cdots + k_{n-r+1} \boldsymbol{\eta}_{n-r+1} - (\sum_{i=1}^{n-r+1} k_i)x' = \boldsymbol{0}$.

若 $\sum_{i=1}^{n-r+1} k_i = 0$,则 $\boldsymbol{\eta}_1, \boldsymbol{\eta}_2, \cdots, \boldsymbol{\eta}_{n-r+1}$ 线性相关,与已知矛盾,故 $\sum_{i=1}^{n-r+1} k_i \neq 0$.

则 $x' = \dfrac{k_1}{\sum\limits_{i=1}^{n-r+1} k_i} \boldsymbol{\eta}_1 + \cdots + \dfrac{k_{n-r+1}}{\sum\limits_{i=1}^{n-r+1} k_i} \boldsymbol{\eta}_{n-r+1}$.

■ 习题 4−6

1 解题过程 V_1 是向量空间, V_2 不包含零向量,故不是向量空间.

2 证明 $V = \left\{ k_1 \boldsymbol{a}_1 + k_2 \boldsymbol{a}_2 + k_3 \boldsymbol{a}_3 \,\middle|\, k_1, k_2, k_3 \in \mathbf{R} \right\} \subset \mathbf{R}^3$.

下面证 $\boldsymbol{a} \in \mathbf{R}^3$ 则 $\boldsymbol{a} \in V$.

由于 $|\, \boldsymbol{a}_1 \quad \boldsymbol{a}_2 \quad \boldsymbol{a}_3 \,| = \begin{vmatrix} 0 & 1 & 1 \\ 1 & 0 & 1 \\ 1 & 1 & 0 \end{vmatrix} = 2$,则可知 $\boldsymbol{a}_1, \boldsymbol{a}_2, \boldsymbol{a}_3$ 线性无关,任意向量 $\boldsymbol{a}$ 可由 $\boldsymbol{a}_1$,

$\boldsymbol{a}_2, \boldsymbol{a}_3$ 线性表示,故 $\boldsymbol{a} \in V$.

3 证明 $R(\boldsymbol{a}_1, \boldsymbol{a}_2) = R(\boldsymbol{b}_1, \boldsymbol{b}_2) = 2$.

下面证 $\boldsymbol{a}_1, \boldsymbol{a}_2$ 与 $\boldsymbol{b}_1, \boldsymbol{b}_2$ 等价.

$$(a_1,a_2,b_1,b_2) = \begin{vmatrix} 1 & 1 & 2 & 0 \\ 1 & 0 & -1 & 1 \\ 0 & 1 & 3 & -1 \\ 0 & 1 & 3 & -1 \end{vmatrix} \rightarrow \begin{vmatrix} 1 & 0 & -1 & 1 \\ 0 & 1 & 3 & -1 \\ 0 & 1 & 3 & -1 \\ 0 & 1 & 3 & -1 \end{vmatrix} \rightarrow \begin{vmatrix} 1 & 0 & -1 & 1 \\ 0 & 1 & 3 & -1 \\ 0 & 0 & 0 & 0 \\ 0 & 0 & 0 & 0 \end{vmatrix},$$

得到 $R(a_1,a_2,b_1,b_2) = 2$，则可知 a_1,a_2 与 b_1,b_2 等价，故 $L_1 = L_2$.

4 证明 　如果 a_1,a_2,a_3 线性无关，则它们是 $\mathbf{R}^3$ 的基.

$$|a_1,a_2,a_3| = \begin{vmatrix} 1 & 2 & 3 \\ -1 & 1 & 1 \\ 0 & 3 & 2 \end{vmatrix} = \begin{vmatrix} 1 & 2 & 3 \\ 0 & 3 & 4 \\ 0 & 3 & 2 \end{vmatrix} = \begin{vmatrix} 1 & 2 & 3 \\ 0 & 3 & 4 \\ 0 & 0 & -2 \end{vmatrix} = -6,$$

故 a_1,a_2,a_3 线性无关. 对 (a_1,a_2,a_3,v_1) 进行初等行变换，化为行最简形矩阵.

$$(a_1,a_2,a_3,v_1) = \begin{pmatrix} 1 & 2 & 3 & 5 \\ -1 & 1 & 1 & 0 \\ 0 & 3 & 2 & 7 \end{pmatrix} \rightarrow \begin{pmatrix} 1 & 0 & 0 & 2 \\ 0 & 1 & 0 & 3 \\ 0 & 0 & 1 & -1 \end{pmatrix},$$

$$v_1 = 2a_1 + 3a_2 - a_3.$$

同理得 $(a_1,a_2,a_3,v_2) = \begin{pmatrix} 1 & 2 & 3 & -9 \\ -1 & 1 & 1 & -8 \\ 0 & 3 & 2 & -13 \end{pmatrix} \rightarrow \begin{pmatrix} 1 & 0 & 0 & 3 \\ 0 & 1 & 0 & -3 \\ 0 & 0 & 1 & -2 \end{pmatrix},$

$$v_2 = 3a_1 - 3a_2 - 2a_3.$$

5 解题过程 　设 $A = (a_1,a_2,a_3)$，$B = (b_1,b_2,b_3)$，

$B = AP$，$P = A^{-1}B$，对 (A,B) 进行行变换 (E,C)：

$$(A,B) = \begin{pmatrix} 1 & 1 & 1 & 1 & 2 & 3 \\ 1 & 0 & 0 & 2 & 3 & 4 \\ 1 & -1 & 1 & 1 & 4 & 3 \end{pmatrix} \rightarrow \begin{pmatrix} 1 & 0 & 0 & 2 & 3 & 4 \\ 0 & 1 & 1 & -1 & -1 & -1 \\ 0 & -1 & 1 & -1 & 1 & -1 \end{pmatrix} \rightarrow$$

$$\begin{pmatrix} 1 & 0 & 0 & 2 & 3 & 4 \\ 0 & 1 & 1 & -1 & -1 & -1 \\ 0 & 0 & 2 & -2 & 0 & -2 \end{pmatrix} \rightarrow \begin{pmatrix} 1 & 0 & 0 & 2 & 3 & 4 \\ 0 & 1 & 0 & 0 & -1 & 0 \\ 0 & 0 & 1 & -1 & 0 & -1 \end{pmatrix},$$

故 $C = \begin{pmatrix} 2 & 3 & 4 \\ 0 & -1 & 0 \\ -1 & 0 & -1 \end{pmatrix}$，即过渡矩阵 P.

1 解题过程

(1) (A)$\boldsymbol{\alpha}_1,\cdots,\boldsymbol{\alpha}_m$ 可由 $\boldsymbol{\beta}_1,\cdots,\boldsymbol{\beta}_m$ 线性表示,则

$$R(\boldsymbol{\beta}_1,\cdots,\boldsymbol{\beta}_m)\geqslant R(\boldsymbol{\alpha}_1,\cdots,\boldsymbol{\alpha}_m)=m.$$

又已知 $R(\boldsymbol{\beta}_1,\cdots,\boldsymbol{\beta}_m)\leqslant m$,

故 $R(\boldsymbol{\beta}_1,\cdots,\boldsymbol{\beta}_m)=m$,故 $\boldsymbol{\beta}_1,\boldsymbol{\beta}_2,\cdots,\boldsymbol{\beta}_m$ 线性无关,但必要性不成立.(B) 充分和必要性均不成立.(C) 充分性成立,但必要性不成立.(D) 成立.

(2)(B) 线性相关,不能保证任意 $k_1,k_2,\cdots,k_s$ 都使 $k_1\boldsymbol{\alpha}_1+k_2\boldsymbol{\alpha}_2+\cdots+k_s\boldsymbol{\alpha}_s=\boldsymbol{0}$.

(3) ① 正确;②$R(\boldsymbol{A})\geqslant R(\boldsymbol{B})$ 与解集合无关;③ 同解.则 $\boldsymbol{A}$ 与 $\boldsymbol{B}$ 等价,故 $R(\boldsymbol{A})=R(\boldsymbol{B})$.④$R(\boldsymbol{A})=R(\boldsymbol{B})$ 无法保证 $\boldsymbol{A}$、$\boldsymbol{B}$ 等价.

2 解题过程

假设存在 $k_1,k_2,\cdots,k_s$,使得 $k_1\boldsymbol{\beta}_1+k_2\boldsymbol{\beta}_2+\cdots+k_s\boldsymbol{\beta}_s=\boldsymbol{0}$,

即 $k_1(\boldsymbol{\alpha}_1+\boldsymbol{\alpha}_2)+\cdots+k_s(\boldsymbol{\alpha}_s+\boldsymbol{\alpha}_1)=\boldsymbol{0}$,

$(k_1+k_s)\boldsymbol{\alpha}_1+(k_1+k_2)\boldsymbol{\alpha}_2+\cdots+(k_{s-1}+k_s)\boldsymbol{\alpha}_s=\boldsymbol{0}$.

由于 $\boldsymbol{\alpha}_1,\boldsymbol{\alpha}_2,\cdots,\boldsymbol{\alpha}_s$ 线性无关,

则 $\begin{cases} k_1+k_s=0 \\ k_1+k_2=0 \\ \cdots \\ k_{s-1}+k_s=0 \end{cases}$.

系数行列式 $|\boldsymbol{A}|=\begin{vmatrix} 1 & 0 & 0 & \cdots & 1 \\ 1 & 1 & 0 & \cdots & 0 \\ 0 & 1 & 1 & \cdots & 0 \\ \vdots & \vdots & \vdots & & \vdots \\ 0 & 0 & 0 & \cdots & 1 \end{vmatrix}=1+(-1)^{1+n}$,

当 n 为奇数时,$|\boldsymbol{A}|=2$,方程组只有零解,此时 $k_1=k_2=\cdots=k_s=0$,则 $\boldsymbol{\beta}_1,\boldsymbol{\beta}_2,\cdots,\boldsymbol{\beta}_s$ 线性无关.

当 n 为偶数时,$|\boldsymbol{A}|=0$,方程组有非零解,此时 $\boldsymbol{\beta}_1,\boldsymbol{\beta}_2,\cdots,\boldsymbol{\beta}_s$ 线性相关.

3 解题过程

假设存在 $k_1,k_2,\cdots,k_r,k_0$ 使得

$$k_1\boldsymbol{\alpha}_1+k_2\boldsymbol{\alpha}_2+\cdots+k_r\boldsymbol{\alpha}_r+k_0\boldsymbol{\beta}=\boldsymbol{0}, \tag{1}$$

两边同时左乘 $\boldsymbol{B}^{\mathrm{T}}$,得

$$k_1\boldsymbol{\beta}^{\mathrm{T}}\boldsymbol{\alpha}_1 + k_2\boldsymbol{\beta}^{\mathrm{T}}\boldsymbol{\alpha}_2 + \cdots + k_1\boldsymbol{\beta}^{\mathrm{T}}\boldsymbol{\alpha}_r + k_0\boldsymbol{\beta}^{\mathrm{T}}\boldsymbol{\beta} = \boldsymbol{0},$$

$$k_0\boldsymbol{\beta}^{\mathrm{T}}\boldsymbol{\beta} = \boldsymbol{0},$$

由于 $\boldsymbol{\beta} \neq \boldsymbol{0}$,故 $k_0 = 0$.

代入(1)式得 $k_1 = k_2 = \cdots = k_r = 0$.

因此 $\boldsymbol{\alpha}_1, \boldsymbol{\alpha}_2, \cdots \boldsymbol{\alpha}_r, \boldsymbol{\beta}$ 线性无关.

4 解题过程 $\boldsymbol{\beta}$ 是否可以由 $\boldsymbol{\alpha}_1, \boldsymbol{\alpha}_2, \boldsymbol{\alpha}_3$ 线性表示等价于 $\begin{cases} (1+\lambda)x_1 + x_2 + x_3 = 0 \\ x_1 + (1+\lambda)x_2 + x_3 = \lambda \\ x_1 + x_2 + (1+\lambda)x_3 = \lambda^2 \end{cases}$ 是否有解.

系数行列式 $\begin{vmatrix} 1+\lambda & 1 & 1 \\ 1 & 1+\lambda & 1 \\ 1 & 1 & 1+\lambda \end{vmatrix} = \lambda^2(\lambda+3)$.

当 $\lambda \neq 0$ 且 $\lambda \neq -3$ 时,方程组有唯一解.

当 $\lambda = 0$ 时,方程组有无穷解.

当 $\lambda = -3$ 时,方程组无解.

(1) 当 $\lambda \neq -3$ 时,$\boldsymbol{\beta}$ 可以由 $\boldsymbol{\alpha}_1, \boldsymbol{\alpha}_2, \boldsymbol{\alpha}_3$ 线性表示.

(2) 当 $\lambda = -3$ 时,$\boldsymbol{\beta}$ 不能由 $\boldsymbol{\alpha}_1, \boldsymbol{\alpha}_2, \boldsymbol{\alpha}_3$ 线性表示.

5 解题过程 求 $\boldsymbol{\alpha}_1, \boldsymbol{\alpha}_2, \boldsymbol{\alpha}_3$ 的秩.

$$(\boldsymbol{\alpha}_1, \boldsymbol{\alpha}_2, \boldsymbol{\alpha}_3) = \begin{pmatrix} 1 & 3 & 9 \\ 2 & 0 & 6 \\ -3 & 1 & -7 \end{pmatrix} \rightarrow \begin{pmatrix} 1 & 3 & 9 \\ 0 & 1 & 2 \\ 0 & 0 & 0 \end{pmatrix} \rightarrow \begin{pmatrix} 1 & 0 & 3 \\ 0 & 1 & 2 \\ 0 & 0 & 0 \end{pmatrix},$$

$R(\boldsymbol{\alpha}_1, \boldsymbol{\alpha}_2, \boldsymbol{\alpha}_3) = 2$,且 $\boldsymbol{\alpha}_1, \boldsymbol{\alpha}_2$ 线性无关,$\boldsymbol{\alpha}_3 = 3\boldsymbol{\alpha}_1 + 2\boldsymbol{\alpha}_2$,则 $R(\boldsymbol{\beta}_1, \boldsymbol{\beta}_2, \boldsymbol{\beta}_3) = 2$,

$$|\boldsymbol{\beta}_1, \boldsymbol{\beta}_2, \boldsymbol{\beta}_3| = \begin{vmatrix} 0 & a & b \\ 1 & 2 & 1 \\ -1 & 1 & 0 \end{vmatrix} = 3b - a = 0.$$

已知 $\boldsymbol{\beta}_3$ 可由 $\boldsymbol{\alpha}_1, \boldsymbol{\alpha}_2, \boldsymbol{\alpha}_3$ 线性表示,则 $\boldsymbol{\alpha}_1, \boldsymbol{\alpha}_2, \boldsymbol{\beta}_3$ 线性相关.

$$|\boldsymbol{\alpha}_1, \boldsymbol{\alpha}_2, \boldsymbol{\beta}_3| = \begin{vmatrix} 1 & 3 & b \\ 2 & 0 & 1 \\ -3 & 1 & 0 \end{vmatrix} = 2b - 10 = 0,$$

解得 $a = 15, b = 5$.

6 解题过程 (1)(I)的通解为 $k_1\begin{pmatrix} 0 \\ 1 \\ 0 \\ 0 \end{pmatrix} + k_2\begin{pmatrix} -1 \\ 0 \\ 1 \\ 1 \end{pmatrix}$ $(k_1, k_2 \in \mathbf{R})$.

(2)(Ⅱ)的通解为$(-k_2,k_1-3k_2,2k_1-3k_2,k_2)^{\mathrm{T}}$,代入

$(\text{Ⅰ})\begin{cases}-k_2+2k_1-3k_2=0\\2k_1-3k_2-k_2=0\end{cases}\Rightarrow k_1=2k_2,$

当$k_1=2k_2\neq0$时,(Ⅱ)的通解为$k_2(-1,-1,1,1)^{\mathrm{T}}$,这同时也是(Ⅰ)的解.

两方程组的非零公共解为$k_2(-1,-1,1,1)^{\mathrm{T}}$,$(k_2\neq0)$.

7 证明

$\boldsymbol{A}^2=\boldsymbol{E}\Rightarrow(\boldsymbol{A}+\boldsymbol{E})(\boldsymbol{A}-\boldsymbol{E})=\boldsymbol{0}$,

可知$R(\boldsymbol{A}+\boldsymbol{E})+R(\boldsymbol{A}-\boldsymbol{E})\leqslant n$,

又知$R(\boldsymbol{A}+\boldsymbol{E})+R(\boldsymbol{E}-\boldsymbol{A})\geqslant R(2\boldsymbol{E})=n$,

且$R(\boldsymbol{A}+\boldsymbol{E})+R(\boldsymbol{A}-\boldsymbol{E})=R(\boldsymbol{A}+\boldsymbol{E})+R(\boldsymbol{E}-\boldsymbol{A})$,

则$R(\boldsymbol{A}+\boldsymbol{E})+R(\boldsymbol{A}-\boldsymbol{E})=n$.

8 证明

由$\boldsymbol{A}^{-1}=\dfrac{1}{|\boldsymbol{A}|}\boldsymbol{A}^*$得$|\boldsymbol{A}|\boldsymbol{E}=\boldsymbol{A}\boldsymbol{A}^*$.

当$R(\boldsymbol{A})=n$时,$|\boldsymbol{A}|\neq0$.

$|\boldsymbol{A}||\boldsymbol{A}^*|=|\boldsymbol{A}|^n\Rightarrow|\boldsymbol{A}^*|=|\boldsymbol{A}|^{n-1}\neq0$,故$R(\boldsymbol{A}^*)=n$.

当$R(\boldsymbol{A})=n-1$时,$|\boldsymbol{A}|=0$,则$\boldsymbol{A}\boldsymbol{A}^*=\boldsymbol{0}$.

$R(\boldsymbol{A})+R(\boldsymbol{A}^*)\leqslant n$,

$R(\boldsymbol{A}^*)\leqslant n-R(\boldsymbol{A})=1$.

又因为$\boldsymbol{A}^*\neq\boldsymbol{0}$,故$R(\boldsymbol{A}^*)=1$.

当$R(\boldsymbol{A})<n-1$时,$\boldsymbol{A}^*=\boldsymbol{0}$,$R(\boldsymbol{A}^*)=0$.

9 证明

设$\boldsymbol{x}$是$\boldsymbol{A}\boldsymbol{x}=\boldsymbol{0}$的解,则$\boldsymbol{x}$必是$\boldsymbol{A}^{\mathrm{T}}\boldsymbol{A}\boldsymbol{x}=\boldsymbol{0}$的解.

设$\boldsymbol{x}$是$\boldsymbol{A}^{\mathrm{T}}\boldsymbol{A}\boldsymbol{x}=\boldsymbol{0}$的解,则$\boldsymbol{x}^{\mathrm{T}}\boldsymbol{A}^{\mathrm{T}}\boldsymbol{A}\boldsymbol{X}=\boldsymbol{0}$,

即$(\boldsymbol{A}\boldsymbol{x})^{\mathrm{T}}\boldsymbol{A}\boldsymbol{x}=\boldsymbol{0}\Rightarrow\boldsymbol{A}\boldsymbol{x}=\boldsymbol{0}$,

故$\boldsymbol{x}$也是$\boldsymbol{A}\boldsymbol{x}=\boldsymbol{0}$的解.

综上所述,$\boldsymbol{A}^{\mathrm{T}}\boldsymbol{A}\boldsymbol{x}=\boldsymbol{0}$与$\boldsymbol{A}\boldsymbol{x}=\boldsymbol{0}$同解.

10 解题过程

对$(\boldsymbol{\alpha}_1,\boldsymbol{\alpha}_2,\boldsymbol{\alpha}_3,\boldsymbol{\beta}_1,\boldsymbol{\beta}_2,\boldsymbol{\beta}_3)$进行初等行变换

$(\boldsymbol{\alpha}_1,\boldsymbol{\alpha}_2,\boldsymbol{\alpha}_3,\boldsymbol{\beta}_1,\boldsymbol{\beta}_2,\boldsymbol{\beta}_3)=$

$\begin{pmatrix}1&1&1&1&2&2\\0&1&-1&2&1&1\\2&3&a+2&a+3&a+6&a+4\end{pmatrix}\rightarrow\begin{pmatrix}1&1&1&1&2&2\\0&1&-1&2&1&1\\0&1&a&a+1&a+2&a\end{pmatrix}$

$\rightarrow\begin{pmatrix}1&0&2&-1&1&1\\0&1&-1&2&1&1\\0&0&a+1&a-1&a+1&a-1\end{pmatrix}.$

若 $a+1=0$,则 $\boldsymbol{\beta}_1,\boldsymbol{\beta}_3$ 无法用 $\boldsymbol{\alpha}_1,\boldsymbol{\alpha}_2,\boldsymbol{\alpha}_3$ 线性表示,故向量组(Ⅰ)与(Ⅱ)不等价.

若 $a+1\neq 0$,则 $\boldsymbol{\alpha}_1,\boldsymbol{\alpha}_2,\boldsymbol{\alpha}_3$ 线性无关,$\boldsymbol{\beta}_1,\boldsymbol{\beta}_2,\boldsymbol{\beta}_3$ 线性无关,此时向量组(Ⅰ)与(Ⅱ)等价.

11 解题过程 由 $\boldsymbol{\alpha}_1+\boldsymbol{\alpha}_2+\boldsymbol{\alpha}_3+\boldsymbol{\alpha}_4=\boldsymbol{\beta}$,可知 $(1,1,1,1)^{\mathrm{T}}$ 是 $\boldsymbol{A}\boldsymbol{x}=\boldsymbol{b}$ 的一个特解.

又因为 $\boldsymbol{\alpha}_2,\boldsymbol{\alpha}_3,\boldsymbol{\alpha}_4$ 线性无关,而 $\boldsymbol{\alpha}_1=2\boldsymbol{\alpha}_2-\boldsymbol{\alpha}_3$,则 $R(\boldsymbol{A})=3$,$\boldsymbol{A}\boldsymbol{x}=\boldsymbol{0}$ 的基础解系只有一个向量.

由 $\boldsymbol{\alpha}_1-2\boldsymbol{\alpha}_2+\boldsymbol{\alpha}_3=\boldsymbol{0}$ 可知 $(1,-2,1,0)$ 是 $\boldsymbol{A}\boldsymbol{x}=\boldsymbol{0}$ 的一个基础解系.

则 $\boldsymbol{A}\boldsymbol{x}=\boldsymbol{b}$ 的通解为 $\begin{pmatrix} x_1 \\ x_2 \\ x_3 \\ x_4 \end{pmatrix}=k\begin{pmatrix} 1 \\ -2 \\ 1 \\ 0 \end{pmatrix}+\begin{pmatrix} 1 \\ 1 \\ 1 \\ 1 \end{pmatrix}$ $(k\in\mathbf{R})$.

12 解题过程 (1) 方程组(Ⅰ)的通解为 $\begin{pmatrix} x_1 \\ x_2 \\ x_3 \\ x_4 \end{pmatrix}=k\begin{pmatrix} 1 \\ 1 \\ 2 \\ 1 \end{pmatrix}+\begin{pmatrix} -2 \\ -4 \\ -5 \\ 0 \end{pmatrix}$ $(k\in\mathbf{R})$.

(2) 将 $(-2,-4,-5,0)^{\mathrm{T}}$ 代入(Ⅱ)得 $m=2,n=4,t=6$.

进一步求(Ⅱ)的通解为 $\begin{pmatrix} x_1 \\ x_2 \\ x_3 \\ x_4 \end{pmatrix}=k\begin{pmatrix} 1 \\ 1 \\ 2 \\ 1 \end{pmatrix}+\begin{pmatrix} -2 \\ -4 \\ -5 \\ 0 \end{pmatrix}$ $(k\in\mathbf{R})$.

因此,当 $m=2,n=4,t=6$ 时,方程(Ⅰ)和(Ⅱ)同解.

13 解题过程 (1) 当系数行列式不等于 0 时,方程组仅有零解.

$$|\boldsymbol{A}|=\begin{vmatrix} a & b & b & \cdots & b \\ b & a & b & \cdots & b \\ \vdots & \vdots & \vdots & & \vdots \\ b & b & b & \cdots & a \end{vmatrix}=(a-b)^{n-1}[a+(n-1)b],$$

当 $a\neq b$ 且 $a\neq -(n-1)b$ 时,方程组仅有零解.

(2) 当 $a=b$ 或 $a=-(n+1)b$ 时,方程有无穷多解.

$a=b$ 时,通解为

$$x = k_1 \begin{pmatrix} 1 \\ -1 \\ 0 \\ \vdots \\ 0 \end{pmatrix} + k_2 \begin{pmatrix} 1 \\ 0 \\ -1 \\ \vdots \\ 0 \end{pmatrix} + \cdots + k_{n-1} \begin{pmatrix} 1 \\ 0 \\ 0 \\ \vdots \\ -1 \end{pmatrix} \quad (k_1, k_2, \cdots, k_{n-1} \in \mathbf{R}).$$

当 $a = -(n-1)b$ 时，方程组通解为 $x = k \begin{pmatrix} 1 \\ 1 \\ \vdots \\ 1 \end{pmatrix} \quad (k \in \mathbf{R}).$

*14 解题过程　令 $A = (\boldsymbol{\alpha}_1, \boldsymbol{\alpha}_2, \boldsymbol{\alpha}_3), B = (\boldsymbol{\beta}_1, \boldsymbol{\beta}_2, \boldsymbol{\beta}_3),$

$B = AP \Rightarrow P = A^{-1}B.$

$$(A \quad B) = \begin{pmatrix} 1 & 2 & 2 & 1 & 1 & 1 \\ 2 & 1 & -2 & 2 & 4 & 8 \\ 2 & -1 & 1 & 3 & 9 & 27 \end{pmatrix} \rightarrow \begin{pmatrix} 1 & 2 & 2 & 1 & 1 & 1 \\ 0 & -3 & -6 & 0 & 2 & 6 \\ 0 & -5 & -3 & 1 & 7 & 25 \end{pmatrix} \rightarrow$$

$$\begin{pmatrix} 1 & 2 & 2 & 1 & 1 & 1 \\ 0 & 1 & 2 & 0 & -\dfrac{2}{3} & -2 \\ 0 & 0 & 7 & 1 & \dfrac{11}{3} & 15 \end{pmatrix} \rightarrow \begin{pmatrix} 1 & 0 & 0 & \dfrac{9}{7} & \dfrac{71}{21} & \dfrac{65}{7} \\ 0 & 1 & 0 & -\dfrac{2}{7} & -\dfrac{12}{7} & -\dfrac{44}{7} \\ 0 & 0 & 1 & \dfrac{1}{7} & \dfrac{11}{21} & \dfrac{15}{7} \end{pmatrix},$$

得 $P = \begin{pmatrix} \dfrac{9}{7} & \dfrac{71}{21} & \dfrac{65}{7} \\ -\dfrac{2}{7} & -\dfrac{12}{7} & -\dfrac{44}{7} \\ \dfrac{1}{7} & \dfrac{11}{21} & \dfrac{15}{7} \end{pmatrix}.$

*16 解题过程　设 $\boldsymbol{\alpha}$ 在 $\boldsymbol{\beta}_1, \boldsymbol{\beta}_2, \boldsymbol{\beta}_3$ 下的坐标为 (x_1, x_2, x_3)，

$$\boldsymbol{\alpha} = (\boldsymbol{\alpha}_1, \boldsymbol{\alpha}_2, \boldsymbol{\alpha}_3) \begin{pmatrix} 1 \\ 2 \\ 3 \end{pmatrix} = (\boldsymbol{\beta}_1, \boldsymbol{\beta}_2, \boldsymbol{\beta}_3) \begin{pmatrix} x_1 \\ x_2 \\ x_3 \end{pmatrix},$$

即 $\begin{pmatrix} 1 & 2 & 0 \\ 0 & 1 & 0 \\ -2 & -3 & -1 \\ 1 & 0 & 0 \end{pmatrix} \begin{pmatrix} x_1 \\ x_2 \\ x_3 \end{pmatrix} = \begin{pmatrix} 1 & 1 & 1 \\ -1 & 0 & 0 \\ 0 & -1 & 0 \\ 0 & 0 & -1 \end{pmatrix} \begin{pmatrix} 1 \\ 2 \\ 3 \end{pmatrix}$

解得 $\begin{cases} x_1 = -3 \\ x_2 = \dfrac{9}{2} \\ x_3 = -\dfrac{11}{2} \end{cases}$，则 $\boldsymbol{\alpha}$ 在 $\boldsymbol{\beta}_1,\boldsymbol{\beta}_2,\boldsymbol{\beta}_3$ 下的坐标为 $\left(-3,\dfrac{9}{2},-\dfrac{11}{2}\right)$.

* 16 解题过程　设 $\boldsymbol{\beta}$ 关于 $\boldsymbol{\alpha}_1,\boldsymbol{\alpha}_2$ 的坐标为 (x,y)，

则 $\boldsymbol{\beta} = x\boldsymbol{\alpha}_1 + y\boldsymbol{\alpha}_2 = x\boldsymbol{\varepsilon}_1 + y\boldsymbol{\varepsilon}_2$，

$x(\boldsymbol{\alpha}_1 - \boldsymbol{\varepsilon}_1) + y(\boldsymbol{\alpha}_2 - \boldsymbol{\varepsilon}_2) = \boldsymbol{0}$，

$\begin{cases} x + 5y = 0 \\ -x - 5y = 0 \end{cases}$，

解得 $\begin{pmatrix} x \\ y \end{pmatrix} = k\begin{pmatrix} 5 \\ -1 \end{pmatrix}$（$k$ 为非零实数），

$\boldsymbol{\beta} = \begin{pmatrix} 5k \\ -k \end{pmatrix}$，

$(\boldsymbol{\xi}_1,\boldsymbol{\xi}_2,\boldsymbol{\beta}) = \begin{pmatrix} -1 & 1 & 5k \\ 1 & 1 & -k \end{pmatrix} \rightarrow \begin{pmatrix} 1 & 1 & -k \\ 0 & 2 & 4k \end{pmatrix} \rightarrow \begin{pmatrix} 1 & 0 & -3k \\ 0 & 1 & 2k \end{pmatrix}$

$\boldsymbol{\beta}$ 关于 $\boldsymbol{\xi}_1,\boldsymbol{\xi}_2$ 的坐标为 $(-3k,2k)$.

小结

1. 线性方程组解的判断，熟练求解齐次和非齐次线性方程组.

2. 向量的概念及其运算，理解向量与矩阵之间的不同.

3. 理解向量组合的相关性，能够熟练判断向量组的相关性.

4. 理解等价的概念、向量组的秩，矩阵的秩与向量组的秩的关系.

5. 理解向量空间的概念，掌握不同基之间的过渡矩阵的求法.

第四章　线性方程组的理论

第五章

特征值和特征向量　矩阵的对角化

学习要求

1. 了解向量内积、长度、正交的定义,掌握矩阵正交化方法.
2. 理解正交矩阵、正交变换的概念,灵活运用正交矩阵的性质.
3. 理解特征值、特征矩阵的概念及其性质,熟练掌握它们的求法.
4. 了解相似矩阵的概念及其性质,理解相似矩阵可对角化的充要条件.
5. 掌握实对称矩阵特征值的性质及对角化方法.

知识点归纳

■ 向量组的内积、长度和正交

(1) 设 n 维向量

$$\boldsymbol{x} = \begin{pmatrix} x_1 \\ x_2 \\ \vdots \\ x_n \end{pmatrix}, \boldsymbol{y} = \begin{pmatrix} y_1 \\ y_2 \\ \vdots \\ y_n \end{pmatrix},$$

令 $[\boldsymbol{x}, \boldsymbol{y}] = x_1 y_1 + x_2 y_2 + \cdots + x_n y_n$,称为向量 $\boldsymbol{x}$ 与 $\boldsymbol{y}$ 的内积.

(2) 内积的性质.

① $[\boldsymbol{x}, \boldsymbol{y}] = [\boldsymbol{y}, \boldsymbol{x}]$;

②$[\lambda x, y] = \lambda [x, y]$;

③$[x + y, z] = [x, z] + [y, z]$;

④$[x, x] \geqslant 0$,当且仅当 $x = 0$ 时等号成立.

(3) 令 $||x|| = \sqrt{[x, x]} = \sqrt{x_1^2 + x_2^2 + \cdots + x_n^2}$,称为 n 维向量 x 的长度(或范数).向量长度具有以下性质:

① 非负性:$||x|| \geqslant 0$;

② 齐次性:$||\lambda x|| = |\lambda| \, ||x||$;

③ 三角不等式:$||x + y|| \leqslant ||x|| + ||y||$.

当 $||x|| = 1$ 时,称 x 为单位向量,任一非零向量除以它的长度就成了单位向量,这一过程称为向量单位化.

(4) 当 $[x, y] = 0$ 时,称向量 x 与 y 正交(垂直),零向量与任何向量都正交.

若一个向量组中任意两个向量都正交,则称此向量组为正交向量组.显然,正交向量组一定线性无关.

若一个正交向量组中每一个向量都是单位向量,则称此向量组为正交规范向量组或标准正交向量组.

■ 施密特正交化方法

施密特正交化方法是将一组线性无关的向量 $\alpha_1, \alpha_2, \cdots, \alpha_r$,作如下的线性变换,化为一组与之等价的正交向量组 $\beta_1, \beta_2, \cdots, \beta_r$ 的方法:

$\beta_1 = \alpha_1$;

$\beta_2 = \alpha_2 - \dfrac{[\beta_1, \alpha_2]}{[\beta_1, \beta_2]}\beta_1$;

$\cdots\cdots\cdots\cdots\cdots$

$\beta_r = \alpha_r - \dfrac{[\beta_1, \alpha_r]}{[\beta_1, \beta_1]}\beta_1 - \dfrac{[\beta_2, \alpha_r]}{[\beta_2, \beta_2]}\beta_2 - \cdots - \dfrac{[\beta_{r-1}, \alpha_r]}{[\beta_{r-1}, \beta_{r-1}]}\beta_{r-1}$.

■ 正交矩阵

如果 n 阶方阵 A 满足 $AA^{\mathrm{T}} = A^{\mathrm{T}}A = E$,即 $A^{-1} = A^{\mathrm{T}}$,那么称 A 为正交矩阵.A 为正交矩阵的充分必要条件:A 的行(列)向量组为正交规范向量组.

■ 特征值与特征向量

A 是 n 阶方阵,x 是 n 维非零列向量,若 $Ax = \lambda x$ $(x \neq 0)$,则称数 λ 是方阵 A 的特征值,x 是方

阵 A 对应特征值 λ 的特征向量.

λ 是方阵 A 的特征值 $\Leftrightarrow |\lambda E - A| = 0$.

求 n 阶方阵 A 的特征值与特征向量的步骤:

① 求出 n 阶方阵 A 的特征多项式 $|A - \lambda E|$;

② 求出特征方程 $(A - \lambda E)x = 0$ 的全部根 $\lambda_1, \lambda_2, \cdots, \lambda_n$,即是 A 的特征值;

③ 把每个特征值 λ_i 代入线性方程组 $(A - \lambda E)x = 0$,求出基础解系,就是 A 对应于 λ_i 的特征向量,基础解系的线性组合(零向量除外)就是 A 对应于 λ_i 的全部特征向量.

■ 特征值与特征向量的性质

(1) 设 A 是 n 阶方阵,则 A 与 A^{T} 具有相同的特征值.

(2) 设 λ 是方阵 A 的特征值,$k, m \in \mathbf{N}$,则

① λ^k 是 A^k 的特征值;

② $f(\lambda) = a_0 + a_1\lambda + \cdots + a_m\lambda^m$ 是 $f(A) = a_0E + a_1A + \cdots + a_mA^m$ 的特征值.

(3) 设 n 阶方阵 $A = (a_{ij})$ 的 n 个特征值为 $\lambda_1, \lambda_2, \cdots, \lambda_n$,则

① $\sum\limits_{i=1}^{n}\lambda_i = \sum\limits_{i=1}^{n}a_{ii}$,其中 $\sum\limits_{i=1}^{n}a_{ii}$ 是 A 的主对角元之和,称为矩阵 A 的迹,记作 $\mathrm{tr}(A)$;

② $\prod\limits_{i=1}^{n}\lambda_i = |A|$.

(4) 矩阵 A 的属于同一特征值的特征向量的非零线性组合还是属于这个特征值的特征向量.

(5) 矩阵 A 的属于不同特征值的特征向量的和不再是 A 的特征向量.

(6) 矩阵 A 的属于不同特征值的特征向量线性无关.

(7) 实对称矩阵 A 的属于不同特征值的特征向量正交.

■ 相似矩阵

设 A, B 都是 n 阶方阵,若有可逆矩阵 P 使 $P^{-1}AP = B$,则称 B 是 A 的相似矩阵,相似矩阵有以下基本性质:

① 相似矩阵具有反身性、对称性和传递性;

② 相似矩阵有相同的特征值和特征多项式;

③ 相似矩阵的行列式相等、秩相等;

④ 若 A 与 B 相似,则 A^m 与 B^m 相似.

■ 实对称矩阵对角化

如果 n 阶方阵 $\boldsymbol{A}$ 可以相似于一个 n 阶对角矩阵 $\boldsymbol{\Lambda}$，则称 $\boldsymbol{A}$ 可对角化，$\boldsymbol{\Lambda}$ 对角线上的元就是 $\boldsymbol{A}$ 的 n 个特征值.

n 阶方阵 $\boldsymbol{A}$ 相似于 n 阶对角阵的充分必要条件是 $\boldsymbol{A}$ 有 n 个线性无关的特征向量.

如果 n 阶方阵 $\boldsymbol{A}$ 有 n 个互不相等的特征值，则 $\boldsymbol{A}$ 与对角矩阵相似.

实对称矩阵的特征值的性质：

① 实对称矩阵的特征值为实数；

② 实对称矩阵 $\boldsymbol{A}$ 的属于不同特征值的特征向量相互正交；

③ 设 λ 是 n 阶实对称矩阵 $\boldsymbol{A}$ 的 r 重特征值，则矩阵 $\boldsymbol{A}-\lambda\boldsymbol{E}$ 的秩为 $n-r$.

重点与难点

1. 熟练对向量组进行正交化.
2. 理解特征值和特征向量的性质，掌握方阵的特征值和特征向量的求法.
3. 理解相似矩阵的概念和性质，知道矩阵可对角化的条件.
4. 掌握实对称矩阵的特征值的性质和对角化方法.

典型例题与解析

例 1　设 $a=\begin{pmatrix}1\\0\\-2\end{pmatrix}$，$b=\begin{pmatrix}-4\\2\\3\end{pmatrix}$，$c$ 与 a 正交，且 $b=\lambda a+c$，求 λ 和 c.

【分析】　利用正交性，c 与 a 正交，则 $a^{\mathrm{T}}c=\boldsymbol{0}$，已知 a,b，可先消去 c，求出 λ，再将 λ 代入等式可求得 c.

【解】　在 $b=\lambda a+c$ 两边乘 a^{T}，得到

$$a^{\mathrm{T}}b=\lambda a^{\mathrm{T}}a+a^{\mathrm{T}}c.$$

已知 c 与 a 正交，故有 $a^{\mathrm{T}}c=\boldsymbol{0}$，得

$$a^{\mathrm{T}}b=\lambda a^{\mathrm{T}}a$$

$$\lambda=\frac{a^{\mathrm{T}}b}{a^{\mathrm{T}}a}=\frac{-10}{5}=-2,$$

第五章　特征值和特征向量　矩阵的对角化

则 $c = b - \lambda a = \begin{pmatrix} 4 \\ 2 \\ 3 \end{pmatrix} + 2 \begin{pmatrix} 1 \\ 0 \\ -2 \end{pmatrix} = \begin{pmatrix} 2 \\ 2 \\ -1 \end{pmatrix}$.

例 2 用施密特法将向量 $(a_1, a_2, a_3) = \begin{pmatrix} 1 & 1 & 1 \\ 1 & 2 & 4 \\ 1 & 3 & 9 \end{pmatrix}$ 正交化.

【分析】 直接套用施密特正交化方法.

【解】 $b_1 = a_1 = \begin{pmatrix} 1 \\ 1 \\ 1 \end{pmatrix}$,

$b_2 = a_2 = \dfrac{[b_1, a_2]}{[b_1, b_1]} a_1 = \begin{pmatrix} 1 \\ 2 \\ 3 \end{pmatrix} - \dfrac{6}{3} \begin{pmatrix} 1 \\ 1 \\ 1 \end{pmatrix} = \begin{pmatrix} -1 \\ 0 \\ 1 \end{pmatrix}$,

$b_3 = a_3 - \dfrac{[b_1, a_3]}{[b_1, b_1]} b_1 - \dfrac{[b_2, a_3]}{[b_2, b_2]} b_2 = \begin{pmatrix} 1 \\ 4 \\ 9 \end{pmatrix} - \dfrac{14}{3} \begin{pmatrix} 1 \\ 1 \\ 1 \end{pmatrix} - \dfrac{8}{2} \begin{pmatrix} -1 \\ 0 \\ 1 \end{pmatrix} = -\begin{pmatrix} \dfrac{1}{3} \\ -\dfrac{2}{3} \\ \dfrac{11}{3} \end{pmatrix}$.

例 3 设矩阵 $A = \begin{pmatrix} a & -1 & c \\ 5 & b & 3 \\ 1-c & 0 & -a \end{pmatrix}$,其行列式 $|A| = -1$,又 A 的伴随矩阵 A^* 有一个特征值 λ,

属于 λ 的一个特征向量为 $\alpha = \begin{pmatrix} -1 \\ -1 \\ 1 \end{pmatrix}$,求 a, b, c 和 λ 的值.

【分析】 综合矩阵、伴随矩阵、特征值与特征向量的关系来推导计算.

【解】 由题意得到 $A^* \alpha = \lambda \alpha$,两边左乘 A 得

$AA^* \alpha = \lambda A \alpha$.

又知 $AA^* = |A| E = -E$,代入上式

$\lambda A \alpha = -\alpha$,

即 $\lambda \begin{pmatrix} a & -1 & c \\ 5 & b & 3 \\ 1-c & 0 & -a \end{pmatrix} \begin{pmatrix} -1 \\ -1 \\ 1 \end{pmatrix} = -\begin{pmatrix} -1 \\ -1 \\ 1 \end{pmatrix}$,

得 $\begin{cases} \lambda(-a+1+c)=1 \\ \lambda(-5-b+3)=1 \\ \lambda(-1+c-a)=-1 \end{cases}$,解得 $\begin{cases} a=c \\ b=-3. \\ \lambda=1 \end{cases}$

又知 $|A|=\begin{vmatrix} a & -1 & c \\ 5 & b & 3 \\ 1-c & 0 & a \end{vmatrix}=-1,$

即 $a-3=-1$,故 $a=2,c=2,b=-3,\lambda=1.$

例 4 设 A,B 是 n 阶方阵,且 $R(A)+R(B)<n$,证明 A,B 有公共的特征值,有公共的特征向量.

【证明】 由 $R(A)+R(B)<n$,可知 $R\begin{pmatrix} A \\ B \end{pmatrix}\leqslant R(A)+R(B)<n,$

则方程组 $\begin{pmatrix} A \\ B \end{pmatrix}x=0$ 有非零解.

故 A、B 有公共的特征向量,即为 $\begin{pmatrix} A \\ B \end{pmatrix}x=0$ 的公共解向量.

由 $R(A)+R(B)<n$,则 $R(A)<n,R(B)<n.$

设 α、β 分别为 $Ax=0,Bx=0$ 的非零解,则 $A\alpha=0\alpha,B\beta=0\beta.$ 由上式可知,0 是 A、B 的特征值.

例 5 设 A 是正交矩阵,且 $|A|=-1$,证明 $\lambda=-1$ 是 A 的特征值.

【分析】 当 A 是抽象的方阵时,通常用特征值的定义式等价定义来计算.

【证明】 若 $|-E-A|=0$ 或 $|E+A|=0$.则可知 -1 是 A 的特征值.$|E+A|=|A^T A+A^T|=|A^T(A+E)|=|A^T||A+E|=-|E+A|.$

故 $|A+E|=0.$ 因此,-1 是 A 的特征值.

例 6 已知 3 阶方阵 A 的三个特征值为 $1,2,-3$,求 $|A^*+3A+2E|.$

【解】 设 λ 是 A 的特征值,α 是对应的特征向量,则

$A\alpha=\lambda\alpha\Rightarrow A^{-1}A\alpha=\lambda A^{-1}\alpha\Rightarrow A^{-1}\alpha=\dfrac{1}{\lambda}\alpha.$

已知 $A^*=|A|A^{-1}$,则

$(A^*+3A+2E)\alpha=|A|A^{-1}\alpha+3A\alpha+2\alpha=\left(\dfrac{|A|}{\lambda}+3\lambda+2\right)\alpha,$

即 $\dfrac{|A|}{\lambda}+3\lambda+2$ 是 $A^*+3A+2E$ 的特征值,分别是 $-1,5,-5.$

则 $|A^*+3A+2E|=(-1)\times 5\times(-5)=25.$

【注】 计算方阵行列式可通过特征值直接给出，根据特征值与特征向量的定义及性质来求出所有特征值.

例7 证明：如果 $A^2 = A$，则 $A + E$ 可逆.

【分析】 设一个可逆矩阵与 $A + E$ 相乘等于 E，可证明 $A + E$ 可逆.

【证明】 设 λ 是 A 的特征值，$f(\lambda) = \lambda^2 - \lambda$ 是 $A^2 - A = 0$ 的特征值，因零矩阵的特征值均是 0，故 $\lambda^2 - \lambda = 0$，解 $\lambda = 0$ 或 $\lambda = 1$.

则可知 -1 不是 A 的特征值，故 $|A + E| \neq 0$.

则 $A + E$ 可逆.

例8 设 A 为3阶方阵，α 为3维列向量，$\alpha, A\alpha, A^2\alpha$ 线性无关，$A^3\alpha = 4A\alpha - 3A^2\alpha$，计算行列式 $|2A^2 + 3E|$.

【分析】 计算矩阵行列式可通过特征值积求得，因而转化为求矩阵特征值.

【解】 由 $A^3\alpha = 4A\alpha - 3A^2\alpha$，

得 $(A^3 + 3A^2 - 4A)\alpha = 0$，

即 $A(A + 4E)(A - E)\alpha = 0$.

可知 $|A| = 0$，$|A + 4E| = 0$，$|A - E| = 0$，

则 A 的特征值分别为 $0, 1, -4$.

$2A^2 + 3E$ 的特征值为 $3, 5, 35$，

$|2A^2 + 3E| = 3 \times 5 \times 35 = 525$.

例9 设 $A = \begin{bmatrix} 1 & 2 & -3 \\ -1 & 4 & -3 \\ 1 & a & 5 \end{bmatrix}$ 的特征方程有一个二重根，求 a 的值，并讨论 A 是否可相似对角化.

【解】 $f_A(\lambda) = |\lambda E - A| = \begin{vmatrix} \lambda-1 & -2 & 3 \\ 1 & \lambda-4 & 3 \\ -1 & -a & \lambda-5 \end{vmatrix} = \begin{vmatrix} \lambda-2 & 2-\lambda & 0 \\ 1 & \lambda-4 & 3 \\ -1 & -a & \lambda-5 \end{vmatrix}$

$= (\lambda-2) \begin{vmatrix} 1 & -1 & 0 \\ 1 & \lambda-4 & 3 \\ -1 & -a & \lambda-5 \end{vmatrix} = (\lambda-2) \begin{vmatrix} \lambda-3 & 3 \\ -a-1 & \lambda-5 \end{vmatrix}$

$= (\lambda-2)(\lambda^2 - 8\lambda + 18 + 3a)$.

若 $\lambda = 2$ 是特征方程的二重根，对 $2^2 - 8 \times 2 + 18 + 3a = 0$，

故 $a = -2$.

$$2E - A = \begin{pmatrix} 1 & -2 & 3 \\ 1 & -2 & 3 \\ -1 & 2 & -3 \end{pmatrix} \rightarrow \begin{pmatrix} 1 & -2 & 3 \\ 0 & 0 & 0 \\ 0 & 0 & 0 \end{pmatrix}.$$

$R(2E - A) = 1$,故 $\lambda = 2$ 对应两个线性无关的特征向量,则 A 可以相似对角化.

若 $\lambda = 2$ 不是特征方程的二重根,则 $18 + 3a = 16$.

$a = -\dfrac{2}{3}$,解得 A 的特征值为 $2, 4, 4$.

$$4E - A = \begin{pmatrix} 3 & -2 & 3 \\ 1 & 0 & 3 \\ -1 & \frac{2}{3} & -1 \end{pmatrix} \rightarrow \begin{pmatrix} 1 & 0 & 3 \\ 0 & -2 & -6 \\ 0 & \frac{2}{3} & 2 \end{pmatrix} \rightarrow \begin{pmatrix} 1 & 0 & 3 \\ 0 & 1 & 3 \\ 0 & 0 & 0 \end{pmatrix},$$

$R(4E - A) = 2$.

$\lambda = 4$ 对应的线性无关的特征向量只有一个,故 A 不能相似对角化.

例 10 设 3 阶矩阵 A 的特征值为 $\lambda_1 = 6, \lambda_2 = \lambda_3 = 3$,与特征值 $\lambda_1 = 6$ 对应的特征向量为

$$\alpha_1 = \begin{pmatrix} 1 \\ 1 \\ 1 \end{pmatrix}, \text{求 } A.$$

【解】 设对应于 $\lambda_2 = \lambda_3 = 3$ 的特征向量为 $\alpha = \begin{pmatrix} x_1 \\ x_2 \\ x_3 \end{pmatrix}$,则 $\alpha^{\mathrm{T}} \alpha_1 = 0$ 即 $x_1 + x_2 + x_3 = 0$.

解得一个基础解系为

$$\zeta_1 = \begin{pmatrix} 1 \\ 0 \\ -1 \end{pmatrix}, \zeta_2 = \begin{pmatrix} 1 \\ -2 \\ 1 \end{pmatrix}.$$

单位化得到 $\alpha_2 = \begin{pmatrix} \frac{\sqrt{2}}{2} \\ 0 \\ \frac{\sqrt{2}}{2} \end{pmatrix}, \alpha_3 = \begin{pmatrix} \frac{\sqrt{6}}{6} \\ -\frac{\sqrt{6}}{3} \\ \frac{\sqrt{6}}{6} \end{pmatrix}, \alpha'_1 = \begin{pmatrix} \frac{1}{\sqrt{3}} \\ \frac{1}{\sqrt{3}} \\ \frac{1}{\sqrt{3}} \end{pmatrix},$

$$则\ P = (\alpha'_1, \alpha_2, \alpha_3) = \begin{pmatrix} \dfrac{1}{\sqrt{3}} & \dfrac{\sqrt{2}}{2} & \dfrac{\sqrt{6}}{6} \\[2mm] \dfrac{1}{\sqrt{3}} & 0 & -\dfrac{\sqrt{6}}{3} \\[2mm] \dfrac{1}{\sqrt{3}} & -\dfrac{\sqrt{2}}{2} & \dfrac{\sqrt{6}}{6} \end{pmatrix}.$$

$$P^{\mathrm{T}}AP = \begin{pmatrix} 6 & & \\ & 3 & \\ & & 3 \end{pmatrix},$$

$$A = P \begin{pmatrix} 6 & & \\ & 3 & \\ & & 3 \end{pmatrix}, P^{\mathrm{T}} = \begin{pmatrix} 4 & 1 & 1 \\ 1 & 4 & 1 \\ 1 & 1 & 4 \end{pmatrix}.$$

考研真题解析

1 (2011 年第 21 题)A 为 3 阶实矩阵，$R(A)=2$，且 $A\begin{pmatrix} 1 & 1 \\ 0 & 0 \\ -1 & 1 \end{pmatrix} = \begin{pmatrix} -1 & 1 \\ 0 & 0 \\ 1 & 1 \end{pmatrix}$，(1) 求 A 的特征值与特征向量；(2) 求 A.

【解】 (1) 由 $A\begin{pmatrix} 1 & 1 \\ 0 & 0 \\ -1 & 1 \end{pmatrix} = \begin{pmatrix} -1 & 1 \\ 0 & 0 \\ 1 & 1 \end{pmatrix}$ 可知，$A\begin{pmatrix} 1 \\ 0 \\ 1 \end{pmatrix} = \begin{pmatrix} 1 \\ 0 \\ 1 \end{pmatrix}$，$A\begin{pmatrix} 1 \\ 0 \\ -1 \end{pmatrix} = -\begin{pmatrix} 1 \\ 0 \\ -1 \end{pmatrix}$，则 A 的特征值有 1，

1，对应特征向量分别为 $\xi_1 = \begin{pmatrix} 1 \\ 0 \\ 1 \end{pmatrix}$，$\xi_2 = \begin{pmatrix} 1 \\ 0 \\ -1 \end{pmatrix}$，又知 $R(A)=2$，则 0 是 A 的另一特征

值，设 $\begin{pmatrix} x_1 \\ x_2 \\ x_3 \end{pmatrix}$ 为对应特征向量，它与 $\begin{pmatrix} 1 \\ 0 \\ 1 \end{pmatrix}$，$\begin{pmatrix} 1 \\ 0 \\ -1 \end{pmatrix}$ 正交可得到 $\begin{cases} x_1 + x_3 = 0 \\ x_1 - x_3 = 0 \end{cases}$，则可得到

$$\xi_3 = \begin{pmatrix} x_1 \\ x_2 \\ x_3 \end{pmatrix} = \begin{pmatrix} 0 \\ 1 \\ 0 \end{pmatrix}.$$

（2）对 ξ_1,ξ_2,ξ_3 进行单位化得到 $\boldsymbol{\eta}_1=\begin{pmatrix}\dfrac{1}{\sqrt{2}}\\0\\\dfrac{1}{\sqrt{2}}\end{pmatrix}$，$\boldsymbol{\eta}_2=\begin{pmatrix}\dfrac{1}{\sqrt{2}}\\0\\-\dfrac{1}{\sqrt{2}}\end{pmatrix}$，$\boldsymbol{\eta}_3=\begin{pmatrix}0\\1\\0\end{pmatrix}$，则令 $\boldsymbol{P}=(\boldsymbol{\eta}_1,\boldsymbol{\eta}_2,\boldsymbol{\eta}_3)$

$$=\begin{pmatrix}\dfrac{1}{\sqrt{2}}&\dfrac{1}{\sqrt{2}}&0\\0&0&1\\\dfrac{1}{\sqrt{2}}&-\dfrac{1}{\sqrt{2}}&0\end{pmatrix}$$，使得 $\boldsymbol{P}^{\mathrm{T}}\boldsymbol{A}\boldsymbol{P}=\begin{pmatrix}1&&\\&-1&\\&&0\end{pmatrix}$，则 $\boldsymbol{A}=\boldsymbol{P}\begin{pmatrix}1&&\\&-1&\\&&0\end{pmatrix}\boldsymbol{P}^{\mathrm{T}}=\begin{pmatrix}0&0&1\\0&0&0\\1&0&0\end{pmatrix}$.

2 （2010年第6题）设 $\boldsymbol{A}$ 为4阶实对称矩阵，且 $\boldsymbol{A}^2+\boldsymbol{A}=\boldsymbol{0}$，若 $\boldsymbol{A}$ 的秩为3，则 $\boldsymbol{A}$ 相似于（　　）.

(A) $\begin{pmatrix}1&&&\\&1&&\\&&1&\\&&&0\end{pmatrix}$ (B) $\begin{pmatrix}1&&&\\&1&&\\&&-1&\\&&&0\end{pmatrix}$

(C) $\begin{pmatrix}1&&&\\&-1&&\\&&-1&\\&&&0\end{pmatrix}$ (D) $\begin{pmatrix}-1&&&\\&-1&&\\&&-1&\\&&&0\end{pmatrix}$

【解】　根据题意，方阵的特征值 λ 满足 $\lambda^2+\lambda=0$，即 $\lambda_1=0,\lambda_2=-1$，又知 $\boldsymbol{A}$ 的秩为3，则 $\lambda_1=0$ 为

一重根，而 -1 为三重根，故 $\boldsymbol{A}$ 与 $\begin{pmatrix}-1&&&\\&-1&&\\&&-1&\\&&&0\end{pmatrix}$ 相似.

3 （2010年第21题）设 $\boldsymbol{A}=\begin{pmatrix}0&-1&4\\-1&3&a\\4&a&0\end{pmatrix}$，有正交矩阵 $\boldsymbol{Q}$ 使得 $\boldsymbol{Q}^{\mathrm{T}}\boldsymbol{A}\boldsymbol{Q}$ 为对角矩阵，若 $\boldsymbol{Q}$ 的第一列

为 $\dfrac{1}{\sqrt{6}}(1,2,1)^{\mathrm{T}}$，求 $a,\boldsymbol{Q}$.

【解】　设 λ 是 $\boldsymbol{A}$ 的特征值，根据题意可知

$$\boldsymbol{A}\frac{1}{\sqrt{6}}\begin{pmatrix}1\\2\\1\end{pmatrix}=\lambda\frac{1}{\sqrt{6}}\begin{pmatrix}1\\2\\1\end{pmatrix}$$，即 $\begin{pmatrix}0&-1&4\\-1&3&a\\4&a&0\end{pmatrix}\begin{pmatrix}1\\2\\1\end{pmatrix}=\lambda\begin{pmatrix}1\\2\\1\end{pmatrix}$，解得 $a=-1,\lambda=2$，代入 $\boldsymbol{A}$ 中计算 $\boldsymbol{A}$ 的

第五章　特征值和特征向量　矩阵的对角化

特征值,$|\lambda E - A| = (\lambda - 2)(\lambda - 5)(\lambda + 4) = 0$,则 A 的特征值为 $\lambda_1 = 2, \lambda_2 = 5, \lambda_3 = -4$,则

它们对应的特征向量单位化后分别为 $\alpha_1 = \dfrac{1}{\sqrt{6}}\begin{pmatrix} 1 \\ 2 \\ 1 \end{pmatrix}, \alpha_2 = \dfrac{1}{\sqrt{3}}\begin{pmatrix} 1 \\ -1 \\ 1 \end{pmatrix}, \alpha_3 = \dfrac{1}{\sqrt{2}}\begin{pmatrix} -1 \\ 0 \\ 1 \end{pmatrix}$,

则 $Q = (\alpha_1, \alpha_2, \alpha_3) = \begin{pmatrix} \dfrac{1}{\sqrt{6}} & \dfrac{1}{\sqrt{3}} & -\dfrac{1}{\sqrt{2}} \\ \dfrac{2}{\sqrt{6}} & -\dfrac{1}{\sqrt{3}} & 0 \\ \dfrac{1}{\sqrt{6}} & \dfrac{1}{\sqrt{3}} & \dfrac{1}{\sqrt{2}} \end{pmatrix}$.

4 (2009 年第 13 题)设 $\boldsymbol{\alpha} = (1,1,1)^{\mathrm{T}}, \boldsymbol{\beta} = (1,0,k)^{\mathrm{T}}$,若矩阵 $\boldsymbol{\alpha}\boldsymbol{\beta}^{\mathrm{T}}$ 相似于 $\begin{pmatrix} 3 & 0 & 0 \\ 0 & 0 & 0 \\ 0 & 0 & 0 \end{pmatrix}$,则 $k = $ _____.

【解】 根据 $\boldsymbol{\alpha}\boldsymbol{\beta}^{\mathrm{T}}$ 相似于 $\begin{pmatrix} 3 & 0 & 0 \\ 0 & 0 & 0 \\ 0 & 0 & 0 \end{pmatrix}$ 可知,则它们有相同的特征值,$\boldsymbol{\alpha}\boldsymbol{\beta}^{\mathrm{T}}$ 的特征为 $3,0,0$. 即 $1 + k = 3 + 0 + 0$,得到 $k = 2$.

5 (2008 年第 13 题)设 3 阶矩阵 A 的特征值为 $1,2,2$,E 为 3 阶单位矩阵,则 $|4A^{-1} - E| = $ _____.

【解】 A 的特征值为 $1,2,2$,所以 A^{-1} 的特征值为 $1, 1/2, 1/2$,

可得到 $4A^{-1} - E$ 特征值为 $4 \times 1 - 1 = 3, 4 \times 1/2 - 1 = 1, 4 \times 1/2 - 1 = 1$.

故 $|4A^{-1} - E| = 3 \times 1 \times 1 = 3$.

6 (2008 年第 21 题)设 A 为 3 阶矩阵,a_1, a_2 为 A 的分别属于特征值 $-1,1$ 的特征向量,向量 a_3 满足 $Aa_3 = a_2 + a_3$,

(1) 证明 a_1, a_2, a_3 线性无关;

(2) 令 $P = (a_1, a_2, a_3)$,求 $P^{-1}AP$.

(1)【证明】设存在数 k_1, k_2, k_3,使得 $k_1 a_1 + k_2 a_2 + k_3 a_3 = \boldsymbol{0}$,

两边同时左乘 A,得到 $k_1 A a_1 + k_2 A a_2 + k_3 A a_3 = \boldsymbol{0}$,

又知 a_1, a_2 为 A 的分别属于特征值 $-1,1$ 的特征向量,得到

$-k_1 a_1 + (k_2 + k_3) a_2 + k_3 a_3 = \boldsymbol{0}$,

因此可得 $2k_1 a_1 - k_3 a_2 = \boldsymbol{0}$.

由于 a_1, a_2 是 A 的属于不同特征值的特征向量,则 a_1, a_2 线性无关,故 $k_1 = k_3 = 0$.

因而 $k_2a_2 = \mathbf{0}$，故 $k_2 = 0$，得到 a_1, a_2, a_3 线性无关.

(2)【解】令 $\mathbf{P} = (a_1, a_2, a_3)$，则 $\mathbf{P}$ 一定可逆.

$$\mathbf{AP} = \mathbf{A}(\boldsymbol{\alpha}_1, \boldsymbol{\alpha}_2, \boldsymbol{\alpha}_3) = (\mathbf{A}\boldsymbol{\alpha}_1, \mathbf{A}\boldsymbol{\alpha}_2, \mathbf{A}\boldsymbol{\alpha}_3)$$

$$= (-\boldsymbol{\alpha}_1, \boldsymbol{\alpha}_2, \boldsymbol{\alpha}_2 + \boldsymbol{\alpha}_3)$$

$$= (\boldsymbol{\alpha}_1, \boldsymbol{\alpha}_2, \boldsymbol{\alpha}_3)\begin{pmatrix} -1 & 0 & 0 \\ 0 & 1 & 1 \\ 0 & 0 & 1 \end{pmatrix} = \mathbf{P}\begin{pmatrix} -1 & 0 & 0 \\ 0 & 1 & 1 \\ 0 & 0 & 1 \end{pmatrix},$$

故 $\mathbf{P}^{-1}\mathbf{AP} = \begin{pmatrix} -1 & 0 & 0 \\ 0 & 1 & 1 \\ 0 & 0 & 1 \end{pmatrix}$.

7 (2007 年第 22 题) 设 3 阶实对称矩阵 $\mathbf{A}$ 的特征值 $\lambda_1 = 1, \lambda_2 = 2, \lambda_3 = -2, \boldsymbol{\alpha}_1 = (1, -1, 1)^T$ 是 $\mathbf{A}$ 的属于 λ_1 的一个特征向量. 记 $\mathbf{B} = \mathbf{A}^5 - 4\mathbf{A}^3 + \mathbf{E}$，其中 $\mathbf{E}$ 为 3 阶单位矩阵.

(1) 验证 $\boldsymbol{\alpha}_1$ 是矩阵 $\mathbf{B}$ 的特征向量，并求 $\mathbf{B}$ 的全部特征值与特征向量；

(2) 求矩阵 $\mathbf{B}$.

【解】(1) $\mathbf{B}\boldsymbol{\alpha}_1 = (\mathbf{A}^5 - 4\mathbf{A}^3 + \mathbf{E})\boldsymbol{\alpha}_1 = -2\boldsymbol{\alpha}_1$，

所以 $\boldsymbol{\alpha}_1$ 是 $\mathbf{B}$ 的属于特征值 -2 的特征向量.

设 $\boldsymbol{\alpha}_2$ 是 λ_2 的特征向量，则 $\mathbf{B}\boldsymbol{\alpha}_2 = (\mathbf{A}^5 - 4\mathbf{A}^3 + \mathbf{E})\boldsymbol{\alpha}_2 = -2^5\boldsymbol{\alpha}_2 - 4 \times 2^3\boldsymbol{\alpha}_2 + \boldsymbol{\alpha}_2 = \boldsymbol{\alpha}_2$.

$\boldsymbol{\alpha}_3$ 是 λ_3 的特征向量，则 $\mathbf{B}\boldsymbol{\alpha}_3 = (\mathbf{A}^5 - 4\mathbf{A}^3 + \mathbf{E})\boldsymbol{\alpha}_3 = -2^5\boldsymbol{\alpha}_3 - 4 \times 2^3\boldsymbol{\alpha}_3 + \boldsymbol{\alpha}_3 = \boldsymbol{\alpha}_3$.

故 $\mathbf{B}$ 的特征值为 $-2, 1, 1$.

解 1 的特征值分别为 $\boldsymbol{\alpha}_1 = \begin{pmatrix} 1 \\ 1 \\ 0 \end{pmatrix}, \boldsymbol{\alpha}_2 = \begin{pmatrix} 0 \\ 1 \\ 1 \end{pmatrix}$，所以属于 1 的特征向量为 $\boldsymbol{\alpha}_1 = k_1\boldsymbol{\alpha}_1 + k_2\boldsymbol{\alpha}_2 = k_1\begin{pmatrix} 1 \\ 1 \\ 0 \end{pmatrix} + k_2\begin{pmatrix} 0 \\ 1 \\ 1 \end{pmatrix}$，其中 k_1, k_2 为不全为零的常数. 属于 -2 的特征向量 $\boldsymbol{\alpha}_2 = k_3\begin{pmatrix} 1 \\ -1 \\ 1 \end{pmatrix}$，其中 k_3 是不为零的常数.

(2) 令 $\mathbf{P} = \begin{pmatrix} 1 & 1 & 0 \\ -1 & 1 & 1 \\ 1 & 0 & 1 \end{pmatrix}$，则 $\mathbf{P}^{-1}\mathbf{BP} = \begin{pmatrix} -2 & & \\ & 1 & \\ & & 1 \end{pmatrix}$，解得 $\mathbf{P}^{-1} = \frac{1}{3}\begin{pmatrix} 1 & -1 & 1 \\ 2 & 1 & -1 \\ -1 & 1 & 2 \end{pmatrix}$，则

$$\mathbf{B} = \mathbf{P}\begin{pmatrix} -2 & & \\ & 1 & \\ & & 1 \end{pmatrix}\mathbf{P}^{-1} = \begin{pmatrix} 0 & 1 & -1 \\ 1 & 0 & 1 \\ -1 & 1 & 0 \end{pmatrix}.$$

8 (2006 年第 21 题)设 3 阶实对称矩阵 A 的各行元素之和均为 3,向量 $\boldsymbol{\alpha}_1 = (-1,2,-1)^{\mathrm{T}}$,$\boldsymbol{\alpha}_2 = (0,-1,1)^{\mathrm{T}}$ 是线性方程组 $A\boldsymbol{x} = \boldsymbol{0}$ 的两个解.

(1) 求 A 的特征值与特征向量;

(2) 求正交矩阵 Q 和对角矩阵 $\boldsymbol{\Lambda}$,使得 $Q^{\mathrm{T}}AQ = \boldsymbol{\Lambda}$.

【分析】 由矩阵 A 的各行元素之和均为 3 及矩阵乘法可得矩阵 A 的一个特征值及对应的特征向量;由齐次线性方程组 $A\boldsymbol{x} = \boldsymbol{0}$ 有非零解可知 A 必有零特征值. 将 A 的线性无关的特征向量正交化可得正交矩阵 Q.

【解】 (1) 由于矩阵 A 的各行元素之和均为 3,所以 $A\begin{pmatrix} 1 \\ 1 \\ 1 \end{pmatrix} = \begin{pmatrix} 3 \\ 3 \\ 3 \end{pmatrix} = 3\begin{pmatrix} 1 \\ 1 \\ 1 \end{pmatrix}$,

则 $\lambda_1 = 3$ 是矩阵 A 的特征值,对应的特征向量是 $\boldsymbol{\alpha}_3 = k_1\begin{pmatrix} 1 \\ 1 \\ 1 \end{pmatrix}$,其中 k_1 为非零常数.

由题意知 $A\boldsymbol{\alpha}_1 = \boldsymbol{0}, A\boldsymbol{\alpha}_2 = \boldsymbol{0}$,即 $A\boldsymbol{\alpha}_1 = 0 \cdot \boldsymbol{\alpha}_1, A\boldsymbol{\alpha}_2 = 0 \cdot \boldsymbol{\alpha}_2$,且 $\boldsymbol{\alpha}_1, \boldsymbol{\alpha}_2$ 线性无关,故 $\lambda_2 = \lambda_3 = 0$ 是矩阵 A 的二重特征值,$\boldsymbol{\alpha}_1, \boldsymbol{\alpha}_2$ 是其对应的特征向量,对应的全部特征向量为 $k_2\boldsymbol{\alpha}_1 + k_3\boldsymbol{\alpha}_2$,其中 k_2, k_3 不全为零.

(2) 因为 A 是实对称矩阵,$\boldsymbol{\alpha}_3$ 与 $\boldsymbol{\alpha}_1, \boldsymbol{\alpha}_2$ 正交,将 $\boldsymbol{\alpha}_1, \boldsymbol{\alpha}_2$ 正交单位化,将 $\boldsymbol{\alpha}_3$ 单位化得到

$$\boldsymbol{\eta}_1 = \begin{pmatrix} -\dfrac{1}{\sqrt{6}} \\[2mm] \dfrac{2}{\sqrt{6}} \\[2mm] \dfrac{1}{\sqrt{6}} \end{pmatrix}, \boldsymbol{\eta}_2 = \begin{pmatrix} -\dfrac{1}{\sqrt{2}} \\[2mm] 0 \\[2mm] \dfrac{1}{\sqrt{2}} \end{pmatrix}, \boldsymbol{\eta}_3 = \begin{pmatrix} \dfrac{1}{\sqrt{3}} \\[2mm] \dfrac{1}{\sqrt{3}} \\[2mm] \dfrac{1}{\sqrt{3}} \end{pmatrix}.$$

令 $Q = (\boldsymbol{\eta}_1, \boldsymbol{\eta}_2, \boldsymbol{\eta}_3) = \begin{pmatrix} -\dfrac{1}{\sqrt{6}} & -\dfrac{1}{\sqrt{2}} & \dfrac{1}{\sqrt{3}} \\[2mm] \dfrac{2}{\sqrt{6}} & 0 & \dfrac{1}{\sqrt{3}} \\[2mm] \dfrac{1}{\sqrt{6}} & \dfrac{1}{\sqrt{2}} & \dfrac{1}{\sqrt{3}} \end{pmatrix}$,则 A 可对角化为 $Q^{\mathrm{T}}AQ = \begin{pmatrix} 0 & & \\ & 0 & \\ & & 3 \end{pmatrix}$.

9 (2005 年第 13 题)设 λ_1, λ_2 是矩阵 A 的两个不同的特征值,对应的特征向量分别为 $\boldsymbol{\alpha}_1, \boldsymbol{\alpha}_2$,则 $\boldsymbol{\alpha}_1$,$A(\boldsymbol{\alpha}_1 + \boldsymbol{\alpha}_2)$ 线性无关的充分必要条件是( ).

(A)$\lambda_1 = 0$ (B)$\lambda_2 = 0$ (C)$\lambda_1 \neq 0$ (D)$\lambda_2 \neq 0$

【解】 由题意知$[\boldsymbol{\alpha}_1, \boldsymbol{A}(\boldsymbol{\alpha}_1+\boldsymbol{\alpha}_2)] = (\boldsymbol{\alpha}_1, \lambda_1\boldsymbol{\alpha}_1+\lambda_2\boldsymbol{\alpha}_2) = (\boldsymbol{\alpha}_1, \boldsymbol{\alpha}_2)\begin{pmatrix} 1 & \lambda_1 \\ 0 & \lambda_2 \end{pmatrix}$,则$\boldsymbol{\alpha}_1, \boldsymbol{A}(\boldsymbol{\alpha}_1+\boldsymbol{\alpha}_2)$线性无

关的充分必要条件是$\begin{vmatrix} 1 & \lambda_1 \\ 0 & \lambda_2 \end{vmatrix} = \lambda_2 \neq 0.$

习题解析

■ 习题 5-1

1 解题过程　$(1)\ [\boldsymbol{x}, \boldsymbol{y}] = (2,1,3,2)\begin{pmatrix} 1 \\ 2 \\ -2 \\ 1 \end{pmatrix} = 2+2-6+2 = 0,$

则 $\theta = \arccos 0 = \dfrac{\pi}{2}.$

$(2)\ [\boldsymbol{x}, \boldsymbol{y}] = (1,2,2,3)\begin{pmatrix} 3 \\ 1 \\ 5 \\ 1 \end{pmatrix} = 3+2+10+3 = 18,$

$\|\boldsymbol{x}\| = \sqrt{1^2+2^2+2^2+3^2} = 3\sqrt{2},$

$\|\boldsymbol{y}\| = \sqrt{3^2+1^2+5^2+1^2} = 6,$

则 $\theta = \arccos\dfrac{3\sqrt{2}}{6} = \dfrac{\pi}{4}.$

2 解题过程　$(1)\ \boldsymbol{\beta}_1 = \boldsymbol{\alpha}_1,$

$\boldsymbol{\beta}_2 = \boldsymbol{\alpha}_2 - \dfrac{[\boldsymbol{\beta}_1, \boldsymbol{\alpha}_2]}{[\boldsymbol{\beta}_1, \boldsymbol{\beta}_1]}\boldsymbol{\beta}_1 = \begin{pmatrix} -1 \\ 0 \\ 1 \end{pmatrix},$

$\boldsymbol{\beta}_3 = \boldsymbol{\alpha}_3 - \dfrac{[\boldsymbol{\beta}_1, \boldsymbol{\alpha}_3]}{[\boldsymbol{\beta}_1, \boldsymbol{\beta}_1]}\boldsymbol{\beta}_1 - \dfrac{[\boldsymbol{\beta}_2, \boldsymbol{\alpha}_3]}{[\boldsymbol{\beta}_2, \boldsymbol{\beta}_2]}\boldsymbol{\beta}_2 = \dfrac{1}{3}\begin{pmatrix} 1 \\ -2 \\ 1 \end{pmatrix}.$

(2) $\boldsymbol{\beta}_1 = \boldsymbol{\alpha}_1$,

$$\boldsymbol{\beta}_2 = \boldsymbol{\alpha}_2 - \frac{[\boldsymbol{\beta}_1,\boldsymbol{\alpha}_2]}{[\boldsymbol{\beta}_1,\boldsymbol{\beta}_1]}\boldsymbol{\beta}_1 = \frac{1}{3}\begin{pmatrix} 1 \\ -3 \\ 2 \\ 1 \end{pmatrix},$$

$$\boldsymbol{\beta}_3 = \boldsymbol{\alpha}_3 - \frac{[\boldsymbol{\beta}_1,\boldsymbol{\alpha}_3]}{[\boldsymbol{\beta}_1,\boldsymbol{\beta}_1]}\boldsymbol{\beta}_1 - \frac{[\boldsymbol{\beta}_2,\boldsymbol{\alpha}_3]}{[\boldsymbol{\beta}_2,\boldsymbol{\beta}_2]}\boldsymbol{\beta}_2 = \frac{1}{5}\begin{pmatrix} -1 \\ 3 \\ 3 \\ 4 \end{pmatrix}$$

3 解题过程

(1) $\boldsymbol{A}\boldsymbol{A}^{\mathrm{T}} = \begin{pmatrix} 2 & 1 & 0 \\ -1 & 1 & 1 \\ 1 & -1 & 1 \end{pmatrix}\begin{pmatrix} 2 & -1 & 1 \\ 1 & 1 & -1 \\ 0 & 1 & 1 \end{pmatrix} = \begin{pmatrix} 5 & -1 & 1 \\ -1 & 3 & -1 \\ 1 & -1 & 3 \end{pmatrix} \neq \boldsymbol{E}$,

故 $\begin{pmatrix} 2 & 1 & 0 \\ -1 & 1 & 1 \\ 1 & -1 & 1 \end{pmatrix}$ 不是正交矩阵.

(2) $\frac{1}{\sqrt{2}}\begin{pmatrix} 1 & 0 & 1 & 0 \\ 1 & 0 & -1 & 0 \\ 0 & 1 & 0 & 1 \\ 0 & -1 & 0 & 1 \end{pmatrix}\frac{1}{\sqrt{2}}\begin{pmatrix} 1 & 1 & 0 & 0 \\ 0 & 0 & 1 & -1 \\ 1 & -1 & 0 & 0 \\ 0 & 0 & 1 & 1 \end{pmatrix} = \begin{pmatrix} 1 & 0 & 0 & 0 \\ 0 & 1 & 0 & 0 \\ 0 & 0 & 1 & 0 \\ 0 & 0 & 0 & 1 \end{pmatrix} = \boldsymbol{E}$,

故 $\frac{1}{\sqrt{2}}\begin{pmatrix} 1 & 0 & 1 & 0 \\ 1 & 0 & -1 & 0 \\ 0 & 1 & 0 & 1 \\ 0 & -1 & 0 & 1 \end{pmatrix}$ 是正交矩阵.

4 解题过程

设 $\boldsymbol{x} = (x_1,x_2,x_3)^{\mathrm{T}}$ 与 $\boldsymbol{\alpha}_1$ 正交,则

$\boldsymbol{x}^{\mathrm{T}}\boldsymbol{\alpha}_1 = x_1 + 2x_2 + 3x_3 = 0$.

解得基础解系为 $\boldsymbol{\zeta}_1 = (-2,1,0)^{\mathrm{T}}, \boldsymbol{\zeta}_2 = (-3,0,1)^{\mathrm{T}}$.

将 $\boldsymbol{\alpha}_1,\boldsymbol{\zeta}_1,\boldsymbol{\zeta}_2$ 正交化得

$\boldsymbol{\alpha}_1 = (1,2,3)^{\mathrm{T}}, \boldsymbol{\alpha}_2 = (-2,1,0)^{\mathrm{T}}, \boldsymbol{\alpha}_3 = \frac{1}{5}(-3,-6,5)^{\mathrm{T}}$.

5 证明

(1) $\boldsymbol{A}\boldsymbol{A}^{\mathrm{T}} = \boldsymbol{E}$ 两边取行列式得

$|\boldsymbol{A}\boldsymbol{A}^{\mathrm{T}}| = |\boldsymbol{A}||\boldsymbol{A}^{\mathrm{T}}| = |\boldsymbol{A}|^2 = |\boldsymbol{E}| = 1$.

或 $|\boldsymbol{A}| = 1$ 或 $|\boldsymbol{A}| = -1$.

(2) A 是正交方阵 $\Rightarrow AA^T = E \Rightarrow A^T A = E \Rightarrow A^T$ 正交.

故 $A^{-1} = A^T$,也是正交方阵.

$(AB)(AB)^T = ABB^T A^T = A(BB^T)A^T = E$,

则 AB 也是正交方阵.

习题 5－2

1 **解题**过程 (1) 不正确,当 x 是非零向量时,命题才成立.

(2) 不正确,取 $k_i = 0$,$k_1 p_1 + k_2 p_2 + \cdots + k_s p_s = 0$ 不是 A 的特征向量.

(3) 不正确,无法证明存在非零向量使得 $Ax = (\lambda + u)x$.

2 **解题**过程 (1) $|\lambda E - A| = \begin{vmatrix} \lambda - 2 & 4 \\ 3 & \lambda - 3 \end{vmatrix} = (\lambda - 6)(\lambda + 1)$,

故 A 的特征值为 $\lambda_1 = 6$,$\lambda_2 = -1$.

$\lambda_1 = 6$ 对应的特征向量为 $P_1 = k_1 \begin{pmatrix} 1 \\ -1 \end{pmatrix} k_1 \neq 0$.

$\lambda_2 = -1$ 对应的特征向量为 $P_2 = k_2 \begin{pmatrix} 4 \\ 3 \end{pmatrix} k_2 \neq 0$.

(2) $|\lambda E - A| = \begin{vmatrix} \lambda - 1 & 3 & -3 \\ -3 & \lambda + 5 & -3 \\ -6 & 6 & \lambda - 4 \end{vmatrix} = (\lambda + 2)^2 (\lambda - 4)$,

则 A 的特征值为 $\lambda_1 = 4$,$\lambda_2 = \lambda_3 = -2$.

$\lambda_1 = 4$ 对应的特征向量为 $P_1 = k_1 \begin{pmatrix} 1 \\ 1 \\ 2 \end{pmatrix} (k_1 \neq 0)$.

$\lambda_2 = \lambda_3 = -2$ 对应的特征向量为 $P_2 = k_1 \begin{pmatrix} 1 \\ 1 \\ 0 \end{pmatrix} + k_2 \begin{pmatrix} 0 \\ 1 \\ 1 \end{pmatrix}$,$(k_1, k_2$ 不同时为 0).

(3) $|\lambda E - A| = \begin{vmatrix} \lambda - 2 & 1 & -2 \\ -5 & \lambda + 3 & -3 \\ 1 & 0 & \lambda + 2 \end{vmatrix} = (\lambda + 1)^3$,

则 A 的特征值为 $\lambda_1 = \lambda_2 = \lambda_3 = -1$.

所对应的特征向量为 $\boldsymbol{P}_1 = k \begin{bmatrix} 1 \\ 1 \\ -1 \end{bmatrix} (k \neq 0)$.

3 解题过程　设 λ 是 $\boldsymbol{A}$ 的特征值,对应特征向量为 $\boldsymbol{x}$,

则 $\boldsymbol{A}\boldsymbol{x} = \lambda\boldsymbol{x}$.

由于 $\boldsymbol{A}$ 可逆则 $\boldsymbol{x} = \lambda\boldsymbol{A}^{-1}\boldsymbol{x}$. 即 $\boldsymbol{A}^{-1}\boldsymbol{x} = \dfrac{1}{\lambda}\boldsymbol{x}$.

故 $\boldsymbol{A}^{-1}$ 的特征值为 $\dfrac{1}{\lambda_1}, \dfrac{1}{\lambda_2}, \dfrac{1}{\lambda_3}$.

由 $\boldsymbol{A}^* = |\boldsymbol{A}| \boldsymbol{A}^{-1}$ 得 $\boldsymbol{A}^* \boldsymbol{x} = |\boldsymbol{A}| \boldsymbol{A}^{-1}\boldsymbol{x} = \dfrac{|\boldsymbol{A}|}{\lambda}\boldsymbol{x}$,

故 $\boldsymbol{A}^*$ 的特征值为 $\lambda_2\lambda_3, \lambda_1\lambda_3, \lambda_1\lambda_2$.

又 $(3\boldsymbol{A} - 2\boldsymbol{E})\boldsymbol{x} = 3\boldsymbol{A}\boldsymbol{x} - 2\boldsymbol{x} = 3\lambda\boldsymbol{x} - 2\boldsymbol{x} = (3\lambda - 2)\boldsymbol{x}$,

则 $3\boldsymbol{A} - 2\boldsymbol{E}$ 的特征值为 $3\lambda_1 - 2, 3\lambda_2 - 2, 3\lambda_3 - 2$.

4 解题过程　设 $\boldsymbol{\alpha}$ 所对应的特征值为 λ,则

$\boldsymbol{A}^{-1}\boldsymbol{\alpha} = \lambda\boldsymbol{\alpha}$. 两边左乘 $\boldsymbol{A}$ 得

$\boldsymbol{\alpha} = \lambda\boldsymbol{A}\boldsymbol{x}$,即 $\boldsymbol{A}\boldsymbol{\alpha} = \dfrac{1}{\lambda}\boldsymbol{\alpha}$,

$\begin{bmatrix} 2 & 1 & 1 \\ 1 & 2 & 1 \\ 1 & 1 & 2 \end{bmatrix} \begin{bmatrix} 1 \\ k \\ 1 \end{bmatrix} = \dfrac{1}{\lambda} \begin{bmatrix} 1 \\ k \\ 1 \end{bmatrix}$.

即 $\begin{cases} k + 3 = \dfrac{1}{\lambda} \\ 2k + 2 = \dfrac{k}{\lambda} \\ k + 3 = \dfrac{1}{\lambda} \end{cases}$,解得 $k = 1$ 或 -2.

■ 习题 5 - 3

1 解题过程　(A) 显然不对.

(B)$\boldsymbol{A}$ 与 $\boldsymbol{B}$ 有相同的特征值和特征多项式,不能保证特征向量相同.

(C) 当 $\boldsymbol{A}$、$\boldsymbol{B}$ 可对角化时才成立.

(D) 根据定义可证明成立.

2 解题过程 因为相似矩阵有相同的特征值,所以 $\boldsymbol{\alpha}\boldsymbol{\beta}^{\mathrm{T}}$ 的特征值为 $3,0,0$. $\boldsymbol{\alpha}^{\mathrm{T}}\boldsymbol{\beta}$ 为矩阵 $\boldsymbol{\alpha}\boldsymbol{\beta}^{\mathrm{T}}$ 的对角元素之和,即 $1+k=3+0+0$,因此 $k=2$.

3 解题过程 (1) 由于 $\boldsymbol{A}$ 与 $\boldsymbol{B}$ 相似,则 $|\lambda\boldsymbol{E}-\boldsymbol{A}|=|\lambda\boldsymbol{E}-\boldsymbol{B}|$,即

$$\begin{vmatrix} \lambda-2 & 0 & 0 \\ 0 & \lambda & -1 \\ 0 & -1 & \lambda-x \end{vmatrix} = \begin{vmatrix} \lambda-2 & 0 & 0 \\ 0 & \lambda-y & 0 \\ 0 & 0 & \lambda+1 \end{vmatrix},$$

即 $(\lambda-2)(\lambda^2-\lambda x-1)=(\lambda-2)(\lambda-y)(\lambda+1)$,

解得 $x=0,y=1$.

(2) 根据(1) 题可知 $\boldsymbol{A}$ 的特征值为 $\lambda_1=2,\lambda_2=1,\lambda_3=-1$.

$\lambda_1=2$ 对应的特征向量为 $\boldsymbol{P}_1=k_1\begin{pmatrix} 1 \\ 0 \\ 0 \end{pmatrix}(k_1\neq 0)$.

$\lambda_2=1$ 对应的特征向量为 $\boldsymbol{P}_2=k_2\begin{pmatrix} 0 \\ 1 \\ 1 \end{pmatrix}(k_2\neq 0)$.

$k_3=-1$ 对应的特征向量为 $\boldsymbol{P}_3=k_3\begin{pmatrix} 0 \\ 1 \\ -1 \end{pmatrix}(k_3\neq 0)$.

故 $\boldsymbol{P}=(\boldsymbol{P}_1,\boldsymbol{P}_2,\boldsymbol{P}_3)=\begin{pmatrix} 1 & 0 & 0 \\ 0 & 1 & 1 \\ 0 & 1 & -1 \end{pmatrix}$,使得 $\boldsymbol{P}^{-1}\boldsymbol{A}\boldsymbol{P}=\boldsymbol{B}$.

4 证明 假设存在可逆矩阵 $\boldsymbol{P}$,使得 $\boldsymbol{A}\boldsymbol{B}$ 与 $\boldsymbol{C}$ 相似.

只要证明 $\boldsymbol{B}\boldsymbol{A}$ 与 $\boldsymbol{C}$ 相似,则得到 $\boldsymbol{A}\boldsymbol{B}$ 与 $\boldsymbol{B}\boldsymbol{A}$ 相似.

$\boldsymbol{P}^{-1}\boldsymbol{A}\boldsymbol{B}\boldsymbol{P}=\boldsymbol{C}\Rightarrow\boldsymbol{B}=\boldsymbol{A}^{-1}\boldsymbol{P}\boldsymbol{C}\boldsymbol{P}^{-1}$,

$\boldsymbol{B}\boldsymbol{A}=\boldsymbol{A}^{-1}\boldsymbol{P}\boldsymbol{C}\boldsymbol{P}^{-1}\boldsymbol{A}=(\boldsymbol{P}^{-1}\boldsymbol{A})^{-1}\boldsymbol{C}(\boldsymbol{P}^{-1}\boldsymbol{A})$.

可知 $\boldsymbol{B}\boldsymbol{A}$ 与 $\boldsymbol{C}$ 相似,则 $\boldsymbol{B}\boldsymbol{A}$ 与 $\boldsymbol{A}\boldsymbol{B}$ 相似.

5 解题过程 取 $\boldsymbol{P}=(\boldsymbol{p}_1,\boldsymbol{p}_2,\boldsymbol{p}_3)=\begin{pmatrix} 1 & 2 & -2 \\ 2 & -2 & -1 \\ 2 & 1 & 2 \end{pmatrix}$,$\boldsymbol{P}^{-1}=\dfrac{1}{9}\begin{pmatrix} 1 & 2 & 2 \\ 2 & -2 & 1 \\ -2 & -1 & 2 \end{pmatrix}$.

由 $\boldsymbol{P}^{-1}\boldsymbol{A}\boldsymbol{P}=\begin{pmatrix} 1 & 0 & 0 \\ 0 & 0 & 0 \\ 0 & 0 & -1 \end{pmatrix}$ 得

$$A = P \begin{pmatrix} 1 & 0 & 0 \\ 0 & 0 & 0 \\ 0 & 0 & -1 \end{pmatrix} P^{-1} = \begin{pmatrix} 1 & 2 & -2 \\ 2 & -2 & -1 \\ 2 & 1 & 2 \end{pmatrix} \begin{pmatrix} 1 & 0 & 0 \\ 0 & 0 & 0 \\ 0 & 0 & -1 \end{pmatrix} \frac{1}{9} \begin{pmatrix} 1 & 2 & 2 \\ 2 & -2 & 1 \\ -2 & -1 & 2 \end{pmatrix}$$

$$= \frac{1}{3} \begin{pmatrix} -1 & 0 & 2 \\ 0 & 1 & 2 \\ 2 & 2 & 0 \end{pmatrix}.$$

$$A^{50} = P \begin{pmatrix} 1 & 0 & 0 \\ 0 & 0 & 0 \\ 0 & 0 & -1 \end{pmatrix}^{50} P^{-1} = P \begin{pmatrix} 1 & 0 & 0 \\ 0 & 0 & 0 \\ 0 & 0 & 1 \end{pmatrix} P^{-1} = \frac{1}{9} \begin{pmatrix} 5 & 4 & -2 \\ 4 & 5 & 2 \\ -2 & 2 & 8 \end{pmatrix}.$$

6 解题过程

$$|\lambda E - A| = \begin{vmatrix} \lambda & 0 & -1 \\ -x & \lambda-1 & -y \\ -1 & 0 & \lambda \end{vmatrix} = (\lambda+1)(\lambda-1)^2,$$

A 若可对角化,则特征根 1 要有两个线性无关的特征向量,即 $R(E-A) = 1$

$$E - A = \begin{pmatrix} 1 & 0 & -1 \\ -x & 0 & -y \\ -1 & 0 & 1 \end{pmatrix} \rightarrow \begin{pmatrix} 1 & 0 & -1 \\ -x & 0 & -y \\ 0 & 0 & 0 \end{pmatrix},$$

则 $-x = y$ 时,$R(E-A) = 1$.

7 解题过程

由于 ± 1 是 A 的特征根,则 $|E-A| = 0$, $|E+A| = 0$.

$$|E - A| = \begin{vmatrix} -1 & -a & -2 \\ -5 & 1-b & -3 \\ 1 & -1 & 2 \end{vmatrix} = -7(a+1) = 0, 解得 a = -1.$$

$$|E + A| = \begin{vmatrix} 3 & a & 2 \\ 5 & b+1 & 3 \\ -1 & 1 & 0 \end{vmatrix} = -(3a-2b-3) = 0, 解得 b = -3.$$

$$|\lambda E - A| = \begin{vmatrix} \lambda-2 & 1 & -2 \\ -5 & \lambda+3 & -3 \\ 1 & -1 & \lambda+1 \end{vmatrix} = (\lambda+1)(\lambda-1)(\lambda+2).$$

A 有 3 个不同的特征值,故 A 可对角化.

习题 5-4

1 解题过程

(1) $\begin{vmatrix} \lambda-4 & -2 & -2 \\ -2 & \lambda-4 & -2 \\ -2 & -2 & \lambda-4 \end{vmatrix} = (\lambda-2)^2(\lambda-8),$

矩阵特征根为 $\lambda_1 = \lambda_2 = 2$ 对应的特征向量为 $\boldsymbol{\alpha}_1 = \begin{pmatrix} 1 \\ -1 \\ 0 \end{pmatrix}, \boldsymbol{\alpha}_2 = \begin{pmatrix} 1 \\ 0 \\ -1 \end{pmatrix},$

$\lambda_3 = 8$ 对应的特征向量为 $\boldsymbol{\alpha}_3 = \begin{pmatrix} 1 \\ 1 \\ 1 \end{pmatrix}.$

对 $\boldsymbol{\alpha}_1, \boldsymbol{\alpha}_2, \boldsymbol{\alpha}_3$ 正交化后再单位化得到

$\boldsymbol{\xi}_1 = \begin{pmatrix} -\dfrac{\sqrt{2}}{2} \\ \dfrac{\sqrt{2}}{2} \\ 0 \end{pmatrix}, \boldsymbol{\xi}_2 = \begin{pmatrix} -\dfrac{1}{\sqrt{6}} \\ -\dfrac{1}{\sqrt{6}} \\ \dfrac{2}{\sqrt{6}} \end{pmatrix}, \boldsymbol{\xi}_3 = \begin{pmatrix} \dfrac{1}{\sqrt{3}} \\ \dfrac{1}{\sqrt{3}} \\ \dfrac{1}{\sqrt{3}} \end{pmatrix}.$

即 $\boldsymbol{P} = (\boldsymbol{\xi}_1, \boldsymbol{\xi}_2, \boldsymbol{\xi}_3) = \begin{pmatrix} -\dfrac{\sqrt{2}}{2} & -\dfrac{1}{\sqrt{6}} & \dfrac{1}{\sqrt{3}} \\ \dfrac{\sqrt{2}}{2} & -\dfrac{1}{\sqrt{6}} & \dfrac{1}{\sqrt{3}} \\ 0 & \dfrac{2}{\sqrt{6}} & \dfrac{1}{\sqrt{3}} \end{pmatrix}.$

(2) $\begin{vmatrix} \lambda-3 & 1 & 0 \\ 1 & \lambda-2 & 1 \\ 0 & 1 & \lambda-3 \end{vmatrix} = (\lambda-1)(\lambda-3)(\lambda-4),$

矩阵的特征根为 $\lambda_1 = 1, \lambda_2 = 3, \lambda_3 = 4.$

对应 $\lambda_1 = 1$ 的特征向量为 $\boldsymbol{\alpha}_1 = \begin{pmatrix} 1 \\ 2 \\ 1 \end{pmatrix},$

对应 $\lambda_2 = 3$ 的特征向量为 $\boldsymbol{\alpha}_2 = \begin{pmatrix} 1 \\ 0 \\ -1 \end{pmatrix},$

对应 $\lambda_3 = 4$ 的特征向量为 $\boldsymbol{\alpha}_3 = \begin{pmatrix} 1 \\ -1 \\ 1 \end{pmatrix}$.

对 $\boldsymbol{\alpha}_1, \boldsymbol{\alpha}_2, \boldsymbol{\alpha}_3$ 进行正交化单位化得到

$$\boldsymbol{\xi}_1 = \begin{pmatrix} \dfrac{1}{\sqrt{6}} \\ \dfrac{2}{\sqrt{6}} \\ \dfrac{1}{\sqrt{6}} \end{pmatrix}, \boldsymbol{\xi}_2 = \begin{pmatrix} \dfrac{1}{\sqrt{2}} \\ 0 \\ -\dfrac{1}{\sqrt{2}} \end{pmatrix}, \boldsymbol{\xi}_3 = \begin{pmatrix} \dfrac{1}{\sqrt{3}} \\ -\dfrac{1}{\sqrt{3}} \\ \dfrac{1}{\sqrt{3}} \end{pmatrix},$$

即 $\boldsymbol{P} = (\boldsymbol{\xi}_1, \boldsymbol{\xi}_2, \boldsymbol{\xi}_3) = \begin{pmatrix} \dfrac{1}{\sqrt{6}} & \dfrac{1}{\sqrt{2}} & \dfrac{1}{\sqrt{3}} \\ \dfrac{2}{\sqrt{6}} & 0 & -\dfrac{1}{\sqrt{3}} \\ \dfrac{1}{\sqrt{6}} & -\dfrac{1}{\sqrt{2}} & \dfrac{1}{\sqrt{3}} \end{pmatrix}.$

2 解题过程　设对应 1 的特征向量为 $\boldsymbol{x} = \begin{pmatrix} x_1 \\ x_2 \\ x_3 \end{pmatrix}$,

$\boldsymbol{x}$ 与 $\boldsymbol{\alpha}_1$ 正交可得到 $x_2 + x_3 = 0$,

解得对应 1 的两个特征向量为 $\boldsymbol{\alpha}_2 = \begin{pmatrix} 0 \\ 1 \\ -1 \end{pmatrix}, \boldsymbol{\alpha}_3 = \begin{pmatrix} 1 \\ 0 \\ 0 \end{pmatrix}.$

令 $\boldsymbol{P} = \begin{pmatrix} 0 & 0 & 1 \\ \dfrac{\sqrt{2}}{2} & \dfrac{\sqrt{2}}{2} & 0 \\ \dfrac{\sqrt{2}}{2} & \dfrac{\sqrt{2}}{2} & 0 \end{pmatrix}$, 则 $\boldsymbol{P}^{-1}\boldsymbol{A}\boldsymbol{P} = \begin{pmatrix} 0 & 0 & 0 \\ 0 & 1 & 0 \\ 0 & 0 & 1 \end{pmatrix}$,

得 $\boldsymbol{A} = \boldsymbol{P} \begin{pmatrix} 0 & 0 & 0 \\ 0 & 1 & 0 \\ 0 & 0 & 1 \end{pmatrix} \boldsymbol{P}^{-1} = \begin{pmatrix} 1 & 0 & 0 \\ 0 & \dfrac{1}{2} & -\dfrac{1}{2} \\ 0 & -\dfrac{1}{2} & \dfrac{1}{2} \end{pmatrix}.$

3 证明　充分性:

$\boldsymbol{A}$、$\boldsymbol{B}$ 有相同的特征值,则可得到 $\boldsymbol{A}$ 与 $\boldsymbol{\Lambda}$ 相似,且 $\boldsymbol{B}$ 与 $\boldsymbol{\Lambda}$ 相似,存在正交矩阵 $\boldsymbol{P},\boldsymbol{Q}$ 有

$$P^{-1}AP = \Lambda, Q^{-1}BQ = \Lambda,$$

即 $P^{-1}AP = Q^{-1}BQ \Rightarrow (PQ^{-1})^{-1}A(PQ^{-1}) = B,$

则 A 与 B 相似.

必要性:

由于 A 与 B 相似, 则存在正交矩阵 P, 使得 $P^{-1}AP = B,$

$$f_B(\lambda) = |\lambda E - B| = |P^{-1}(\lambda E - A)P| = |P^{-1}||\lambda E - A||P| = f_A(\lambda),$$

故 A 与 B 有相同的特征值.

4 解题过程 $|\lambda E - A| = \lambda^{n-1}(\lambda - n),$ 可知 A 的特征值为 0 和 $n,$

则 A 与对角矩阵 $\Lambda = \begin{pmatrix} n & & & \\ & 0 & & \\ & & \ddots & \\ & & & 0 \end{pmatrix}$ 相似,

故 A 与 B 相似.

总习题

1 解题过程 设特征值 λ 对应的特征向量为 $\alpha,$ 则

$$A\alpha = \lambda\alpha \Rightarrow A^{-1}\alpha = \frac{1}{\lambda}\alpha,$$

$$[(A^*)^2 | E)]\alpha - [|A|^2(A^{-1})^2 + E]\alpha = \left(\frac{|A|^2}{\lambda^3} + 1\right)\alpha,$$

故 $(A^*)^2 + E$ 存在特征值 $\dfrac{|A|^2}{\lambda^2} + 1.$

2 解题过程 由题意知

$A^*\alpha = \lambda_0\alpha,$ 又知 $A^* = |A|A^{-1} = -A^{-1},$ 代入得

$$-A^{-1}\alpha = \lambda_0\alpha \Rightarrow A\alpha = \frac{1}{\lambda_0}\alpha,$$

即 $\begin{pmatrix} a & -1 & c \\ 5 & b & 3 \\ 1-c & 0 & -a \end{pmatrix} \begin{pmatrix} -1 \\ -1 \\ 1 \end{pmatrix} = -\frac{1}{\lambda_0} \begin{pmatrix} -1 \\ -1 \\ 1 \end{pmatrix}.$

$$\begin{cases} -a+c+1=\dfrac{1}{\lambda_0} \\ -b-2=\dfrac{1}{\lambda_0} \\ c-a-1=-\dfrac{1}{\lambda_0} \end{cases}.$$

又知 $|\boldsymbol{A}|=(bc+3)(c-1)-a(ab+5)=-1$,

解得 $a=2,b=-3,c=2,\lambda_0=1$.

3 解题过程　(1)$\boldsymbol{\beta}=2\boldsymbol{\alpha}_1-2\boldsymbol{\alpha}_2+\boldsymbol{\alpha}_3$.

(2)$\boldsymbol{A}^n\boldsymbol{\beta}=\boldsymbol{A}^n(2\boldsymbol{\alpha}_1-2\boldsymbol{\alpha}_2+\boldsymbol{\alpha}_3)=2\boldsymbol{A}^n\boldsymbol{\alpha}_1-2\boldsymbol{A}^n\boldsymbol{\alpha}_2+\boldsymbol{A}^n\boldsymbol{\alpha}_3=2\lambda_1^n\boldsymbol{\alpha}_1-2\lambda_2^n\boldsymbol{\alpha}_2+\lambda_3^n\boldsymbol{\alpha}_3$

$$=\begin{pmatrix} 2-2^{n+1}+3^n \\ 2-2^{n+2}+3^{n+1} \\ 2-2^{n+3}+3^{n-2} \end{pmatrix}.$$

4 解题过程　由 $|\sqrt{2}\boldsymbol{E}+\boldsymbol{A}|=0$,得$-\sqrt{2}$ 是 $\boldsymbol{A}$ 的一个特征值.

由 $\boldsymbol{A}\boldsymbol{A}^{\mathrm{T}}=2\boldsymbol{E}$,得 $|\boldsymbol{A}\boldsymbol{A}^{\mathrm{T}}|=16$,

$|\boldsymbol{A}|=-4$,

$\boldsymbol{A}^{*}=|\boldsymbol{A}|\boldsymbol{A}^{-1}=-4\boldsymbol{A}^{-1}$.

设 λ 为 $\boldsymbol{A}^{*}$ 的一个特征值,对应特征向量为 $\boldsymbol{\alpha}$,

$\boldsymbol{A}^{*}\boldsymbol{\alpha}=\lambda\boldsymbol{\alpha}\Rightarrow-4\boldsymbol{A}^{-1}\boldsymbol{\alpha}=\lambda\boldsymbol{\alpha}\Rightarrow\boldsymbol{A}\boldsymbol{\alpha}=\dfrac{4}{\lambda}\boldsymbol{\alpha}$.

已知$-\sqrt{2}$ 为 $\boldsymbol{A}$ 的特征值,则令 $-\dfrac{4}{\lambda}=-\sqrt{2}$,解得 $\lambda=2\sqrt{2}$.

5 解题过程　(1)$\boldsymbol{A}^2=(\boldsymbol{\alpha}\boldsymbol{\beta}^{\mathrm{T}})(\boldsymbol{\alpha}\boldsymbol{\beta}^{\mathrm{T}})=\boldsymbol{\alpha}(\boldsymbol{\beta}^{\mathrm{T}}\boldsymbol{\alpha})\boldsymbol{\beta}^{\mathrm{T}}=\boldsymbol{0}$.

(2)设 λ 为 $\boldsymbol{A}$ 的特征值,对应的特征向量为 $\boldsymbol{\alpha}$,

$\boldsymbol{A}^2\boldsymbol{\alpha}=\lambda^2\boldsymbol{\alpha}=\boldsymbol{0}$,

则 $\lambda=0$,得到 $\boldsymbol{A}$ 只有特征根 0.

$$\boldsymbol{A}=\boldsymbol{\alpha}\boldsymbol{\beta}^{\mathrm{T}}=\begin{pmatrix} a_1b_1 & a_1b_2 & \cdots & a_1b_n \\ a_2b_1 & a_2b_2 & \cdots & a_2b_n \\ \vdots & \vdots & & \vdots \\ a_nb_1 & a_nb_2 & \cdots & a_nb_n \end{pmatrix}.$$

设 $a_1b_1\neq 0$,则

$$\boldsymbol{A}=\begin{pmatrix} 1 & \dfrac{b_2}{b_1} & \cdots & \dfrac{b_n}{b_1} \\ 0 & 0 & \cdots & 0 \\ \vdots & \vdots & & \vdots \\ 0 & 0 & \cdots & 0 \end{pmatrix},$$

解得 0 所对应的特征向量为

$$k_1\begin{pmatrix}-\dfrac{b_2}{b_1}\\1\\0\\\vdots\\0\end{pmatrix}+k_2\begin{pmatrix}-\dfrac{b_3}{b_1}\\0\\1\\\vdots\\0\end{pmatrix}+\cdots+k_{n-1}\begin{pmatrix}-\dfrac{b_n}{b_1}\\0\\0\\\vdots\\1\end{pmatrix}\quad(k_1,\cdots,k_{n-1}\text{ 不全为 }0).$$

6 证明 ▶ (1) $A\boldsymbol{\alpha}=\begin{pmatrix}a_{11}+a_{12}+\cdots+a_{1n}\\a_{21}+a_{22}+\cdots+a_{2n}\\\cdots\\a_{n1}+a_{n2}+\cdots+a_{nn}\end{pmatrix}=\begin{pmatrix}a\\a\\\vdots\\a\end{pmatrix}=a\boldsymbol{\alpha},$

故 a 是 A 的一个特征值,对应特征向量为 $\boldsymbol{\alpha}$.

(2) $A^m\boldsymbol{\alpha}=a^m\boldsymbol{\alpha}=\begin{pmatrix}a^m\\a^m\\\vdots\\a^m\end{pmatrix}$,故 A^m 每行元之和为 a^m.

(3) 由 $A\boldsymbol{\alpha}=a\boldsymbol{\alpha}$ 得 $\boldsymbol{\alpha}=aA^{-1}\boldsymbol{\alpha}$,

即 $A^{-1}\boldsymbol{\alpha}=\dfrac{1}{a}\boldsymbol{\alpha}=\begin{pmatrix}\dfrac{1}{a}\\\dfrac{1}{a}\\\vdots\\\dfrac{1}{a}\end{pmatrix}$,故 A^{-1} 每行元之和为 $\dfrac{1}{a}$.

7 证明 ▶ 设 λ 是 AB 的特征值,对应特征向量为 $\boldsymbol{\alpha}$.

则 $AB\boldsymbol{\alpha}=\lambda\boldsymbol{\alpha}$.

两边同时乘 B 得

$(BA)B\boldsymbol{\alpha}=\lambda B\boldsymbol{\alpha}$.

已知 $B\boldsymbol{\alpha}$ 也为 $n\times1$ 向量,故 BA 的特征值也是 λ.

8 证明 ▶ 已知 $R(A)+R(B)<n$,且 $R\begin{pmatrix}A\\B\end{pmatrix}\leqslant R(A)+R(B)$,

则 $R\begin{pmatrix}A\\B\end{pmatrix}<n,$

从而得到 $\begin{pmatrix} A \\ B \end{pmatrix} x = 0$ 有非零解,

即 A,B 有公共的特征向量.

9 解题过程

$(1)\ |\lambda E - A| = \begin{vmatrix} \lambda & -a & -a^2 \\ -\dfrac{1}{a} & \lambda & -a \\ -\dfrac{1}{a^2} & -\dfrac{1}{a} & \lambda \end{vmatrix} = (\lambda+1)^2(\lambda-2),$

则 A 的特征根为 $\lambda_1 = \lambda_2 = -1, \lambda_3 = 2.$

$\lambda_1 = \lambda_2 = -1$ 所对应的特征向量为 $\boldsymbol{\alpha}_1 = \begin{pmatrix} -a \\ 1 \\ 0 \end{pmatrix}, \boldsymbol{\alpha}_2 = \begin{pmatrix} -a^2 \\ 0 \\ 1 \end{pmatrix}.$

$\lambda_3 = 2$ 对应的特征向量为 $\boldsymbol{\alpha}_3 = \begin{pmatrix} a^2 \\ a \\ 1 \end{pmatrix}.$

则令 $P = (\boldsymbol{\alpha}_1, \boldsymbol{\alpha}_2, \boldsymbol{\alpha}_3) = \begin{pmatrix} -a & -a^2 & a^2 \\ 1 & 0 & a \\ 0 & 1 & 1 \end{pmatrix}$

使得 $P^{-1}AP = \begin{pmatrix} -1 & & \\ & -1 & \\ & & 2 \end{pmatrix}.$

$(2)\ P^{-1} = \dfrac{1}{3a^2} \begin{pmatrix} -a & 2a^2 & -a^3 \\ -1 & -a & 2a^2 \\ 1 & a & a^2 \end{pmatrix}.$

$A^n = P \begin{pmatrix} -1 & & \\ & -1 & \\ & & 2 \end{pmatrix}^n P^{-1}$

$= \dfrac{1}{3a^2} \begin{pmatrix} -a & -a^2 & a^2 \\ 1 & 0 & a \\ 0 & 1 & 1 \end{pmatrix} \begin{pmatrix} -1 & & \\ & -1 & \\ & & 2 \end{pmatrix} \begin{pmatrix} -a & -2a^2 & -a^3 \\ -1 & -a & 2a^2 \\ 1 & a & a^2 \end{pmatrix}$

$= \dfrac{1}{3a^2} \begin{pmatrix} a^2[2^n + 2(-1)^n] & a^3[2^n + (-1)^{n+1}] & a^4[2^n + (-1)^{n+1}] \\ a[2^n + (-1)^{n+1}] & a^2[2^n + 2(-1)^n] & a^3[2^n + (-1)^{n+1}] \\ 2^n + (-1)^{n+1} & a[2^n + (-1)^{n+1}] & a^2[2^n + 2(-1)^n] \end{pmatrix}.$

10 解题过程　$|\lambda\boldsymbol{E}-\boldsymbol{A}|=(\lambda-1)^2(\lambda-2)^2.$

当 $R(\boldsymbol{E}-\boldsymbol{A})=2, R(2\boldsymbol{E}-\boldsymbol{A})=2$ 时,矩阵 $\boldsymbol{A}$ 可对角化.

$$\boldsymbol{E}-\boldsymbol{A}=\begin{pmatrix} 0 & 0 & 0 & 0 \\ -a & 0 & 0 & 0 \\ -a_1 & -b & -1 & 0 \\ -a_2 & -b_1 & -c & -1 \end{pmatrix} \xrightarrow{\text{列变数}} \begin{pmatrix} 0 & 0 & 0 & 0 \\ a & 0 & 0 & 0 \\ 0 & 0 & 1 & 0 \\ 0 & 0 & 0 & 1 \end{pmatrix},$$

当 $a=0$ 时,$R(\boldsymbol{E}-\boldsymbol{A})=2.$

$$2\boldsymbol{E}-\boldsymbol{A}=\begin{pmatrix} 1 & 0 & 0 & 0 \\ -a & 1 & 0 & 0 \\ -a_1 & -b & 0 & 0 \\ -a_2 & -b_1 & -c & 0 \end{pmatrix} \xrightarrow{\text{列变数}} \begin{pmatrix} 1 & 0 & 0 & 0 \\ 0 & 1 & 0 & 0 \\ 0 & 0 & 0 & 0 \\ 0 & 0 & c & 0 \end{pmatrix},$$

当 $c=0$ 时,$R(2\boldsymbol{E}-\boldsymbol{A})=2.$

a_1,a_2,b_1,b 可取任意值.

11 解题过程　(1) $\boldsymbol{A}$ 的一个特征值为 3,则 $|3\boldsymbol{E}-\boldsymbol{A}|=0$,

即
$$\begin{vmatrix} 3 & -1 & 0 & 0 \\ -1 & 3 & 0 & 0 \\ 0 & 0 & 3-y & -1 \\ 0 & 0 & -1 & 1 \end{vmatrix} = \begin{vmatrix} 3-y & -1 \\ -1 & 1 \end{vmatrix} = 8\cdot(2-y)=0,$$

得 $y=2.$

(2) $(\boldsymbol{AP})^{\mathrm{T}}\boldsymbol{AP}=\boldsymbol{P}^{\mathrm{T}}(\boldsymbol{A}^{\mathrm{T}}\boldsymbol{A})\boldsymbol{P},$

$$\boldsymbol{A}^{\mathrm{T}}\boldsymbol{A}=\begin{pmatrix} 1 & 0 & 0 & 0 \\ 0 & 1 & 0 & 0 \\ 0 & 0 & 5 & 4 \\ 0 & 0 & 4 & 5 \end{pmatrix},$$

$$|\lambda\boldsymbol{E}-\boldsymbol{A}^{\mathrm{T}}|=\begin{vmatrix} \lambda-1 & 0 & 0 & 0 \\ 0 & \lambda-1 & 0 & 0 \\ 0 & 0 & \lambda-5 & -4 \\ 0 & 0 & -4 & \lambda-5 \end{vmatrix} = (\lambda-1)^2(\lambda^2-10\lambda+25-16)$$

$$= (\lambda-1)^3(\lambda-9).$$

特征值 $\lambda_1=\lambda_2=\lambda_3=1$ 对应的特征向量为

$$\boldsymbol{\alpha}_1=\begin{pmatrix} 1 \\ 0 \\ 0 \\ 0 \end{pmatrix},\boldsymbol{\alpha}_2=\begin{pmatrix} 0 \\ 1 \\ 0 \\ 0 \end{pmatrix},\boldsymbol{\alpha}_4=\begin{pmatrix} 0 \\ 0 \\ 1 \\ -1 \end{pmatrix}.$$

特征值 $\lambda_4 = 9$ 对应的特征向量为 $\boldsymbol{\alpha}_4 = \begin{pmatrix} 0 \\ 0 \\ 1 \\ 1 \end{pmatrix}$.

对 $\boldsymbol{\alpha}_1, \boldsymbol{\alpha}_2, \boldsymbol{\alpha}_3, \boldsymbol{\alpha}_4$ 单位化得到

$$\boldsymbol{\xi}_1 = \boldsymbol{\alpha}_1, \boldsymbol{\xi}_2 = \boldsymbol{\alpha}_2, \boldsymbol{\xi}_3 = \begin{pmatrix} 0 \\ 0 \\ \dfrac{1}{\sqrt{2}} \\ -\dfrac{1}{\sqrt{2}} \end{pmatrix}, \boldsymbol{\xi}_4 = \begin{pmatrix} 0 \\ 0 \\ \dfrac{1}{\sqrt{2}} \\ \dfrac{1}{\sqrt{2}} \end{pmatrix}.$$

即 $\boldsymbol{P} = (\boldsymbol{\xi}_1, \boldsymbol{\xi}_2, \boldsymbol{\xi}_3, \boldsymbol{\xi}_4) = \begin{pmatrix} 1 & 0 & 0 & 0 \\ 0 & 1 & 0 & 0 \\ 0 & 0 & \dfrac{1}{\sqrt{2}} & \dfrac{1}{\sqrt{2}} \\ 0 & 0 & -\dfrac{1}{\sqrt{2}} & \dfrac{1}{\sqrt{2}} \end{pmatrix}.$

12 证明 设 A 的特征值为 λ，则 $\lambda^2 - 3\lambda + 2 = 0$，

解得 $\lambda = 1$ 或 $\lambda = 2$.

由 $\boldsymbol{A}^2 - 3\boldsymbol{A} + 2\boldsymbol{E} = \boldsymbol{0} \Rightarrow (\boldsymbol{E} - \boldsymbol{A})(2\boldsymbol{E} - \boldsymbol{A}) = \boldsymbol{0}$，

得 $R(\boldsymbol{E} - \boldsymbol{A}) + R(2\boldsymbol{E} - \boldsymbol{A}) \leqslant n$.

又知 $R(\boldsymbol{E} - \boldsymbol{A}) + R(2\boldsymbol{E} - \boldsymbol{A}) = R(\boldsymbol{A} - \boldsymbol{E}) + R(2\boldsymbol{E} - \boldsymbol{A}) \geqslant R(\boldsymbol{A} - \boldsymbol{E} + 2\boldsymbol{E} - \boldsymbol{A}) = n.$

综上得到 $R(\boldsymbol{E} - \boldsymbol{A}) + R(2\boldsymbol{E} - \boldsymbol{A}) = n$，

可知 A 有 n 个线性无关的特征向量.

故 A 可对角化.

13 解题过程 （1）由题可知

$$\begin{pmatrix} x_{n+1} \\ y_{n+1} \end{pmatrix} = \begin{pmatrix} \dfrac{9}{10} & \dfrac{2}{5} \\ \dfrac{1}{10} & \dfrac{3}{5} \end{pmatrix} \begin{pmatrix} x_n \\ y_n \end{pmatrix}.$$

（2）$\begin{pmatrix} \dfrac{9}{10} & \dfrac{2}{5} \\ \dfrac{1}{10} & \dfrac{3}{5} \end{pmatrix} \begin{pmatrix} 4 \\ 1 \end{pmatrix} = \begin{pmatrix} 4 \\ 1 \end{pmatrix},$

$$\begin{pmatrix} \dfrac{9}{10} & \dfrac{2}{5} \\ \dfrac{1}{10} & \dfrac{3}{5} \end{pmatrix} \begin{pmatrix} -1 \\ 1 \end{pmatrix} = \dfrac{1}{2} \begin{pmatrix} -1 \\ 1 \end{pmatrix},$$

可知 $\boldsymbol{\eta}_1$ 对应的特征值为 $\lambda = 1$，$\boldsymbol{\eta}_2$ 对应特征值为 $\lambda_2 = \dfrac{1}{2}$.

(3) 由 $\begin{pmatrix} x_{n+1} \\ y_{n+1} \end{pmatrix} = \boldsymbol{A} \begin{pmatrix} x_n \\ y_n \end{pmatrix}$，

得 $\begin{pmatrix} x_{n+1} \\ y_{n+1} \end{pmatrix} = \boldsymbol{A}^n \begin{pmatrix} x_1 \\ y_1 \end{pmatrix}$，

$$\begin{pmatrix} \dfrac{1}{2} \\ \dfrac{1}{2} \end{pmatrix} = \dfrac{1}{5} \begin{pmatrix} 4 \\ 1 \end{pmatrix} + \dfrac{3}{10} \begin{pmatrix} -1 \\ 1 \end{pmatrix},$$

即 $\begin{pmatrix} x_1 \\ y_1 \end{pmatrix} = \dfrac{1}{5} \boldsymbol{\eta}_1 + \dfrac{3}{10} \boldsymbol{\eta}_2$

$$\boldsymbol{A}^n \begin{pmatrix} x_1 \\ y_1 \end{pmatrix} = \dfrac{1}{5} \lambda_1^n \boldsymbol{\eta}_1 + \dfrac{1}{10} \lambda_2^n \boldsymbol{\eta}_2$$

$$= \dfrac{1}{5} \begin{pmatrix} 4 \\ 1 \end{pmatrix} + \dfrac{1}{10} \cdot \dfrac{1}{2^n} \begin{pmatrix} -1 \\ 1 \end{pmatrix}$$

$$= \dfrac{1}{10} \begin{pmatrix} 8 - \dfrac{3}{2^n} \\ 2 + \dfrac{3}{2^n} \end{pmatrix}.$$

14 解题过程 (1) 设 $\boldsymbol{A} = \begin{pmatrix} 1.1 & -0.15 \\ 0.1 & 0.85 \end{pmatrix}$，则

$\boldsymbol{\alpha}_n = \boldsymbol{A} \boldsymbol{\alpha}_{n-1} \ (n = 1, 2 \cdots)$.

(2) $|\lambda \boldsymbol{E} - \boldsymbol{A}| = \begin{vmatrix} \lambda - 1.1 & 0.15 \\ -0.1 & \lambda - 0.85 \end{vmatrix} = (\lambda - 1)(\lambda - 0.95)$，

则 $\boldsymbol{A}$ 的特征值为 $\lambda_1 = 1, \lambda_2 = 0.95$.

$\lambda_1 = 1$ 对应的特征向量为 $\boldsymbol{\xi}_1 = \begin{pmatrix} 3 \\ 2 \end{pmatrix}$.

$\lambda_2 = 0.95$ 时对应的特征向量为 $\boldsymbol{\xi}_2 = \begin{pmatrix} 1 \\ 1 \end{pmatrix}$.

$\boldsymbol{\alpha}_0 = \begin{pmatrix} 10 \\ 8 \end{pmatrix} = 2 \begin{pmatrix} 3 \\ 2 \end{pmatrix} + 4 \begin{pmatrix} 1 \\ 1 \end{pmatrix} = 2\boldsymbol{\xi}_1 + 4\boldsymbol{\xi}_2$，

$$\boldsymbol{\alpha}_n = A\boldsymbol{\alpha}_{n-1} = \cdots = A^n\boldsymbol{\alpha}_0$$
$$= 2\lambda_1^n\boldsymbol{\xi}_1 + 4\lambda_2^n\boldsymbol{\xi}_2$$
$$= 2\boldsymbol{\xi}_1 + 4\times(0.95)^n\boldsymbol{\xi}_2$$
$$= \binom{6}{4} + (0.95)^n\binom{4}{4}.$$

(3) $\lim\limits_{n\to\infty}\boldsymbol{\alpha}_n = \binom{6}{4} + \binom{4}{4}\cdot\lim\limits_{n\to\infty}0.95^n = \binom{6}{4}.$

15 解题过程

(1) $\boldsymbol{B\alpha}_1 = (A^5 - 4A^3 + E)\boldsymbol{\alpha}_1$
$$= (\lambda_1^5 - 4\lambda_1^3 + 1)\boldsymbol{\alpha}_1$$
$$= -2\boldsymbol{\alpha}_1,$$

故 B 的对应于 $\boldsymbol{\alpha}_1$ 的特征值为 -2.

B 的全部特征值分别为

$\lambda_1^5 - 4\lambda_1^3 + 1 = -2,$

$\lambda_2^5 - 4\lambda_2^3 + 1 = 1,$

$\lambda_3^5 - 4\lambda_3^3 + 1 = 1.$

B 中 -2 所对应的特征向量为 $k_1\boldsymbol{\alpha}_1(k_1\neq 0)$.

设 B 中 1 所对应的特征向量为 $\begin{bmatrix} x_1 \\ x_2 \\ x_3 \end{bmatrix}$,

则 $(x_1, x_2, x_3)\boldsymbol{\alpha} = \boldsymbol{0}.$

即 $x_1 - x_2 + x_3 = 0,$

解得基础解系为 $\boldsymbol{\alpha}_1 = \begin{bmatrix} 1 \\ 1 \\ 0 \end{bmatrix}, \boldsymbol{\alpha}_3 = \begin{bmatrix} -1 \\ 0 \\ 1 \end{bmatrix}.$

故 B 的属于 1 的全部特征向量为 $k_2\boldsymbol{\alpha}_2 + k_3\boldsymbol{\alpha}_3, (k_2, k_3$ 不全为 $0)$.

(2) 令 $P = (\boldsymbol{\alpha}_1, \boldsymbol{\alpha}_2, \boldsymbol{\alpha}_3) = \begin{bmatrix} 1 & 1 & -1 \\ -1 & 1 & 0 \\ 1 & 0 & 1 \end{bmatrix},$

$P^{-1} = \dfrac{1}{3}\begin{bmatrix} 1 & -1 & 1 \\ 1 & 2 & 1 \\ -1 & 1 & 2 \end{bmatrix}.$

由 $P^{-1}BP = \begin{bmatrix} -2 & 0 & 0 \\ 0 & 1 & 0 \\ 0 & 0 & 1 \end{bmatrix}$ 得

$$B = P \begin{pmatrix} -2 & 0 & 0 \\ 0 & 1 & 0 \\ 0 & 0 & 1 \end{pmatrix} P^{-1} = \begin{pmatrix} 0 & 1 & -1 \\ 1 & 0 & 1 \\ -1 & 1 & 0 \end{pmatrix}.$$

16 解题过程

（1）设存在 k_1, k_2, k_3，使得

$$k_1 \boldsymbol{\alpha}_1 + k_2 \boldsymbol{\alpha}_2 + k_3 \boldsymbol{\alpha}_3 = \boldsymbol{0}. \quad \textcircled{1}$$

等式两边左乘 A 得

$$k_1 A\boldsymbol{\alpha}_1 + k_2 A\boldsymbol{\alpha}_2 + k_3 A\boldsymbol{\alpha}_3 = \boldsymbol{0},$$

即 $-k_1 \boldsymbol{\alpha}_1 + (k_2 + k_3) \boldsymbol{\alpha}_2 + k_3 \boldsymbol{\alpha}_3 = \boldsymbol{0}. \quad \textcircled{2}$

联合 ①② 等式得到

$$2k_1 \boldsymbol{\alpha}_1 - k_3 \boldsymbol{\alpha}_2 = \boldsymbol{0}.$$

已知 $\boldsymbol{\alpha}_1, \boldsymbol{\alpha}_2$ 是 A 的属于不同特征值的特征向量，故 $\boldsymbol{\alpha}_1, \boldsymbol{\alpha}_2$ 线性无关。

则可知 $k_1 = k_3 = 0$，

进一步提出 $k_2 = 0$，

故 $\boldsymbol{\alpha}_1, \boldsymbol{\alpha}_2, \boldsymbol{\alpha}_3$ 线性无关。

（2）由题意知

$$AP = A(\boldsymbol{\alpha}_1, \boldsymbol{\alpha}_2, \boldsymbol{\alpha}_3) = (A\boldsymbol{\alpha}_1, A\boldsymbol{\alpha}_2, A\boldsymbol{\alpha}_3)$$

$$= (\boldsymbol{\alpha}_1, \boldsymbol{\alpha}_2, \boldsymbol{\alpha}_3) \begin{pmatrix} -1 & 0 & 0 \\ 0 & 1 & 1 \\ 0 & 0 & 1 \end{pmatrix} = P \begin{pmatrix} -1 & 0 & 0 \\ 0 & 1 & 1 \\ 0 & 0 & 1 \end{pmatrix},$$

则 $P^{-1}AP = \begin{pmatrix} -1 & 0 & 0 \\ 0 & 1 & 1 \\ 0 & 0 & 1 \end{pmatrix}.$

小结

1. 理解向量组正交的概念，能够熟练对向量组正交规范化。
2. 理解正交矩阵与向量组正交矩阵的关系。
3. 掌握矩阵特征值和特征向量的概念及性质，熟练计算矩阵的特征值和特征向量。
4. 理解相似矩阵的概念，可对角化的条件。
5. 熟练掌握实对称矩阵对角化的方法。

第六章

二次型

学习要求

1. 理解二次型的概念，用矩阵表示二次型.

2. 了解合同的概念，知道二次型的秩，熟练掌握利用正交变换和配方法把二次型化为标准形.

3. 理解正定二次型和正定矩阵的概念，知道惯性定理，理解正定矩阵的基本性质.

知识点归纳

■ 二次型

含有 n 个变量 $x_1, x_2, \cdots, x_n$ 的二次齐次函数

$$f(x_1, x_2, \cdots, x_n) = a_{11}x_1^2 + a_{22}x_2^2 + \cdots + a_{nn}x_n^2 + 2a_{12}x_1x_2 + 2a_{13}x_1x_3 + \cdots + 2a_{n-1,n}x_{n-1}x_n$$ 称为

二次型. 当 $a_{ij} = a_{ji}$ 时，可用矩阵表示为 $f = \boldsymbol{x}^T \boldsymbol{A} \boldsymbol{x}$，其中 $\boldsymbol{x} = \begin{pmatrix} x_1 \\ x_2 \\ \vdots \\ x_n \end{pmatrix}, \boldsymbol{A} = \begin{pmatrix} a_{11} & a_{12} & \cdots & a_{1n} \\ a_{12} & a_{22} & \cdots & a_{2n} \\ \vdots & \vdots & & \vdots \\ a_{1n} & a_{2n} & \cdots & a_{nn} \end{pmatrix}.$

对称矩阵 $\boldsymbol{A}$ 的秩就叫做二次型 f 的秩.

(1) 对二次型 $f = \boldsymbol{x}^T \boldsymbol{A} \boldsymbol{x}$ 作满秩线性变换 $\boldsymbol{x} = \boldsymbol{C}\boldsymbol{y}$ 可变为 $\boldsymbol{y}^T (\boldsymbol{C}^T \boldsymbol{A} \boldsymbol{C}) \boldsymbol{y}$，$\boldsymbol{A}$ 与 $\boldsymbol{C}^T \boldsymbol{A} \boldsymbol{C}$ 合同.

(2) 两个矩阵合同必等价，且满足自反、对称、传递的性质.

(3) 实对称矩阵合同的充要条件是有相同的秩和正惯性指数.

■ 二次型化为标准形 ■

对二次型 $f = x^T Ax$,存在正交变换 $x = Py$,将其化为标准形 $f = \sum_{i=1}^{n} \lambda_i y_i^2$,其中 $\lambda_1, \lambda_2, \cdots, \lambda_n$ 为 A 的特征值.

化二次型为标准形的本质是求正交矩阵 P,将二次型 $f = x^T Ax$ 对应矩阵进行对角化,即 $P^T AP = \Lambda$.

化二次型为标准形的主要方法:

(1) 正交变换法:对二次型 $f(x_1, x_2, \cdots, x_n) = x^T Ax$,总有正交变换 $x = Py$,使 f 化为标准形 $f = \lambda_1 y_1^2 + \lambda_2 y_2^2 + \cdots + \lambda_n y_n^2$,其中 $\lambda_1, \lambda_2, \cdots, \lambda_n$ 是矩阵 A 的特征值.

(2) 配方法:对任意一个二次型 $f = x^T Ax$,可用配方法找到满秩变换 $x = Cy$,化二次型 f 为标准形.

(3) 初等变换法:任意一个二次型 $f = x^T Ax (A^T = A)$ 都可找到满秩线性变换 $x = Cy$ 将其化为标准形,即存在满秩方阵 C,使 $C^T AC$ 为对角矩阵,且 C 可以写成若干初等矩阵的乘积,即存在初等方阵 $P_1, P_2, \cdots, P_s$ 使得 $C = P_1 P_2 \cdots P_s$.

■ 二次型的正定性 ■

设实二次型 $f(x) = f(x_1, x_2, \cdots, x_n) = x^T Ax$,如果对任何 $x \neq 0$,都有 $f(x) > 0$(显然 $f(0) = 0$),则称 f 为正定二次型,并称对称矩阵 A 是正定的,记作 $A > 0$;如果对任何 $x \neq 0$,都有 $f(x) < 0$(显然 $f(0) = 0$),则称 f 为负定的,并称对称矩阵 A 是负定的,记作 $A < 0$.

二次型 $f = x^T Ax$ 正定的等价命题有:

① A 的特征值均大于 0;

② A 的各阶主子式大于 0;

③ 正惯性指数为 n;

④ $\forall X \neq 0, x^T Ax > 0$;

⑤ 标准形的系数全为正;

⑥ 存在可逆矩阵 P,使得 $A = P^T P$;

⑦ A 与单位矩阵 E 合同.

第六章
二次型

重点与难点

1. 理解二次型的概念、合同的概念及其性质.

2. 掌握化二次型为标准形的方法.

3. 掌握二次型正定的性质.

典型例题与解析

例 1 已知二次型 $f(x_1,x_2,x_3) = ax_1^2 + ax_2^2 + 6x_3^2 + 8x_1x_2 - 4x_1x_3 + 4x_2x_3(a > 0)$ 通过正交变换可以化为标准形 $7y_1^2 + 7y_2^2 - 2y_3^2$，求参数 a 以及所用的正交变换.

【分析】 二次型矩阵主对角线之和等于矩阵特征值之和.

【解】 (1)计算二次型矩阵 $A = \begin{bmatrix} a & 4 & -2 \\ 4 & a & 2 \\ -2 & -2 & 6 \end{bmatrix}$ 的特征值分别为 $7,7,-2$，

故 $a + a + 6 = 7 + 7 - 2$.

得到 $a = 3$.

(2)解对应于 7 的特征向量

$(7E - A) = \begin{bmatrix} 4 & -4 & 2 \\ -4 & 4 & -2 \\ 2 & -2 & 1 \end{bmatrix}$，得到两个线性无关的特征向量为

$\boldsymbol{\alpha}_1 = \begin{bmatrix} 1 \\ 1 \\ 0 \end{bmatrix}, \boldsymbol{\alpha}_2 = \begin{bmatrix} -1 \\ 0 \\ 2 \end{bmatrix}$，正交化单位化得到

$\boldsymbol{\beta}_1 = \begin{bmatrix} \dfrac{1}{\sqrt{2}} \\ \dfrac{1}{\sqrt{2}} \\ 0 \end{bmatrix}, \boldsymbol{\beta}_2 = \begin{bmatrix} -\dfrac{1}{3\sqrt{2}} \\ \dfrac{1}{3\sqrt{2}} \\ \dfrac{4}{3\sqrt{2}} \end{bmatrix}$.

解对应 -2 的特征向量为 $\boldsymbol{\alpha}_3 = \begin{bmatrix} 2 \\ -2 \\ 1 \end{bmatrix}$，

单位化得 $\boldsymbol{\beta}_3 = \begin{pmatrix} \dfrac{2}{3} \\[2mm] -\dfrac{2}{3} \\[2mm] \dfrac{1}{3} \end{pmatrix}.$

取 $\boldsymbol{P} = (\boldsymbol{\beta}_1, \boldsymbol{\beta}_2, \boldsymbol{\beta}_3) = \begin{pmatrix} \dfrac{1}{\sqrt{2}} & \dfrac{-1}{3\sqrt{2}} & \dfrac{2}{3} \\[3mm] \dfrac{1}{\sqrt{2}} & \dfrac{1}{3\sqrt{2}} & -\dfrac{2}{3} \\[3mm] 0 & \dfrac{4}{3\sqrt{2}} & \dfrac{1}{3} \end{pmatrix},$

则所求正交变换 $\boldsymbol{X} = \boldsymbol{PY}.$

例 2 已知二次型 $f(x_1, x_2, x_3) = 5x_1^2 + 5x_2^2 + ax_3^2 - 2x_1x_2 + 6x_1x_3 - 6x_2x_3$ 的秩为 2，

(1) 求常数 a 的值；

(2) 用正交变换将二次型化为标准形.

【分析】 二次型的秩与对应矩阵的秩相同.

【解】 (1) f 的对应矩阵 $\boldsymbol{A} = \begin{pmatrix} 5 & -1 & 3 \\ -1 & 5 & -3 \\ 3 & -3 & a \end{pmatrix}$，由于 $R(\boldsymbol{A}) = 2$，

故 $|\boldsymbol{A}| = \begin{vmatrix} 5 & -1 & 3 \\ -1 & 5 & -3 \\ 3 & -3 & a \end{vmatrix} = 24(a-3) = 0,$

则 $a = 3$.

(2) $|\lambda \boldsymbol{E} - \boldsymbol{A}| = \begin{vmatrix} \lambda-5 & 1 & -3 \\ 1 & \lambda-5 & 3 \\ -3 & 3 & \lambda-3 \end{vmatrix} = \lambda(\lambda-4)(\lambda-9),$

$\boldsymbol{A}$ 的特征值为 $\lambda_1 = 0, \lambda_2 = 4, \lambda_3 = 9$.

$\lambda_1 = 0$ 对应的单位特征向量 $\boldsymbol{\alpha}_1 = \begin{pmatrix} -\dfrac{1}{\sqrt{6}} \\[3mm] \dfrac{1}{\sqrt{6}} \\[3mm] \dfrac{2}{\sqrt{6}} \end{pmatrix},$

$\lambda_2 = 4$ 对应的单位特征向量 $\boldsymbol{\alpha}_2 = \begin{pmatrix} \dfrac{1}{\sqrt{2}} \\ \dfrac{1}{\sqrt{2}} \\ 0 \end{pmatrix}$,

$\lambda_3 = 9$ 对应的单位特征向量 $\boldsymbol{\alpha}_3 = \begin{pmatrix} \dfrac{1}{\sqrt{3}} \\ -\dfrac{1}{\sqrt{3}} \\ \dfrac{1}{\sqrt{3}} \end{pmatrix}$.

取 $\boldsymbol{P} = (\boldsymbol{\alpha}_1, \boldsymbol{\alpha}_2, \boldsymbol{\alpha}_3) \begin{pmatrix} -\dfrac{1}{\sqrt{6}} & \dfrac{1}{\sqrt{2}} & \dfrac{1}{\sqrt{3}} \\ \dfrac{1}{\sqrt{6}} & \dfrac{1}{\sqrt{2}} & -\dfrac{1}{\sqrt{3}} \\ \dfrac{2}{\sqrt{6}} & 0 & \dfrac{1}{\sqrt{3}} \end{pmatrix}$,

则通过互交变换 $\boldsymbol{X} = \boldsymbol{P}\boldsymbol{Y}$ 可得标准形 $f = 4y_2^2 + 9y_3^2$.

例 3 证明 n 阶矩阵 $\boldsymbol{A} = \begin{pmatrix} 1 & \dfrac{1}{n} & \cdots & \dfrac{1}{n} \\ \dfrac{1}{n} & 1 & \cdots & \dfrac{1}{n} \\ \vdots & \vdots & & \vdots \\ \dfrac{1}{n} & \dfrac{1}{n} & \cdots & 1 \end{pmatrix}$ 正定.

【分析】 证明正定可根据正定矩阵的性质或定义来证.

【证明】 若 $\boldsymbol{A}$ 的各阶主子式大于零,则 $\boldsymbol{A}$ 正定,计算 $\boldsymbol{A}$ 的 k 阶顺序主子式.

$$|\boldsymbol{A}_k| = \begin{vmatrix} 1 & \dfrac{1}{n} & \cdots & \dfrac{1}{n} \\ \dfrac{1}{n} & 1 & \cdots & \dfrac{1}{n} \\ \vdots & \vdots & & \vdots \\ \dfrac{1}{n} & \dfrac{1}{n} & \cdots & 1 \end{vmatrix} = \left(1 + \dfrac{k-1}{n}\right)\left(1 - \dfrac{1}{n}\right)^{k-1} > 0,$$

其中 $k = 1, 2, \cdots, n$.

已知 $\boldsymbol{A}$ 是对称矩阵,

故 $\boldsymbol{A}$ 正定.

考研真题解析

1 (2012 年第 21 题) 已知 $A = \begin{pmatrix} 1 & 0 & 1 \\ 0 & 1 & 1 \\ -1 & 0 & a \\ 0 & a & -1 \end{pmatrix}$,二次型 $f(x_1, x_2, x_3) = x^{\mathrm{T}}(A^{\mathrm{T}}A)x$ 的秩为 2,

(1) 求实数 a 的值;

(2) 求正交变换 $x = Qy$ 将 f 化为标准形.

【解】 (1) $A^{\mathrm{T}}A = \begin{pmatrix} 1 & 0 & -1 & 0 \\ 0 & 1 & 0 & a \\ 1 & 1 & a & -1 \end{pmatrix} \begin{pmatrix} 1 & 0 & 1 \\ 0 & 1 & 1 \\ -1 & 0 & a \\ 0 & a & -1 \end{pmatrix} = \begin{pmatrix} 2 & 0 & 1-a \\ 0 & 1+a^2 & 1-a \\ 1-a & 1-a & 3+a^2 \end{pmatrix}.$

由于 $x^{\mathrm{T}}(A^{\mathrm{T}}A)x$ 的秩为 2,则 $A^{\mathrm{T}}A$ 的秩也为 2,故 $|A^{\mathrm{T}}A| = (a^2+3)(a+1)^2 = 0$,得到 $a = -1$.

(2) 令 $A^{\mathrm{T}}A = B = \begin{pmatrix} 2 & 0 & 2 \\ 0 & 2 & 2 \\ 2 & 2 & 4 \end{pmatrix}$,则

$$|\lambda E - B| = \begin{vmatrix} \lambda-2 & 0 & -2 \\ 0 & \lambda-2 & -2 \\ -2 & -2 & \lambda-4 \end{vmatrix} = \lambda(\lambda-2)(\lambda-6) = 0,$$

得到 $\lambda_1 = 0, \lambda_2 = 2, \lambda_3 = 6$.

$\lambda_1 = 0$ 对应的特征向量为 $\xi_1 = \begin{pmatrix} -1 \\ -1 \\ 1 \end{pmatrix}$,

$\lambda_2 = 2$ 对应的特征向量为 $\xi_2 = \begin{pmatrix} -1 \\ 1 \\ 0 \end{pmatrix}$,

$\lambda_3 = 6$ 对应的特征向量为 $\xi_3 = \begin{pmatrix} 1 \\ 1 \\ 2 \end{pmatrix}$.

对 ξ_1,ξ_2,ξ_3 进行单位化得到 $\boldsymbol{\eta}_1=\dfrac{1}{\sqrt{3}}\begin{pmatrix}-1\\-1\\1\end{pmatrix}$，$\boldsymbol{\eta}_2=\dfrac{1}{\sqrt{2}}\begin{pmatrix}-1\\1\\0\end{pmatrix}$，$\boldsymbol{\eta}_3=\dfrac{1}{\sqrt{6}}\begin{pmatrix}1\\1\\2\end{pmatrix}$.

令 $\boldsymbol{Q}=(\boldsymbol{\eta}_1,\boldsymbol{\eta}_2,\boldsymbol{\eta}_3)=\begin{pmatrix}-\dfrac{1}{\sqrt{3}} & -\dfrac{1}{\sqrt{2}} & \dfrac{1}{\sqrt{6}}\\[2mm]-\dfrac{1}{\sqrt{3}} & \dfrac{1}{\sqrt{2}} & \dfrac{1}{\sqrt{6}}\\[2mm]\dfrac{1}{\sqrt{3}} & 0 & \dfrac{2}{\sqrt{6}}\end{pmatrix}$，

则 $f=\boldsymbol{x}^{\mathrm{T}}\boldsymbol{B}\boldsymbol{x}=\boldsymbol{y}^{\mathrm{T}}\boldsymbol{Q}^{\mathrm{T}}\boldsymbol{B}\boldsymbol{Q}\boldsymbol{y}=2y^2+6y^3$.

2 (2011 年第 13 题) 设二次型 $f(x_1,x_2,x_3)=\boldsymbol{x}^{\mathrm{T}}\boldsymbol{A}\boldsymbol{x}$ 的秩为 1，$\boldsymbol{A}$ 中行元素之和为 3，则 f 在正交变换下 $\boldsymbol{x}=\boldsymbol{Q}\boldsymbol{y}$ 的标准形为_____.

【解】 由题意可得到 $\boldsymbol{A}\begin{pmatrix}1\\1\\1\end{pmatrix}=3\begin{pmatrix}1\\1\\1\end{pmatrix}$，又知 $R(\boldsymbol{A})=1$，则 f 的特征值为 3，0，0，

故 f 的标准形为 $f=3y_1^2$.

3 (2009 年第 21 题) 设二次型 $f(x_1,x_2,x_3)=ax_1^2+ax_2^2+(a-1)x_3^2+2x_1x_3-2x_2x_3$

(1) 求二次型 f 的矩阵的所有特征值；

(2) 若二次型 f 的规范形为 $y_1^2+y_2^2$，求 a 的值.

【解】 (1) f 的对应矩阵为 $\boldsymbol{A}=\begin{pmatrix}a & 0 & 1\\0 & a & -1\\1 & -1 & a-1\end{pmatrix}$，则

$$|\lambda\boldsymbol{E}-\boldsymbol{A}|=\begin{vmatrix}\lambda-a & 0 & -1\\0 & \lambda-a & 1\\-1 & 1 & \lambda-a+1\end{vmatrix}=(\lambda-a)(\lambda-a+2)(\lambda-a-1),$$

故 f 的特征值为 $\lambda_1=a,\lambda_2=a-2,\lambda_3=a+1$.

(2) 二次型 f 的规范形为 $y_1^2+y_2^2$，则必有一个特征值为 0，另外两个特征值为正数.

$\lambda_1=a=0$，则 $\lambda_2=a-2<0$ 与题意不符；

$\lambda_2=a-2=0$，则 $\lambda_1>0,\lambda_3>0$，符合题意；

$\lambda_3=a+1=0$，则 $\lambda_1=-1<0$ 与题意不符.

故 $a=2$.

4 (2008 年第 6 题)设 $A = \begin{pmatrix} 1 & 2 \\ 2 & 1 \end{pmatrix}$，则在实数域上域与 A 合同的矩阵为（　　）.

(A) $\begin{pmatrix} -2 & 1 \\ 1 & -2 \end{pmatrix}$ 　　(B) $\begin{pmatrix} 2 & -1 \\ -1 & 2 \end{pmatrix}$ 　　(C) $\begin{pmatrix} 2 & 1 \\ 1 & 2 \end{pmatrix}$ 　　(D) $\begin{pmatrix} 1 & -2 \\ -2 & 1 \end{pmatrix}$

【解】 令 $D = \begin{pmatrix} 1 & -2 \\ -2 & 1 \end{pmatrix}$，则 $|\lambda E - D| = \begin{vmatrix} \lambda - 1 & 2 \\ 2 & \lambda - 1 \end{vmatrix} = (\lambda - 1)^2 - 4$.

知 $|\lambda E - A| = \begin{vmatrix} \lambda - 1 & -2 \\ -2 & \lambda - 1 \end{vmatrix} = (\lambda - 1)^2 - 4$，

故 D 与 A 有相同的特征值. 又知 A 和 D 为实对称矩阵，则 A 和 D 相似，它们与同一对角矩阵合同.

5 (2007 年第 8 题)设矩阵 $A = \begin{bmatrix} 2 & -1 & -1 \\ -1 & 2 & -1 \\ -1 & -1 & 2 \end{bmatrix}$，$B = \begin{bmatrix} 1 & 0 & 0 \\ 0 & 1 & 0 \\ 0 & 0 & 0 \end{bmatrix}$，则 A 与 B（　　）.

(A) 合同，且相似 　　　　　　　　　(B) 合同，但不相似

(C) 不合同，但相似 　　　　　　　　(D) 既不合同，也不相似

【解】 计算 A 的特征值为 $3, 3, 0$，所以 A 与 B 不相似，又知它们的秩都为 2 且正惯性指数为 2，故 A 与 B 合同.

6 (2005 年第 21 题)设 $D = \begin{pmatrix} A & C \\ C^T & B \end{pmatrix}$ 为正定矩阵，其中 A, B 分别为 m 阶，n 阶对称矩阵，C 为 $m \times n$ 阶矩阵.

(1) 计算 $P^T D P$，其中 $P = \begin{pmatrix} E_m & -A^{-1}C \\ 0 & E_n \end{pmatrix}$；

(2) 利用(1)的结果判断矩阵 $B - C^T A^{-1} C$ 是否为正定矩阵，并证明你的结论.

【解】 (1) 由 $P^T = \begin{pmatrix} E_m & 0 \\ -C^T A^{-1} & E_n \end{pmatrix}$ 得到

$$P^T D P = \begin{pmatrix} E_m & 0 \\ -C^T A^{-1} & E_n \end{pmatrix} \begin{pmatrix} A & C \\ C^T & B \end{pmatrix} \begin{pmatrix} E_m & -A^{-1}C \\ 0 & E_n \end{pmatrix} = \begin{pmatrix} A & 0 \\ 0 & B - C^T A^{-1} C \end{pmatrix}.$$

(2) 根据(1)可知，矩阵 D 合同于正定矩阵 $P = \begin{pmatrix} A & 0 \\ 0 & B - C^T A^{-1} C \end{pmatrix}$，又知 D 为正定矩阵，可知矩阵 P 为正定矩阵，则 $B - C^T A^{-1} C$ 是对称矩阵.

设 $X = (0, 0, \cdots, 0)^T$，$Y = (y_1, y_2, \cdots, y_n)^T$ 为任意非零向量，则

$$(X^{\mathrm{T}},Y^{\mathrm{T}})\begin{pmatrix} A & 0 \\ 0 & B-C^{\mathrm{T}}A^{-1}C \end{pmatrix}\begin{pmatrix} X \\ Y \end{pmatrix}=Y^{\mathrm{T}}(B-C^{\mathrm{T}}A^{-1}C)Y>0,$$

故 $B-C^{\mathrm{T}}A^{-1}C$ 是正定矩阵.

7 (2004年第4题)二次型 $f(x_1,x_2,x_3)=(x_1+x_2)^2+(x_2-x_3)^2+(x_3+x_1)^2$ 的秩为_____.

【分析】 二次型矩阵的秩等于对应矩阵的秩,也等于标准形中非零系数的个数.

【解】 $f=(x_1+x_2)^2+(x_2-x_3)^2+(x_3+x_1)^2$

$$=2x_1^2+2x_2^2+2x_3^2+2x_1x_2+2x_1x_3-2x_2x_3$$

则对应矩阵为 $A=\begin{pmatrix} 2 & 1 & 1 \\ 1 & 2 & -1 \\ 1 & -1 & 2 \end{pmatrix}\rightarrow\begin{pmatrix} 1 & -1 & 2 \\ 0 & 3 & -3 \\ 0 & 3 & -3 \end{pmatrix}\rightarrow\begin{pmatrix} 1 & -1 & 2 \\ 0 & 1 & -1 \\ 0 & 0 & 0 \end{pmatrix},$

可得到 A 的秩为2,则二次型的秩也是2.

【注】 还可对二次型进行配方,求得非零系数的个数.

8 (2003年第十题)设二次型

$f(x_1,x_2,x_3)=X^{\mathrm{T}}AX=ax_1^2+2x_2^2-2x_3^2+2bx_1x_3(b>0)$ 中二次型的矩阵 A 的特征值之和为1,特征值之积为-12.

(1) 求 a,b 的值;

(2) 利用正交变换将二次型 f 化为标准形,并写出所用的正交变换和对应的正交矩阵.

【分析】 根据特征值的性质知,特征值之和为矩阵对角线上元素之和,特征值之积为矩阵行列式.

【解】 (1)二次型 f 对应的矩阵为 $A=\begin{pmatrix} a & 0 & b \\ 0 & 2 & 0 \\ b & 0 & -2 \end{pmatrix}$,已知特征值之和为1,则

$a+2-2=1$,得到 $a=1$.

$|A|=-4a-2b^2=-2b^2-4=-12$,又知 $b>0$,得到 $b=2$.

(2) 由 $|\lambda E-A|=\begin{vmatrix} \lambda-1 & 0 & -2 \\ 0 & \lambda-2 & 0 \\ -2 & 0 & \lambda+2 \end{vmatrix}=(\lambda-2)^2(\lambda+3),$

得到 A 的特征值为 $\lambda_1=\lambda_2=2,\lambda_3=-3$.

对于 $\lambda_1=\lambda_2=2$ 解齐次线性方程组 $(2E-A)x=0$,得其基础解系

$\zeta_1=(2,0,1)^{\mathrm{T}},\zeta_2=(0,1,0)^{\mathrm{T}}.$

对于 $\lambda_3=-3$,解齐次线性方程组 $(-3E-A)x=0$,得基础解系

$\zeta_3=(1,0,-2)^{\mathrm{T}}.$

对 ζ_1,ζ_2,ζ_3 正交化单位化得到 $\boldsymbol{\eta}_1 = \begin{pmatrix} \dfrac{2}{\sqrt{5}} \\ 0 \\ \dfrac{1}{\sqrt{5}} \end{pmatrix}$，$\boldsymbol{\eta}_2 = \begin{pmatrix} 0 \\ 1 \\ 0 \end{pmatrix}$，$\boldsymbol{\eta}_3 = \begin{pmatrix} \dfrac{1}{\sqrt{5}} \\ 0 \\ -\dfrac{2}{\sqrt{5}} \end{pmatrix}$.

令 $\boldsymbol{P} = (\boldsymbol{\eta}_1,\boldsymbol{\eta}_2,\boldsymbol{\eta}_3) = \begin{pmatrix} \dfrac{2}{\sqrt{5}} & 0 & \dfrac{1}{\sqrt{5}} \\ 0 & 1 & 0 \\ \dfrac{1}{\sqrt{5}} & 0 & -\dfrac{2}{\sqrt{5}} \end{pmatrix}$，则在正交变换 $\boldsymbol{x} = \boldsymbol{P}\boldsymbol{y}$ 下有 $\boldsymbol{P}^{\mathrm{T}}\boldsymbol{A}\boldsymbol{P} = \begin{pmatrix} 2 & 0 & 0 \\ 0 & 2 & 0 \\ 0 & 0 & -3 \end{pmatrix}$，

二次型的标准形为 $f = 2y_1^2 + 2y_2^2 - 3y_3^2$.

习题解析

■ 习题 6−1

1 解题过程 (1) $f(x_1,x_2,x_3) = x_1^2 + 2x_2^2 - 3x_3^2 + 4x_1x_2 - 6x_2x_3$

$$= (x_1,x_2,x_3) \begin{pmatrix} 1 & 2 & 0 \\ 2 & 2 & -3 \\ 0 & -3 & -3 \end{pmatrix} \begin{pmatrix} x_1 \\ x_2 \\ x_3 \end{pmatrix}.$$

$$\boldsymbol{A} = \begin{pmatrix} 1 & 2 & 0 \\ 2 & 2 & -3 \\ 0 & -3 & 3 \end{pmatrix} \rightarrow \begin{pmatrix} 1 & 2 & 0 \\ 0 & -2 & -3 \\ 0 & 1 & -1 \end{pmatrix} \rightarrow \begin{pmatrix} 1 & 2 & 0 \\ 0 & 1 & -1 \\ 0 & 0 & -5 \end{pmatrix},$$

$R(\boldsymbol{A}) = 3$，故二次型的秩为 3.

(2) $\boldsymbol{A} = \begin{pmatrix} 2 & 1 & 3 \\ 1 & 3 & 3 \\ 5 & 3 & 5 \end{pmatrix} \rightarrow \begin{pmatrix} 1 & 3 & 3 \\ 0 & -5 & -3 \\ 0 & -12 & -10 \end{pmatrix} \rightarrow \begin{pmatrix} 1 & 3 & 3 \\ 0 & 5 & 3 \\ 0 & 0 & -\dfrac{14}{5} \end{pmatrix},$

$R(\boldsymbol{A}) = 3$，故二次型的秩为 3.

2 解题过程 设 $\begin{pmatrix} y_1 \\ y_2 \\ \vdots \\ y_m \end{pmatrix} = \boldsymbol{A} \begin{pmatrix} x_1 \\ x_2 \\ \vdots \\ x_n \end{pmatrix}$，则

$$f = y_1^2 + y_2^2 + \cdots + y_m^2 = (y_1, y_2, \cdots, y_m) \begin{pmatrix} y_1 \\ y_2 \\ \vdots \\ y_m \end{pmatrix}.$$

将 $\begin{pmatrix} y_1 \\ y_2 \\ \vdots \\ y_m \end{pmatrix} = A \begin{pmatrix} x_1 \\ x_2 \\ \vdots \\ xy_m \end{pmatrix}$ 代入得

$$f = (x_1, x_2, \cdots, x_n) A^{\mathrm{T}} A \begin{pmatrix} x_1 \\ x_2 \\ \vdots \\ x_n \end{pmatrix},$$

则 f 的对应矩阵为 $A^{\mathrm{T}} A$.

3 解题过程　(1) $f = (X^{\mathrm{T}} A X) = (x_1, x_2, x_3, x_4) \begin{pmatrix} 0 & \dfrac{1}{2} & -1 & 0 \\ \dfrac{1}{2} & -1 & \dfrac{1}{2} & \dfrac{1}{2} \\ -1 & \dfrac{1}{2} & 0 & \dfrac{1}{2} \\ 0 & \dfrac{1}{2} & \dfrac{1}{2} & 1 \end{pmatrix} \begin{pmatrix} x_1 \\ x_2 \\ x_3 \\ x_4 \end{pmatrix}$

$$= -x_2^2 + x_4^2 + x_1 x_2 - 2x_1 x_3 + x_2 x_3 + x_2 x_4 + x_3 x_4.$$

(2) $f = X^{\mathrm{T}} A X = \displaystyle\sum_{i=1}^{n} x_i^2 - 2 \sum_{i=1}^{n-1} x_i x_{i+1}.$

4 解题过程　$f = (x_1, x_2, x_3) \begin{pmatrix} 2 & -2 & 0 \\ -2 & 1 & -2 \\ 0 & -2 & 0 \end{pmatrix} \begin{pmatrix} x_1 \\ x_2 \\ x_3 \end{pmatrix}.$

(1) $f = (y_1, y_2, y_3) \begin{pmatrix} 1 & 0 & 0 \\ 1 & 1 & 0 \\ -2 & -2 & 1 \end{pmatrix} \begin{pmatrix} 2 & -2 & 0 \\ -2 & 1 & -2 \\ 0 & -2 & 0 \end{pmatrix} \begin{pmatrix} 1 & 1 & -2 \\ 0 & 1 & -2 \\ 0 & 0 & 1 \end{pmatrix} \begin{pmatrix} y_1 \\ y_2 \\ y_3 \end{pmatrix}$

$$= 2y_1^2 - y_2^2 + 4y_3^2.$$

(2) $f = (y_1, y_2, y_3) \begin{pmatrix} \dfrac{1}{\sqrt{2}} & 0 & 0 \\ 1 & 1 & 0 \\ -1 & -1 & \dfrac{1}{2} \end{pmatrix} \begin{pmatrix} 2 & -2 & 0 \\ -2 & 1 & -2 \\ 0 & -2 & 0 \end{pmatrix} \begin{pmatrix} \dfrac{1}{\sqrt{2}} & 1 & 1 \\ 0 & 1 & -1 \\ 0 & 0 & \dfrac{1}{2} \end{pmatrix} \begin{pmatrix} y_1 \\ y_2 \\ y_3 \end{pmatrix}$

$$= y_1^2 - y_2^2 + y_3^2.$$

$$(3)\ f = (y_1, y_2, y_3) \begin{pmatrix} 1 & 0 & 0 \\ -1 & 1 & 0 \\ 0 & 2 & 1 \end{pmatrix} \begin{pmatrix} 2 & -2 & 0 \\ -2 & 1 & -2 \\ 0 & -2 & 0 \end{pmatrix} \begin{pmatrix} 1 & -1 & 0 \\ 0 & 1 & 2 \\ 0 & 0 & 1 \end{pmatrix} \begin{pmatrix} y_1 \\ y_2 \\ y_3 \end{pmatrix}$$

$$= 2y_1^2 + 7y_2^2 - 4y_3^2 - 8y_1 y_2 - 8y_1 y_3 + 8y_2 y_3.$$

5 证明 A 与 B 合同,则存在可逆方阵 P 使得 $P^{\mathrm{T}}AP = B$.

C 与 D 合同,则存在可逆方阵 Q 使得 $Q^{\mathrm{T}}CQ = D$.

令 $U = \begin{pmatrix} P & 0 \\ 0 & Q \end{pmatrix}$,则 $|U| = |P||Q| \neq 0$,

故 V 可逆.

$$V^{\mathrm{T}} \begin{pmatrix} A & 0 \\ 0 & C \end{pmatrix} V = \begin{pmatrix} P^{\mathrm{T}}AP & 0 \\ 0 & Q^{\mathrm{T}}CQ \end{pmatrix},$$

$$\begin{pmatrix} B & 0 \\ 0 & D \end{pmatrix} = \begin{pmatrix} P^{\mathrm{T}}AP & 0 \\ 0 & Q^{\mathrm{T}}CQ \end{pmatrix},$$

故 $\begin{pmatrix} A & 0 \\ 0 & C \end{pmatrix}$ 与 $\begin{pmatrix} B & 0 \\ 0 & D \end{pmatrix}$ 合同.

习题 6-2

1 解题过程 (1) f 对应矩阵为 $A = \begin{pmatrix} 2 & -2 & 0 \\ -2 & 1 & -2 \\ 0 & -2 & 0 \end{pmatrix}$,

$$|\lambda E - A| = \begin{vmatrix} \lambda-2 & 2 & 0 \\ 2 & \lambda-1 & 2 \\ 0 & 2 & \lambda \end{vmatrix} = (\lambda-1)(\lambda+2)(\lambda-4),$$

故 A 的特征根分别为 $\lambda_1 = 1, \lambda_2 = -2, \lambda_3 = 4$.

$\lambda_1 = 1$ 对应的特征向量为 $\alpha_1 = \begin{pmatrix} 2 \\ 1 \\ -2 \end{pmatrix}$,单位化得 $\xi_1 = \begin{pmatrix} \frac{2}{3} \\ \frac{1}{3} \\ -\frac{2}{3} \end{pmatrix}$,

$\lambda_2 = -2$ 对应的特征向量为 $\boldsymbol{\alpha}_2 = \begin{pmatrix} 1 \\ 2 \\ 2 \end{pmatrix}$，单位化得 $\boldsymbol{\xi}_2 = \begin{pmatrix} \dfrac{1}{3} \\ \dfrac{2}{3} \\ \dfrac{2}{3} \end{pmatrix}$，

$\lambda_3 = 4$ 对应的特征向量为 $\boldsymbol{\alpha}_3 = \begin{pmatrix} 2 \\ -2 \\ 1 \end{pmatrix}$，单位化得 $\boldsymbol{\xi}_3 = \begin{pmatrix} \dfrac{2}{3} \\ -\dfrac{2}{3} \\ \dfrac{1}{3} \end{pmatrix}$.

令 $\boldsymbol{P} = \begin{pmatrix} \dfrac{2}{3} & \dfrac{1}{3} & \dfrac{2}{3} \\ \dfrac{1}{3} & \dfrac{2}{3} & -\dfrac{2}{3} \\ -\dfrac{2}{3} & \dfrac{2}{3} & \dfrac{1}{3} \end{pmatrix}$，则 $\boldsymbol{x} = \boldsymbol{Py}$ 将二次型化为

标准形 $f = y_1^2 - 2y_2^2 + 4y_3^2$.

（2）f 对应矩阵为 $\boldsymbol{A} = \begin{pmatrix} 1 & -2 & 2 \\ -2 & 4 & -4 \\ 2 & -4 & 4 \end{pmatrix}$，

$$|\lambda\boldsymbol{E} - \boldsymbol{A}| = \begin{vmatrix} \lambda-2 & 2 & -2 \\ 2 & \lambda-4 & 4 \\ -2 & 4 & \lambda-4 \end{vmatrix} = \lambda^2(\lambda-9).$$

$\boldsymbol{A}$ 的特征根为 $\lambda_1 = \lambda_2 = 0, \lambda_3 = 9$.

$\lambda_1 = \lambda_2 = 0$ 对应的特征向量为 $\boldsymbol{\alpha}_1 = \begin{pmatrix} 2 \\ 1 \\ 0 \end{pmatrix}, \boldsymbol{\alpha}_2 = \begin{pmatrix} 2 \\ 0 \\ -1 \end{pmatrix}$.

对 $\boldsymbol{\alpha}_1, \boldsymbol{\alpha}_2$ 正交化单位化得

$$\boldsymbol{\xi}_1 = \begin{pmatrix} \dfrac{2}{\sqrt{5}} \\ \dfrac{1}{\sqrt{5}} \\ 0 \end{pmatrix}, \boldsymbol{\xi}_2 = \begin{pmatrix} \dfrac{2}{3\sqrt{5}} \\ -\dfrac{4}{3\sqrt{5}} \\ -\dfrac{5}{3\sqrt{5}} \end{pmatrix}.$$

$\lambda_3 = 9$ 对应的特征向量为 $\boldsymbol{\alpha}_3 = \begin{pmatrix} 1 \\ -2 \\ 2 \end{pmatrix}$，

对 λ_3 正交化单位化得 $\boldsymbol{\xi}_3 = \begin{pmatrix} \dfrac{1}{3} \\ -\dfrac{2}{3} \\ \dfrac{2}{3} \end{pmatrix}$.

令 $\boldsymbol{P} = \begin{pmatrix} \dfrac{2}{\sqrt{5}} & \dfrac{2}{3\sqrt{5}} & \dfrac{1}{3} \\ \dfrac{1}{\sqrt{5}} & -\dfrac{4}{3\sqrt{5}} & -\dfrac{2}{3} \\ 0 & -\dfrac{5}{3\sqrt{5}} & \dfrac{2}{3} \end{pmatrix}$,则 $\boldsymbol{x} = \boldsymbol{Py}$ 将二次型转化为

标准形 $f = 9y_3^2$.

2 解题过程 (1) 配方法:

$$f = 2(x_1 + x_2 - x_3)^2 - 2x_1^2 - 3x_2^2.$$

则令 $\begin{pmatrix} y_1 \\ y_2 \\ y_3 \end{pmatrix} = \begin{pmatrix} 1 & 1 & -1 \\ 1 & 0 & 0 \\ 0 & 0 & 1 \end{pmatrix} \begin{pmatrix} x_1 \\ x_2 \\ x_3 \end{pmatrix}$,

$$f = 2y_1^2 - 2y_2^2 - 3y_3^2.$$

则对 $\begin{pmatrix} 1 & 1 & -1 \\ 1 & 0 & 0 \\ 0 & 0 & 1 \end{pmatrix}$ 求逆矩阵得到 $\boldsymbol{C} = \begin{pmatrix} 0 & 1 & 0 \\ 1 & -1 & 1 \\ 0 & 0 & 1 \end{pmatrix}$,

即为所求满秩变换矩阵.

初等变换法:

f 的对应矩阵 $\boldsymbol{A} = \begin{pmatrix} 0 & 2 & -2 \\ 2 & 2 & -2 \\ -2 & -2 & -1 \end{pmatrix}$,

$\begin{pmatrix} \boldsymbol{A} \\ \boldsymbol{E} \end{pmatrix} \xrightarrow[\text{初等列变换}]{\text{初等行变换}} \begin{pmatrix} 2 & 0 & 0 \\ 0 & -2 & 0 \\ 0 & 0 & -3 \\ 0 & 1 & 0 \\ 1 & -1 & 1 \\ 0 & 0 & 1 \end{pmatrix}$,令 $\boldsymbol{C} = \begin{pmatrix} 0 & 1 & 0 \\ 1 & -1 & 1 \\ 0 & 0 & 1 \end{pmatrix}$,

则作满秩变换 $\boldsymbol{x} = \boldsymbol{Cy}$ 将二次型化为标准形

$$f = 2y_1^2 - 2y_2^2 - 3y_3^2.$$

第六章 二次型

（2）配方法：

令 $\begin{cases} x_1 = y_1 + y_2 \\ x_2 = y_1 - y_2 \\ x_3 = y_3 \end{cases}$，即 $\begin{pmatrix} x_1 \\ x_2 \\ x_3 \end{pmatrix} = \begin{pmatrix} 1 & 1 & 0 \\ 1 & -1 & 0 \\ 0 & 0 & 1 \end{pmatrix} \begin{pmatrix} y_1 \\ y_2 \\ y_3 \end{pmatrix}$,

则 $f = 2y_1^2 - 2y_2^2 + 4y_1 y_3 + 4y_2 y_3$

$\quad = 2(y_1 + y_3)^2 - 2(y_2 - y_3)^2$.

令 $\begin{cases} z_1 = y_1 + y_3 \\ z_2 = y_2 - y_3 \\ z_3 = y_3 \end{cases}$，即 $\begin{pmatrix} z_1 \\ z_2 \\ z_3 \end{pmatrix} = \begin{pmatrix} 1 & 0 & 1 \\ 0 & 1 & -1 \\ 0 & 0 & 1 \end{pmatrix} \begin{pmatrix} y_1 \\ y_2 \\ y_3 \end{pmatrix}$,

即 $\begin{pmatrix} x_1 \\ x_2 \\ x_3 \end{pmatrix} = \begin{pmatrix} 1 & 1 & 0 \\ 1 & -1 & 0 \\ 0 & 0 & 1 \end{pmatrix} \begin{pmatrix} 1 & 0 & -1 \\ 0 & 1 & 1 \\ 0 & 0 & 1 \end{pmatrix} \begin{pmatrix} z_1 \\ z_2 \\ z_3 \end{pmatrix} = \begin{pmatrix} 1 & 1 & 0 \\ 1 & -1 & -2 \\ 0 & 0 & 1 \end{pmatrix} \begin{pmatrix} z_1 \\ z_2 \\ z_3 \end{pmatrix}$,

$C = \begin{pmatrix} 1 & 1 & 0 \\ 1 & -1 & -2 \\ 0 & 0 & 1 \end{pmatrix}$ 为所求满秩变换矩阵.

初等变换法：

令 $\begin{pmatrix} x_1 \\ x_2 \\ x_3 \end{pmatrix} = \begin{pmatrix} 1 & 1 & 0 \\ 1 & -1 & 0 \\ 0 & 0 & 1 \end{pmatrix} \begin{pmatrix} y_1 \\ y_2 \\ y_3 \end{pmatrix}$，则 $f = 2y_1^2 - 2y_2^2 + 4y_1 y_3 + 4y_2 y_3$.

则对应矩阵为 $A = \begin{pmatrix} 2 & 0 & 2 \\ 0 & -2 & 2 \\ 2 & 2 & 0 \end{pmatrix}$.

$\begin{pmatrix} A \\ E \end{pmatrix} = \begin{pmatrix} 2 & 0 & 2 \\ 0 & -2 & 2 \\ 2 & 2 & 0 \\ 1 & 0 & 0 \\ 0 & 1 & 0 \\ 0 & 0 & 1 \end{pmatrix} \longrightarrow \begin{pmatrix} 2 & 0 & 0 \\ 0 & -2 & 0 \\ 0 & 0 & 0 \\ 1 & 0 & -1 \\ 0 & 1 & 1 \\ 0 & 0 & 1 \end{pmatrix}$,

则 $C = \begin{pmatrix} 1 & 1 & 0 \\ 1 & -1 & 0 \\ 0 & 0 & 1 \end{pmatrix} \begin{pmatrix} 1 & 0 & -1 \\ 0 & 1 & 1 \\ 0 & 0 & 1 \end{pmatrix} = \begin{pmatrix} 1 & 1 & 0 \\ 1 & -1 & -2 \\ 0 & 0 & 1 \end{pmatrix}$.

3 解题过程　（1）f 的对应矩阵 $A = \begin{pmatrix} 5 & -1 & 3 \\ -1 & 5 & -3 \\ 3 & -3 & c \end{pmatrix}$,

$$|\boldsymbol{A}| = -24(c-3).$$

已知 f 秩为 2，则 $|\boldsymbol{A}| = 0$，故 $c = 3$.

$$|\lambda\boldsymbol{E} - \boldsymbol{A}| = \begin{vmatrix} \lambda-5 & 1 & -3 \\ 1 & \lambda-5 & 3 \\ -3 & 3 & \lambda-3 \end{vmatrix} = \lambda(\lambda-4)(\lambda-9),$$

故 $\boldsymbol{A}$ 的特征值为 $0, 4, 9$.

(2) f 可化为标准形 $f = 4y_2^2 + 9y_3^2$，故 $f = 1$.

表示椭圆柱面.

4 **解题** 过程 f 的对应矩阵为 $\boldsymbol{A} = \begin{bmatrix} 2 & 0 & 0 \\ 0 & 3 & t \\ 0 & t & 3 \end{bmatrix}$.

根据题意知 $\boldsymbol{A}$ 与 $\begin{bmatrix} 1 & 0 & 0 \\ 0 & 2 & 0 \\ 0 & 0 & 5 \end{bmatrix}$ 相似，

故 $|\boldsymbol{A}| = 2(9-t^2) = 2 \times 5 \times 1$.

又知 $t < 0$，解得 $t = -2$.

$$|\lambda\boldsymbol{E} - \boldsymbol{A}| = \begin{vmatrix} \lambda-2 & 0 & 0 \\ 0 & \lambda-3 & 2 \\ 0 & 2 & \lambda-3 \end{vmatrix} = (\lambda-2)(\lambda^2-6\lambda+5)$$

$$= (\lambda-1)(\lambda-2)(\lambda-5).$$

$\boldsymbol{A}$ 的特征值为 $\lambda_1 = 1, \lambda_2 = 2, \lambda_3 = 5$.

$\lambda_1 = 1$ 对应的特征向量为 $\boldsymbol{\alpha}_1 = \begin{bmatrix} 0 \\ 1 \\ 1 \end{bmatrix}$，单位化得 $\boldsymbol{\xi}_1 = \begin{bmatrix} 0 \\ \dfrac{1}{\sqrt{2}} \\ \dfrac{1}{\sqrt{2}} \end{bmatrix}$，

$\lambda_2 = 2$ 对应的特征向量为 $\boldsymbol{\alpha}_2 = \begin{bmatrix} 1 \\ 0 \\ 0 \end{bmatrix}$，单位化得 $\boldsymbol{\xi}_2 = \begin{bmatrix} 1 \\ 0 \\ 0 \end{bmatrix}$，

$\lambda_3 = 5$ 对应的特征向量为 $\boldsymbol{\alpha}_3 = \begin{bmatrix} 0 \\ -1 \\ 1 \end{bmatrix}$，单位化得 $\boldsymbol{\xi}_3 = \begin{bmatrix} 0 \\ -\dfrac{1}{\sqrt{2}} \\ \dfrac{1}{\sqrt{2}} \end{bmatrix}$.

故取 $\boldsymbol{P} = (\boldsymbol{\xi}_1, \boldsymbol{\xi}_2, \boldsymbol{\xi}_3) = \begin{pmatrix} 0 & 1 & 0 \\ \dfrac{1}{\sqrt{2}} & 0 & -\dfrac{1}{\sqrt{2}} \\ \dfrac{1}{\sqrt{2}} & 0 & \dfrac{1}{\sqrt{2}} \end{pmatrix}$.

5. **解题过程**　因为 $\boldsymbol{R}(\boldsymbol{A}^{\mathrm{T}}\boldsymbol{A}) = \boldsymbol{R}(\boldsymbol{A})$,

所以 $\boldsymbol{R}(\boldsymbol{A}) = 2, a = -1$.

即 $\boldsymbol{A} = \begin{pmatrix} 1 & 0 & 1 \\ 0 & 1 & 1 \\ -1 & 0 & -1 \\ 0 & -1 & -1 \end{pmatrix}, \boldsymbol{A}^{\mathrm{T}}\boldsymbol{A} = \begin{pmatrix} 2 & 0 & 2 \\ 0 & 2 & 2 \\ 2 & 2 & 4 \end{pmatrix}$.

$|\lambda\boldsymbol{E} - \boldsymbol{A}^{\mathrm{T}}\boldsymbol{A}| = \lambda(\lambda - 2)(\lambda - 6)$.

$\boldsymbol{A}^{\mathrm{T}}\boldsymbol{A}$ 的三个特征值为 $0, 2, 6$.

解齐次线性方程组

$\boldsymbol{A}^{\mathrm{T}}\boldsymbol{A}\boldsymbol{x} = \boldsymbol{0}$　$(2\boldsymbol{E} - \boldsymbol{A}^{\mathrm{T}}\boldsymbol{A})\boldsymbol{x} = \boldsymbol{0}$　$(6\boldsymbol{E} - \boldsymbol{A}^{\mathrm{T}}\boldsymbol{A})\boldsymbol{x} = \boldsymbol{0}$.

得正交矩阵

$\boldsymbol{Q} = \begin{pmatrix} \dfrac{\sqrt{2}}{2} & \dfrac{\sqrt{6}}{6} & \dfrac{\sqrt{3}}{3} \\ -\dfrac{\sqrt{2}}{2} & \dfrac{\sqrt{6}}{6} & \dfrac{\sqrt{3}}{3} \\ 0 & \dfrac{\sqrt{6}}{3} & -\dfrac{\sqrt{3}}{3} \end{pmatrix}$.

对角阵 $\boldsymbol{\Lambda} = \begin{pmatrix} 2 & 0 & 0 \\ 0 & 6 & 0 \\ 0 & 0 & 0 \end{pmatrix}$, 正交变换 $\boldsymbol{x} = \boldsymbol{Q}\boldsymbol{y}$,

f 的标准形为 $2y_1^2 + 6y_2^2$.

6. **证明**　(1) $f = 2(x_1, x_2, x_3) \begin{pmatrix} a_1 \\ a_2 \\ a_3 \end{pmatrix}(a_1, a_2, a_3) \begin{pmatrix} x_1 \\ x_2 \\ x_3 \end{pmatrix} + (x_1, x_2, x_3) \begin{pmatrix} b_1 \\ b_2 \\ b_3 \end{pmatrix}(b_1, b_2, b_3) \begin{pmatrix} x_1 \\ x_2 \\ x_3 \end{pmatrix}$

$= \boldsymbol{x}^{\mathrm{T}}(2\boldsymbol{\alpha}\boldsymbol{\alpha}^{\mathrm{T}})\boldsymbol{x} + \boldsymbol{x}^{\mathrm{T}}(\boldsymbol{\beta}\boldsymbol{\beta}^{\mathrm{T}})\boldsymbol{x} = \boldsymbol{x}^{\mathrm{T}}(2\boldsymbol{\alpha}\boldsymbol{\alpha}^{\mathrm{T}} + \boldsymbol{\beta}\boldsymbol{\beta}^{\mathrm{T}})\boldsymbol{x}$,

因此 f 对应的矩阵为 $2\boldsymbol{\alpha}^{\mathrm{T}}\boldsymbol{\alpha} + \boldsymbol{\beta}^{\mathrm{T}}\boldsymbol{\beta}$.

(2) $\boldsymbol{A}\boldsymbol{\alpha} = (2\boldsymbol{\alpha}\boldsymbol{\alpha}^{\mathrm{T}} + \boldsymbol{\beta}\boldsymbol{\beta}^{\mathrm{T}})\boldsymbol{\alpha} = 2\boldsymbol{\alpha} \mid \boldsymbol{\alpha} \mid^2 + \boldsymbol{\beta}\boldsymbol{\beta}^{\mathrm{T}}\boldsymbol{\alpha} = 2\boldsymbol{\alpha}$,

因此 $\boldsymbol{\alpha}$ 为 $\boldsymbol{A}$ 的对应于 $\lambda_1 = 2$ 的特征向量.

$\boldsymbol{A}\boldsymbol{\beta} = (2\boldsymbol{\alpha}\boldsymbol{\alpha}^{\mathrm{T}} + \boldsymbol{\beta}\boldsymbol{\beta}^{\mathrm{T}})\boldsymbol{\beta} = 2\boldsymbol{\alpha}\boldsymbol{\alpha}^{\mathrm{T}} \cdot \boldsymbol{\beta} + \boldsymbol{\beta} \cdot \mid \boldsymbol{\beta} \mid^2 = \boldsymbol{\beta}$,

因此 $\boldsymbol{\beta}$ 为 $\boldsymbol{A}$ 的对应于 $\lambda_2 = 1$ 的特征向量.

$R(\boldsymbol{A}) \leqslant R(2\boldsymbol{\alpha}\boldsymbol{\alpha}^{\mathrm{T}}) + R(\boldsymbol{\beta}\boldsymbol{\beta}^{\mathrm{T}}) = R(\boldsymbol{\alpha}) + R(\boldsymbol{\beta}) = 2 < 3.$

因此 $\lambda_3 = 0$.

所以 f 在正交变换下的标准形为 $2y_1^2 + y_2^2$.

■ 习题 6 – 3

1 分析 通过各阶顺序主子式来判断较为简单.

解题 过程   (1) $a_{11} = 1 > 0$,

$$\begin{vmatrix} 1 & 1 \\ 1 & 2 \end{vmatrix} > 0,$$

$$\begin{vmatrix} 1 & 1 & 1 \\ 1 & 2 & 2 \\ 1 & 2 & 3 \end{vmatrix} = \begin{vmatrix} 1 & 1 & 1 \\ 0 & 1 & 1 \\ 0 & 0 & 1 \end{vmatrix} > 0,$$

故该矩阵正定.

(2) $a_{11} = -1 < 0$,

$$\begin{vmatrix} -1 & 1 \\ 1 & -2 \end{vmatrix} > 0,$$

$$\begin{vmatrix} -1 & 1 & 0 \\ 1 & -2 & 1 \\ 0 & 1 & -3 \end{vmatrix} = \begin{vmatrix} -1 & 1 & 0 \\ 0 & -1 & 1 \\ 0 & 1 & -3 \end{vmatrix} = \begin{vmatrix} -1 & 1 & 0 \\ 0 & -1 & 1 \\ 0 & 0 & -2 \end{vmatrix} = -2 < 0,$$

故该矩阵负定.

(3) $a_{11} > 0$,

$$\begin{vmatrix} 2 & -1 \\ -1 & 2 \end{vmatrix} = 3 > 0,$$

$$\begin{vmatrix} 2 & -1 & 0 \\ -1 & 2 & -1 \\ 0 & -1 & 2 \end{vmatrix} = \begin{vmatrix} 0 & 3 & -2 \\ -1 & 2 & -1 \\ 0 & -1 & 2 \end{vmatrix} = 4 > 0,$$ 故该矩阵正定.

2 解题 过程   (1) f 的对应矩阵 $\boldsymbol{A} = \begin{pmatrix} -2 & 1 & 1 \\ 1 & -6 & 0 \\ 1 & 0 & -4 \end{pmatrix}$.

$a_{11} = -2 < 0,$

$$\begin{vmatrix} -2 & 1 \\ 1 & -6 \end{vmatrix} = 11 > 0,$$

$$|\boldsymbol{A}| = \begin{vmatrix} 0 & -11 & 1 \\ 1 & -6 & 0 \\ 0 & 6 & -4 \end{vmatrix} = -38 < 0,$$

故 f 负定.

(2) f 的对应矩阵 $\boldsymbol{A} = \begin{pmatrix} 1 & 1 & 0 \\ 1 & 2 & -2 \\ 0 & -2 & 3 \end{pmatrix}$.

$a_{11} = 1 > 0,$

$$\begin{vmatrix} 1 & 1 \\ 1 & 2 \end{vmatrix} > 0,$$

$|\boldsymbol{A}| = -1 < 0,$

故 f 既不正定,也不负定.

(3) f 的对应矩阵 $\boldsymbol{A} = \begin{pmatrix} 1 & -1 & 2 & 1 \\ -1 & 3 & 0 & -3 \\ 2 & 0 & 9 & -6 \\ 1 & -3 & -6 & 19 \end{pmatrix}$.

$a_{11} = 1 > 0,$

$$\begin{vmatrix} 1 & -1 \\ -1 & 3 \end{vmatrix} = 2 > 0,$$

$$\begin{vmatrix} 1 & -1 & 2 \\ -1 & 3 & 0 \\ 2 & 0 & 9 \end{vmatrix} = 6 > 0,$$

$|\boldsymbol{A}| = 168 > 0,$

故 f 正定.

3 解题过程 f 的对应矩阵为 $\boldsymbol{A} = \begin{pmatrix} 2 & t & 1 \\ t & 1 & 0 \\ 1 & 0 & 3 \end{pmatrix}$.

当 $\begin{vmatrix} 2 & t \\ t & 1 \end{vmatrix} > 0$,且 $|\boldsymbol{A}| > 0$ 时,f 正定.

即 $\begin{cases} 2 - t^2 > 0 \\ 5 - 3t^2 > 0 \end{cases}$,解得 $-\sqrt{\dfrac{5}{3}} < t < \sqrt{\dfrac{5}{3}}$.

4 解题过程 f 的对应矩阵为 $A = \begin{pmatrix} -1 & t & -1 \\ t & -1 & 2 \\ -1 & 2 & -5 \end{pmatrix}$.

当 $\begin{vmatrix} -1 & t \\ t & -1 \end{vmatrix} > 0$ 且 $|A| < 0$ 时，f 负定.

即 $\begin{cases} 1 - t^2 > 0 \\ 5t^2 - 4t < 0 \end{cases}$，解得 $0 < t < \dfrac{4}{5}$.

5 证明   (1) A 是正定矩阵，则 $A^T = A$ 也是正定矩阵.

(2) $(A^{-1})^T = (A^T)^{-1} = A^{-1}$，则 A^{-1} 对称.

又知 A^{-1} 的特征值是 A 的特征值的倒数，则 A^{-1} 的特征值全部大于 0，故 A^{-1} 也正定.

(3) 由 $A^* = |A| A^{-1}$ 知 $(A^*)^T = |A| (A^{-1}) = |A| A^{-1}$，

且 A^* 的特征值全大于 0，则 A^* 是正定矩阵.

6 证明   已知 A、B 均为正定矩阵，则

$A^T = A, B^T = B.$

$(BAB)^T = B^T A^T B^T = BAB.$

故 BAB 对称.

对任意非零向量 X，可知 $BX \neq 0$.

则 $X^T BABX = (B^T X)^T A (B^T X).$

$BX \neq 0, A$ 为正定矩阵，则

$(B^T X)^T A (B^T X) > 0.$

故 $X^T BABX > 0.$

BAB 也是正定矩阵.

7 证明   已知 A 是正定矩阵，则对任意非零向量 X 有

$X^T AX > 0.$

取 $x_i = (0, \cdots, 0, 1, 0, \cdots, 0)^T, (i = 1, 2, \cdots, n),$

则 $x_i^T A x_i = a_{ii} > 0.$

8 解题过程   充分性：

已知 $A = U^T V$，则对任意的 $X \neq 0$,

$X^T AX = X^T U^T VX = (UX)^T (UX) = ||UX||^2 \geqslant 0.$

由于 $UX \neq 0$，则 $X^T AX > 0.$

即 A 正定.

必要性：

A 正定,则特征值 $\lambda_1, \lambda_2, \cdots, \lambda_n$ 均大于 0.

设存在正交矩阵 P 使得 $P^{\mathrm{T}} A P = \begin{pmatrix} \lambda_1 & & & \\ & \lambda_2 & & \\ & & \ddots & \\ & & & \lambda_n \end{pmatrix}$,

即 $A = P \begin{pmatrix} \lambda_1 & & \\ & \ddots & \\ & & \lambda_n \end{pmatrix} P^{\mathrm{T}} = P \begin{pmatrix} \sqrt{\lambda_1} & & \\ & \ddots & \\ & & \sqrt{\lambda_n} \end{pmatrix} \begin{pmatrix} \sqrt{\lambda_1} & & \\ & \ddots & \\ & & \sqrt{\lambda_n} \end{pmatrix} P^{\mathrm{T}}$,

则 $U = \begin{pmatrix} \sqrt{\lambda_1} & & \\ & \ddots & \\ & & \sqrt{\lambda_n} \end{pmatrix} P^{\mathrm{T}}$.

则 $A = U^{\mathrm{T}} U$,即 A 与 E 合同.

总习题

1 解题过程 $\quad f = X^{\mathrm{T}} A X = \sum_{i=1}^{n} x_i^2 - 2 \sum_{i=1}^{n-1} x_i x_{i+1} - 2 \sum_{i=1}^{n-2} x_i x_{i+2}$.

2 证明 设 $\lambda_1, \lambda_2, \cdots, \lambda_n$ 为 A 的特征值,对应特征向量分别为 $\alpha_1, \alpha_2, \cdots, \alpha_n$,它们两两正交并且是单位向量,则任意向量 x 均可由 $\alpha_1, \alpha_2, \cdots, \alpha_n$ 线性表示.

设 $x = k_1 \alpha_1 + k_2 \alpha_2 + \cdots + k_n \alpha_n$,

由 $\|X\| = 1$,得 $\sum_{i=1}^{n} k_i^2 = 1$.

$$f = X^{\mathrm{T}} A X = \left(\sum_{i=1}^{n} k_i \alpha_i \right)^{\mathrm{T}} A \left(\sum_{i=1}^{n} k_i \alpha_i \right)$$

$$= \sum_{i=1}^{n} k_i^2 \lambda_i \leqslant \max\{\lambda_i\},$$

则知 f 在 $\|X\| = 1$ 时的最大值为 A 的最大特征值.

3 证明 取 $x_i = (0, \cdots, 0, 1, 0, \cdots, 0)^{\mathrm{T}}$ 是基本单位向量,

$x_i^{\mathrm{T}} A x_i = a_{ii} = 0 \quad (i = 1, 2, \cdots, n)$,

可知 A 主对角线上全是 0.

取 $y_{ij} = (0, \cdots, 0, 1, 0, \cdots, 0, \cdots, 0, 1, 0, \cdots, 0)^{\mathrm{T}}$

$(i, j = 1, 2, \cdots, n)$,

$$\boldsymbol{y}_{ij}^{\mathrm{T}}\boldsymbol{A}\boldsymbol{y}_{ij} = a_{ii} + a_{jj} + 2a_{ij} = 2a_{ij} = \boldsymbol{0}.$$

故可得 $\boldsymbol{A}$ 所有元均为 0,即 $\boldsymbol{A} = \boldsymbol{0}$.

4 解题 过程 设 $f = x^2 + ay^2 + z^2 + 2bxy + 2xz + 2yz$,

对应矩阵 $\boldsymbol{A} = \begin{pmatrix} 1 & b & 1 \\ b & a & 1 \\ 1 & 1 & 1 \end{pmatrix}$.

根据题意知 $\boldsymbol{A}$ 的特征根为 $\lambda_1 = 0, \lambda_2 = 1, \lambda_3 = 4$.

$$\begin{cases} |\boldsymbol{A}| = \begin{vmatrix} 1 & b & 1 \\ b & a & 1 \\ 1 & 1 & 1 \end{vmatrix} = -(b-1)^2 = 0 \\ |\boldsymbol{E} - \boldsymbol{A}| = \begin{vmatrix} 0 & -b & -1 \\ -b & 1-a & -1 \\ -1 & -1 & 0 \end{vmatrix} = a - 2b - 1 = 0 \end{cases}$$

解得 $b = 1, a = 3$.

$\lambda_1 = 0$ 所对应的单位化向量为 $\boldsymbol{\alpha}_1 = \begin{pmatrix} \dfrac{1}{\sqrt{2}} \\ 0 \\ -\dfrac{1}{\sqrt{2}} \end{pmatrix}$,

$\lambda_2 = 0$ 对应的单位化向量为 $\boldsymbol{\alpha}_2 = \begin{pmatrix} \dfrac{1}{\sqrt{3}} \\ -\dfrac{1}{\sqrt{3}} \\ \dfrac{1}{\sqrt{3}} \end{pmatrix}$,

$\lambda_3 = 4$ 对应的单位化向量为 $\boldsymbol{\alpha}_3 = \begin{pmatrix} \dfrac{1}{\sqrt{6}} \\ \dfrac{2}{\sqrt{6}} \\ \dfrac{1}{\sqrt{6}} \end{pmatrix}$,

令 $\boldsymbol{P} = (\boldsymbol{\alpha}_1, \boldsymbol{\alpha}_2, \boldsymbol{\alpha}_3) = \begin{pmatrix} \dfrac{1}{\sqrt{2}} & \dfrac{1}{\sqrt{3}} & \dfrac{1}{\sqrt{6}} \\ 0 & -\dfrac{1}{\sqrt{3}} & \dfrac{2}{\sqrt{6}} \\ -\dfrac{1}{\sqrt{2}} & \dfrac{1}{\sqrt{3}} & \dfrac{1}{\sqrt{6}} \end{pmatrix}$.

第六章 二次型

5 解题过程

$$f = (x_1 - x_2)^2 + (x_2 - x_3)^2 + (x_3 - x_1)^2$$

$$= 2\left(x_1 - \frac{1}{2}x_2 - \frac{1}{2}x_3\right)^2 + \frac{3}{2}(x_2 - x_3)^2.$$

令 $\begin{pmatrix} y_1 \\ y_2 \\ y_3 \end{pmatrix} = \begin{pmatrix} 1 & -\dfrac{1}{2} & -\dfrac{1}{2} \\ 0 & 1 & -1 \\ 0 & 0 & 1 \end{pmatrix} \begin{pmatrix} x_1 \\ x_2 \\ x_3 \end{pmatrix},$

则 $f = 2y_1^2 + \dfrac{3}{2}y_2^2.$

满秩变换矩阵为 $\boldsymbol{C} = \begin{pmatrix} 1 & \dfrac{1}{2} & 1 \\ 0 & 1 & 1 \\ 0 & 0 & 1 \end{pmatrix}.$

6 解题过程

f 对应矩阵为

$$\boldsymbol{A} = \begin{pmatrix} 2 & 1 & \cdots & 1 \\ 1 & 2 & \cdots & 1 \\ \vdots & \vdots & & \vdots \\ 1 & 1 & \cdots & 2 \end{pmatrix}_{(k)}.$$

$$D_k = \begin{vmatrix} 2 & 1 & \cdots & 1 \\ 1 & 2 & \cdots & 1 \\ \vdots & \vdots & & \vdots \\ 1 & 1 & \cdots & 2 \end{vmatrix}_{(k)} = k + 1 > 0 (k = 1, 2, \cdots, n),$$

故二次型 f 正定.

7 解题过程

(1) $\boldsymbol{A}^{-1} = \begin{pmatrix} 0 & 1 & 0 & 0 \\ 1 & 0 & 0 & 0 \\ 0 & 0 & \dfrac{2}{3} & -\dfrac{1}{3} \\ 0 & 0 & -\dfrac{1}{3} & \dfrac{2}{3} \end{pmatrix},$

则 $\boldsymbol{x}^{\mathrm{T}} \boldsymbol{A}^{-1} \boldsymbol{x} = \dfrac{2}{3}x_3^2 + \dfrac{2}{3}x_4^2 + 2x_1 x_2 - \dfrac{2}{3}x_3 x_4,$

$\boldsymbol{x}^{\mathrm{T}} \boldsymbol{A} \boldsymbol{x} = 2x_3^2 + 2x_4^2 + 2x_1 x_2 + 2x_3 x_4.$

(2) $|\lambda \boldsymbol{E} - \boldsymbol{A}| = \begin{vmatrix} \lambda & -1 & 0 & 0 \\ -1 & \lambda & 0 & 0 \\ 0 & 0 & \lambda - 2 & -1 \\ 0 & 0 & -1 & \lambda - 2 \end{vmatrix} = (\lambda - 1)^2 (\lambda + 1)(\lambda - 3),$

故 A 的特征值为 $1,1,-1,3$.

又知 A^{-1} 的特征值为 A 的特征值的倒数.

则 A^{-1} 的特征值为 $1,1,-1,\dfrac{1}{3}$.

(3) A 不是正定矩阵.

因为 $|A_1|=0$，$|A_2|=\begin{vmatrix} 0 & 1 \\ 1 & 0 \end{vmatrix}=-1$，$|A_3|=\begin{vmatrix} 0 & 1 & 0 \\ 1 & 0 & 0 \\ 0 & 0 & 2 \end{vmatrix}=-2$，

$$|A_4|=\begin{vmatrix} 0 & 1 & 0 & 0 \\ 1 & 0 & 0 & 0 \\ 0 & 0 & 2 & 1 \\ 0 & 0 & 1 & 2 \end{vmatrix}=-3.$$

(4) $E-A=\begin{pmatrix} 1 & -1 & 0 & 0 \\ -1 & 1 & 0 & 0 \\ 0 & 0 & -1 & -1 \\ 0 & 0 & -1 & -1 \end{pmatrix}\rightarrow\begin{pmatrix} 1 & -1 & 0 & 0 \\ 0 & 0 & 0 & 0 \\ 0 & 0 & -1 & -1 \\ 0 & 0 & 0 & 0 \end{pmatrix}\rightarrow\begin{pmatrix} 1 & -1 & 0 & 0 \\ 0 & 0 & 1 & 1 \\ 0 & 0 & 0 & 0 \\ 0 & 0 & 0 & 0 \end{pmatrix}$，

则 $\lambda_1=\lambda_2=1$ 对应的单位化特征向量为

$$\alpha_1=\begin{pmatrix} \dfrac{1}{\sqrt{2}} \\ \dfrac{1}{\sqrt{2}} \\ 0 \\ 0 \end{pmatrix},\quad \alpha_2=\begin{pmatrix} 0 \\ 0 \\ -\dfrac{1}{\sqrt{2}} \\ \dfrac{1}{\sqrt{2}} \end{pmatrix}\quad (\alpha_1,\alpha_2 \text{ 是正交的}).$$

同理得到 $\lambda_3=-1$ 对应的单位化特征向量为 $\alpha_3=\begin{pmatrix} \dfrac{1}{\sqrt{2}} \\ -\dfrac{1}{\sqrt{2}} \\ 0 \\ 0 \end{pmatrix}$，

$\lambda_4=3$ 对应的单位化特征向量为 $\alpha_4=\begin{pmatrix} 0 \\ 0 \\ \dfrac{1}{\sqrt{2}} \\ -\dfrac{1}{\sqrt{2}} \end{pmatrix}$，

$$令\ P = (\boldsymbol{\alpha}_1, \boldsymbol{\alpha}_2, \boldsymbol{\alpha}_3, \boldsymbol{\alpha}_4) = \begin{pmatrix} \dfrac{1}{\sqrt{2}} & 0 & \dfrac{1}{\sqrt{2}} & 0 \\ \dfrac{1}{\sqrt{2}} & 0 & -\dfrac{1}{\sqrt{2}} & 0 \\ 0 & -\dfrac{1}{\sqrt{2}} & 0 & \dfrac{1}{\sqrt{2}} \\ 0 & \dfrac{1}{\sqrt{2}} & 0 & \dfrac{1}{\sqrt{2}} \end{pmatrix},$$

$$则\ \boldsymbol{P}^{\mathrm{T}} \boldsymbol{A} \boldsymbol{P} = \begin{pmatrix} 1 & & & \\ & 1 & & \\ & & -1 & \\ & & & 3 \end{pmatrix}.$$

8 解题过程 　取 $\boldsymbol{A} = \begin{pmatrix} 1 & a_2 & 0 & \cdots & 0 \\ 0 & 1 & a_2 & \cdots & 0 \\ 0 & 0 & 1 & \cdots & 0 \\ \vdots & \vdots & \vdots & & \vdots \\ 0 & 0 & 0 & \cdots & 1 \end{pmatrix},$

$$f = y_1^2 + y_2^2 + \cdots + y_n^2$$

$$= (x_1, x_2, \cdots, x_n) \boldsymbol{A}^{\mathrm{T}} \boldsymbol{A} \begin{pmatrix} x_1 \\ x_2 \\ \vdots \\ x_n \end{pmatrix}.$$

则 f 的对应矩阵为 $\boldsymbol{A}^{\mathrm{T}}\boldsymbol{A}$,任意非零向量有

$\boldsymbol{x}^{\mathrm{T}} \boldsymbol{A}^{\mathrm{T}} \boldsymbol{A} \boldsymbol{x} \geqslant 0.$

当 $|\boldsymbol{A}| \neq 0$ 时,f 正定.

即 $(-1)^{n+1} a_2 a_2 \cdots a_n + 1 \neq 0.$

当 $a_1 a_2 \cdots a_n \neq (-1)^n$ 时,f 正定.

9 证明 　$(t\boldsymbol{E} + \boldsymbol{A})^{\mathrm{T}} = t\boldsymbol{E} + \boldsymbol{A}^{\mathrm{T}} = t\boldsymbol{E} + \boldsymbol{A}.$

故 $t\boldsymbol{E} + \boldsymbol{A}$ 是对称矩阵.

设 λ_i 是 $\boldsymbol{A}$ 的特征值,可得到 $t + \lambda_i$ 是 $t\boldsymbol{E} + \boldsymbol{A}$ 的特征值.

当 $t > \max\{|\lambda_i|\}$ 且 $t + \lambda_i > 0$ 时,则 $t\boldsymbol{E} + \boldsymbol{A}$ 正定.

10 证明 　设 $\boldsymbol{A}$ 的特征值为 $\lambda_i (i = 1, 2, \cdots, n),$

则 $|\boldsymbol{A}| = \lambda_1, \lambda_2 \cdots \lambda_n < 0,$

即 λ_i 中存在小于 0 的特征值.

不妨设 $\lambda_i < 0$,正交矩阵 P 使得 $x = Py$,

则 $x^{\mathrm{T}}Ax < y^{\mathrm{T}}P^{\mathrm{T}}Py = y_1^2 + y_2^2 + \cdots + y_n^2$.

取 $y^{\mathrm{T}} = (1, 0, \cdots, 0)^{\mathrm{T}}$,

$x_0^{\mathrm{T}} = Py^{\mathrm{T}}$,可知 $(x)^{\mathrm{T}}Ax = \lambda_i < 0$.

11 证明　$f = x^{\mathrm{T}}Ax$ 是 $\mathbf{R}^n$ 上的 n 元连续函数.

根据连续函数的性质可知必存在非零向量 x_0 使得 $x_0^{\mathrm{T}}Ax_0 = 0$.

12 证明　对任意非零向量 x 有

$x^{\mathrm{T}}Bx = x^{\mathrm{T}}(\lambda E + A^{\mathrm{T}}A)x = \lambda x^{\mathrm{T}}x + x^{\mathrm{T}}A^{\mathrm{T}}Ax$

$\qquad = \lambda \parallel x \parallel + \parallel Ax \parallel \geqslant \lambda \parallel x \parallel > 0$.

又 $(\lambda E + A^{\mathrm{T}}A)^{\mathrm{T}} = \lambda E + A^{\mathrm{T}}A$,

则 $\lambda E + A^{\mathrm{T}}A$ 是对称矩阵.

故 $B = \lambda E + A^{\mathrm{T}}A$ 是正定矩阵.

13 证明　设 λ 是 A 的特征值,则有 $\lambda^3 - 3\lambda^2 + 5\lambda - 3 = 0$,

即 $(\lambda - 1)(\lambda^2 - 2\lambda + 3) = 0$,而 λ 必为实数.

可知 $\lambda = 1$,即 A 的特征值均为 1.

所以 A 是正定矩阵.

14 解题过程　先求 A 的特征值.

$$|\lambda E - A| = \begin{vmatrix} \lambda - 1 & 0 & -1 \\ 0 & \lambda - 2 & 0 \\ -1 & 0 & \lambda - 1 \end{vmatrix} = \lambda(\lambda - 2)^2,$$

A 的特征值为 $\lambda_1 = 0, \lambda_2 = \lambda_3 = 2$.

则存在正交矩阵 P 使得 $P^{-1}AP = \begin{bmatrix} 0 & & \\ & 2 & \\ & & 2 \end{bmatrix}$.

$$P^{-1}(kE + A)^2 P = \begin{bmatrix} k^2 & & \\ & (k+2)^2 & \\ & & (k+2)^2 \end{bmatrix},$$

则当 $k \neq 0$ 且 $k \neq 2$ 时,$B = (kE + A)^2$ 正交.

15 解题过程　(1) 由题意可知 f 的对应矩阵为 $\dfrac{1}{|A|}A^*$,即 A^{-1}.

(2) 由于 $A^{\mathrm{T}}A^{-1}A = A$ 可知 A 与 A^{-1} 合同,则 g 与 f 有相同的规范形.

16 解题过程

(1)$A = \begin{bmatrix} a & 0 & 1 \\ 0 & a & -1 \\ 1 & -1 & a-1 \end{bmatrix}$.

$$|\lambda E - A| = \begin{vmatrix} \lambda - a & 0 & -1 \\ 0 & \lambda - a & 1 \\ -1 & 1 & \lambda - a + 1 \end{vmatrix}$$

$$= (\lambda - a) \begin{vmatrix} \lambda - a & 1 \\ 1 & \lambda - a + 1 \end{vmatrix} - \begin{vmatrix} 0 & \lambda - a \\ -1 & 1 \end{vmatrix}$$

$$= (\lambda - a)(\lambda - a + 2)(\lambda - a - 1).$$

$\lambda_1 = a, \lambda_2 = a - 2, \lambda_3 = a + 1$.

(2)f 的规范形为 $y_1^2 + y_2^2$,所以两个特征值为正,一个为 0.

当 $\lambda_1 = a = 0$,则 $\lambda_2 = -2 < 0, \lambda_3 = 1$,不合题意;

当 $\lambda_2 = 0$,则 $\lambda_1 = 2 > 0, \lambda_3 = 3 > 0$,合题意;

当 $\lambda_3 = 0$,则 $\lambda_1 = -1 < 0, \lambda_2 = -3 < 0$,不合题意.

因此,取 $a = 2$.

小结

1. 熟练掌握二次型化标准形的方法:正交变换法、配方法和初等变换法.

2. 理解合同和二次型正定的概念、惯性定理.

3. 掌握二次型正定、负定的性质,并能够判断二次型的正定性.

第七章

应用问题

第七章 应用问题

学习要求

1. 了解二次方程化标准形.
2. 知道递归关系式的矩阵解法.
3. 了解投入产出模型.
4. 知道基于二次型的最优化问题.

知识点归纳

■ 二次方程化标准形

（1）首先对二次型做正交变换，化为标准形.
（2）将变换代入原二次方程进行配方得到标准形.
根据二次方程的标准形可以正确判断它们的形状.

■ 投入产出模型

分析价值型投入产出模型，理解直接消耗系数的概念，将经济学问题转化为数学模型，使用数学方法进行求解，并对投入产出进行分析.

■ 基于二次型的最优化问题

（1）正定性在求极值问题中应用.

计算 f 在 $P'(x_1', x_2', \cdots, x_n')$ 上的偏导数，得到黑塞矩阵

$$A = \begin{pmatrix} \dfrac{\partial^2 f}{\partial x_1^2} & \dfrac{\partial^2 f}{\partial x_1 \partial x_2} & \cdots & \dfrac{\partial^2 f}{\partial x_1 \partial x_n} \\ \dfrac{\partial^2 f}{\partial x_2 \partial x_1} & \dfrac{\partial^2 f}{\partial x_2^2} & \cdots & \dfrac{\partial^2 f}{\partial x_2 \partial x_n} \\ \vdots & \vdots & & \vdots \\ \dfrac{\partial^2 f}{\partial x_n \partial x_1} & \dfrac{\partial^2 f}{\partial x_n \partial x_2} & \cdots & \dfrac{\partial^2 f}{\partial x_n^2} \end{pmatrix}.$$

f 在 $P'(x_1', x_2', \cdots, x_n')$ 取得极值的必要条件是 $\left(\dfrac{\partial f}{\partial x_1}, \dfrac{\partial f}{\partial x_2}, \cdots, \dfrac{\partial f}{\partial x_n}\right)_P'^{\mathrm{T}} = 0$，当 A 正定时 $f_{P'}$ 取极小值，当 A 负定时 $f_{P'}$ 取极大值.

（2）二次型. $f = x^{\mathrm{T}} A x$ 在 $x^{\mathrm{T}} x = 1$ 时的最大值为对称矩阵 A 的最大特征值，此时 x 为相对应的单位化特征向量.

重点与难点

本章主要针对二次方程及经济中的问题进行讲解，难点在于如何将实际问题转化为数学问题，重点是如何运用已有的知识对得到的数学问题进行求解.

典型例题与解析

例 1 将二次圆锥曲线方程 $f(x, y) = 6x^2 - 6xy + 6y^2 - 12x + 9y + 1 = 0$ 化为标准形，并指出它的形状.

【解】 设 $A = \begin{pmatrix} 6 & -3 \\ -3 & 6 \end{pmatrix}$，$\alpha = \begin{pmatrix} x \\ y \end{pmatrix}$，$\beta = \begin{pmatrix} -12 \\ 9 \end{pmatrix}$，

则 $f = \alpha^{\mathrm{T}} A \alpha + \beta^{\mathrm{T}} \alpha + 1$.

计算 A 的特征值：

$$|\lambda E - A| = \begin{vmatrix} \lambda - 6 & 3 \\ 3 & \lambda - 6 \end{vmatrix} = (\lambda - 3)(\lambda - 9),$$

A 的特征值为 $\lambda_1 = 3, \lambda_2 = 9$.

$\lambda_1 = 3$ 对应的单位化特征向量为 $\boldsymbol{\alpha}_1 = \begin{pmatrix} \dfrac{1}{\sqrt{2}} \\ \dfrac{1}{\sqrt{2}} \end{pmatrix},$

$\lambda_2 = 9$ 对应的单位化特征向量为 $\boldsymbol{\alpha}_2 = \begin{pmatrix} \dfrac{1}{\sqrt{2}} \\ -\dfrac{1}{\sqrt{2}} \end{pmatrix}.$

对 $\begin{pmatrix} x \\ y \end{pmatrix}$ 作正交变换, $\begin{pmatrix} x \\ y \end{pmatrix} = \begin{pmatrix} \dfrac{1}{\sqrt{2}} & \dfrac{1}{\sqrt{2}} \\ \dfrac{1}{\sqrt{2}} & -\dfrac{1}{\sqrt{2}} \end{pmatrix} \begin{pmatrix} x_1 \\ y_1 \end{pmatrix}.$

代入 f 得到

$$f = 3\left(x_1 - \frac{1}{2\sqrt{2}}\right)^2 + 9\left(y_1 - \frac{7}{6\sqrt{2}}\right)^2 - \frac{11}{2} = 0,$$

即 $3\left(x_1 - \dfrac{1}{2\sqrt{2}}\right)^2 + 9\left(y_1 - \dfrac{7}{6\sqrt{2}}\right)^2 = \dfrac{11}{2}.$

这是一个椭圆.

例 2 在某国,每年有比例为 p 的农村居民移居城镇,有比例为 q 的城镇居民移居农村.假设该国总人口数不变,且上述人口迁移的规律也不变.把 n 年后农村人口和城镇人口的比例依次记为 x_n 和 $y_n (x_n + y_n = 1)$, 设目前农村人口与城镇人口相等,即 $\begin{pmatrix} x_0 \\ x_y \end{pmatrix} = \begin{pmatrix} 0.5 \\ 0.5 \end{pmatrix},$ 求 $\begin{pmatrix} x_n \\ y_n \end{pmatrix}.$

【解】 根据题意可得

$$\begin{cases} x_n = (1-p)x_n + qy_{n-1} \\ y_n = px_{n-1} + (1-q)y_{n-1} \end{cases},$$

设 $A = \begin{pmatrix} 1-p & q \\ p & 1-q \end{pmatrix}, \boldsymbol{\alpha}_n = A^n \boldsymbol{\alpha}_0.$

$$|\lambda E - A| = \begin{vmatrix} \lambda - 1 + p & -q \\ -p & \lambda - 1 + q \end{vmatrix} = (\lambda - 1)(\lambda - 1 + p + q),$$

A 的特征值为 $\lambda_1 = 1, \lambda_2 = 1 - p - q.$

$\lambda_1 = 1$ 对应的特征向量为 $\boldsymbol{\beta}_1 = \begin{pmatrix} q \\ p \end{pmatrix}$,

$\lambda_2 = 1 - p - q$ 对应的特征向量为 $\boldsymbol{\beta}_2 = \begin{pmatrix} 1 \\ -1 \end{pmatrix}$.

又知 $\boldsymbol{\alpha}_0 = \begin{pmatrix} 0.5 \\ 0.5 \end{pmatrix}$ 可表示为 $\boldsymbol{\alpha}_0 = \dfrac{1}{p+q} \boldsymbol{\beta}_1 + \dfrac{1}{2} \dfrac{p-q}{(p+q)} \boldsymbol{\beta}_2$,

则 $\boldsymbol{\alpha}_n = \boldsymbol{A}^n \boldsymbol{\alpha}_0 = \dfrac{1}{p+q} \boldsymbol{A}^n \boldsymbol{\beta}_1 + \dfrac{p-q}{2(p+q)} \boldsymbol{A}^n \boldsymbol{\beta}_2$

$= \dfrac{1}{p+q} \boldsymbol{\beta}_1 + \dfrac{p-q}{2(p+q)} (1-p-q)^n \boldsymbol{\beta}_2$

$= \begin{pmatrix} \dfrac{q}{p+q} + \dfrac{p-q}{2(p+q)} (1-p-q)^n \\ \dfrac{p}{p+q} - \dfrac{p-q}{2(p-q)} (1-p-q)^n \end{pmatrix}$.

例 3 设某一经济系统在某生产周期内的直接消耗系数矩阵 $\boldsymbol{A}$ 和最终产品列向量 $\boldsymbol{Y}$ 如下:

$$\boldsymbol{A} = \begin{pmatrix} 0.25 & 0.1 & 0.1 \\ 0.2 & 0.2 & 0.1 \\ 0.1 & 0.1 & 0.2 \end{pmatrix}, \boldsymbol{Y} = \begin{pmatrix} 245 \\ 90 \\ 175 \end{pmatrix},$$

求该系统在这一生产周期内的总产值列向量 $\boldsymbol{X}$ 和中间产品 $x_{ij}(i,j = 1,2,3)$.

【解】 由题意得 $(\boldsymbol{E} - \boldsymbol{A})\boldsymbol{X} = \boldsymbol{Y}$,

即 $\begin{pmatrix} 0.75 & -0.1 & -0.1 \\ -0.2 & 0.8 & -0.1 \\ -0.1 & -0.1 & 0.8 \end{pmatrix} \begin{pmatrix} x_1 \\ x_2 \\ x_3 \end{pmatrix} = \begin{pmatrix} 245 \\ 90 \\ 175 \end{pmatrix}$.

解得 $\begin{pmatrix} x_1 \\ x_2 \\ x_3 \end{pmatrix} = \begin{pmatrix} 400 \\ 250 \\ 300 \end{pmatrix}$.

$x_{ij} = a_{ij}x_j$,将 x_1, x_2, x_3 及 $\boldsymbol{A}$ 代入得

$x_{11} = 100, x_{12} = 25, x_{13} = 30,$

$x_{21} = 80, x_{22} = 50, x_{23} = 30,$

$x_{31} = 40, x_{32} = 25, x_{33} = 60.$

例 4 求函数 $f = 3xy - x^3 - y^3$ 的极值.

【解】 对 f 进行求微分,得到

$$\begin{cases} \dfrac{\mathrm{d}f}{\mathrm{d}x} = 3y - 3x^2 = 0 \\ \dfrac{\mathrm{d}f}{\mathrm{d}y} = 3x - 3y^2 = 0 \end{cases},\text{解得}\begin{cases} x_1 = 0 \\ y_1 = 0 \end{cases}\begin{cases} x_2 = 1 \\ y_2 = 1 \end{cases}.$$

f 的两个驻点分别为 $P_1(0,0)$，$P_2(1,1)$.

由黑塞矩阵 $\boldsymbol{A} = \begin{pmatrix} -6x & 3 \\ 3 & -6y \end{pmatrix}$ 知，$\boldsymbol{A}$ 在 $P_1(0,0)$ 处既不是正定的，又不是负定的，故 $P_1(0,0)$ 不是极值点. 在 $P_2(1,1)$ 处，$\boldsymbol{A}$ 是负定的，函数取得最大值，即 $f(1,1) = 1$.

例 5 求 $f = 2x_1^2 + 3x_2^2 + 4x_2x_3 + 3x_3^2$ 在 $x_1^2 + x_2^2 + x_3^2 = 1$ 的条件下的最大特征值以及取得最大特征值的 x_1, x_2, x_3.

【解】 f 的对应矩阵为 $\boldsymbol{A} = \begin{pmatrix} 2 & 0 & 0 \\ 0 & 3 & 2 \\ 0 & 2 & 3 \end{pmatrix}$，

$$|\lambda\boldsymbol{E} - \boldsymbol{A}| = \begin{vmatrix} \lambda-2 & 0 & 0 \\ 0 & \lambda-3 & -2 \\ 0 & -2 & \lambda-3 \end{vmatrix} = (\lambda-2)(\lambda-1)(\lambda-5),$$

故 f 在 $x_1^2 + x_2^2 + x_3^2 = 1$ 条件下的最大特征值为 5.

$(5\boldsymbol{E} - \boldsymbol{A})\boldsymbol{x} = \boldsymbol{0}.$

得单位化特征向量为 $\begin{pmatrix} x_1 \\ x_2 \\ x_3 \end{pmatrix} = \begin{pmatrix} 0 \\ \dfrac{1}{\sqrt{2}} \\ \dfrac{1}{\sqrt{2}} \end{pmatrix}.$

习题解析

习题 7-1

1 解题过程　(1) 记 $\boldsymbol{A} = \begin{pmatrix} 6 & -3 \\ -3 & 6 \end{pmatrix}$，$\boldsymbol{\alpha} = \begin{pmatrix} x \\ y \end{pmatrix}$，$\boldsymbol{\beta}_0 = \begin{pmatrix} -12 \\ 9 \end{pmatrix}$，

则 $f = \boldsymbol{\alpha}^{\mathrm{T}}\boldsymbol{A}\boldsymbol{\alpha} + \boldsymbol{\beta}_0^{\mathrm{T}}\boldsymbol{\alpha} + 1$，$|\lambda\boldsymbol{E} - \boldsymbol{A}| = (\lambda-3)(\lambda-9)$，

A 的特征值为 $\lambda_1 = 3, \lambda_2 = 9$.

$\lambda_1 = 3$ 的单位化向量 $\boldsymbol{\alpha}_1 = \begin{pmatrix} \dfrac{1}{\sqrt{2}} \\ \dfrac{1}{\sqrt{2}} \end{pmatrix}$,

$\lambda_2 = 9$ 的单位化向量 $\boldsymbol{\alpha}_2 = \begin{pmatrix} \dfrac{1}{\sqrt{2}} \\ -\dfrac{1}{\sqrt{2}} \end{pmatrix}$.

作正交变换：$\begin{pmatrix} x \\ y \end{pmatrix} = \begin{pmatrix} \dfrac{1}{\sqrt{2}} & \dfrac{1}{\sqrt{2}} \\ \dfrac{1}{\sqrt{2}} & -\dfrac{1}{\sqrt{2}} \end{pmatrix} \begin{pmatrix} x_1 \\ y_1 \end{pmatrix}$,

则有 $f = 3\left(x_1 - \dfrac{1}{2\sqrt{2}}\right)^2 + 9\left(y_1 - \dfrac{7}{6\sqrt{2}}\right)^2 - \dfrac{11}{2}$,

即方程的标准形为

$$3\left(x_1 - \dfrac{1}{2\sqrt{2}}\right)^2 + 9\left(y_1 - \dfrac{7}{6\sqrt{2}}\right)^2 = \dfrac{11}{2}.$$

它表示的是一个椭圆.

(2) 令 $A = \begin{pmatrix} 1 & -2 \\ -2 & 4 \end{pmatrix}, \boldsymbol{\alpha} = \begin{pmatrix} x \\ y \end{pmatrix}, \boldsymbol{\beta}_0 = \begin{pmatrix} 2 \\ 6 \end{pmatrix}$,

$f = \boldsymbol{\alpha}^{\mathrm{T}} A \boldsymbol{\alpha} + \boldsymbol{\beta}_0^{\mathrm{T}} \boldsymbol{\alpha} + 5$,

$|\lambda E - A| = \begin{pmatrix} \lambda - 1 & 2 \\ 2 & \lambda - 4 \end{pmatrix} = \lambda(\lambda - 5)$,

A 的特征值为 $\lambda_1 = 0, \lambda_2 = 5$.

$\lambda_1 = 0$ 对应的单位化向量为 $\boldsymbol{\alpha}_1 = \begin{pmatrix} \dfrac{2}{\sqrt{5}} \\ \dfrac{1}{\sqrt{5}} \end{pmatrix}$, $\lambda_2 = 5$ 对应的单位化向量

为 $\boldsymbol{\alpha}_2 = \begin{pmatrix} -\dfrac{1}{\sqrt{5}} \\ \dfrac{2}{\sqrt{5}} \end{pmatrix}$.

则 $\begin{pmatrix} x \\ y \end{pmatrix} = \begin{pmatrix} \dfrac{2}{\sqrt{5}} & -\dfrac{1}{\sqrt{5}} \\ \dfrac{1}{\sqrt{5}} & \dfrac{2}{\sqrt{5}} \end{pmatrix} \begin{pmatrix} x_1 \\ y_1 \end{pmatrix}$,

$$f = 5\left(y_1 + \frac{1}{\sqrt{5}}\right)^2 + 2\sqrt{5}\,x_1 + 4 = 0,$$

方程标准形为 $x_1 + \dfrac{2}{\sqrt{5}} = -\dfrac{\sqrt{5}}{2}\left(y_1 + \dfrac{1}{\sqrt{5}}\right)^2$.

则方程表示抛物线.

2 **解题**过程　(1) 令 $\boldsymbol{A} = \begin{pmatrix} 2 & -2 & 0 \\ -2 & 1 & -2 \\ 0 & -2 & 0 \end{pmatrix}, \boldsymbol{x} = \begin{pmatrix} x_1 \\ x_2 \\ x_3 \end{pmatrix}, \boldsymbol{\alpha} = \begin{pmatrix} 6 \\ 0 \\ -3 \end{pmatrix},$

$$f = \boldsymbol{x}^{\mathrm{T}}\boldsymbol{A}\boldsymbol{x} + \boldsymbol{\alpha}^{\mathrm{T}}\boldsymbol{x} + 1,$$

$$|\lambda\boldsymbol{E} - \boldsymbol{A}| = \begin{vmatrix} \lambda - 2 & 2 & 0 \\ 2 & \lambda - 1 & 2 \\ 0 & 2 & \lambda \end{vmatrix} = (\lambda - 1)(\lambda + 2)(\lambda - 4),$$

$\boldsymbol{A}$ 的特征值为 $\lambda_1 = 1, \lambda_2 = 4, \lambda_3 = -2$.

$\lambda_1 = 1$ 对应的单位化向量 $\boldsymbol{\alpha}_1 = \begin{pmatrix} \dfrac{2}{3} \\[2mm] \dfrac{1}{3} \\[2mm] -\dfrac{2}{3} \end{pmatrix},$

$\lambda_2 = 4$ 对应的单位化向量 $\boldsymbol{\alpha}_2 = \begin{pmatrix} \dfrac{2}{3} \\[2mm] -\dfrac{2}{3} \\[2mm] \dfrac{1}{3} \end{pmatrix},$

$\lambda_3 = -2$ 对应的单位化向量 $\boldsymbol{\alpha}_3 = \begin{pmatrix} \dfrac{1}{3} \\[2mm] \dfrac{2}{3} \\[2mm] \dfrac{2}{3} \end{pmatrix}.$

进行正交变换 $\begin{pmatrix} x_1 \\ x_2 \\ x_3 \end{pmatrix} = \begin{pmatrix} \dfrac{2}{3} & \dfrac{2}{3} & \dfrac{1}{3} \\[2mm] \dfrac{1}{3} & -\dfrac{2}{3} & \dfrac{2}{3} \\[2mm] -\dfrac{2}{3} & \dfrac{1}{3} & \dfrac{2}{3} \end{pmatrix} \begin{pmatrix} y_1 \\ y_2 \\ y_3 \end{pmatrix}.$

则 $f = (y_1 + 3)^2 + 4(y_2 + \frac{3}{8})^2 - 2y_3^2 - \frac{137}{16} = 0,$

标准形方程 $(y_1 + 3)^2 + 4(y_2 + \frac{3}{8})^2 - 2y_3^2 = \frac{137}{16}.$

这是单叶双曲面.

(2) 令 $\boldsymbol{A} = \begin{pmatrix} 4 & 0 & 0 \\ 0 & -6 & -2 \\ 0 & -2 & -6 \end{pmatrix}, \boldsymbol{x} = \begin{pmatrix} x_1 \\ x_2 \\ x_3 \end{pmatrix}, \boldsymbol{\alpha} = \begin{pmatrix} -4 \\ 4 \\ 4 \end{pmatrix},$

则 $f = \boldsymbol{x}^{\mathrm{T}} \boldsymbol{A} \boldsymbol{x} + \boldsymbol{\alpha}^{\mathrm{T}} \boldsymbol{x} - 5,$

$|\lambda \boldsymbol{E} - \boldsymbol{A}| = (\lambda + 4)(\lambda - 4)(\lambda + 8),$

$\lambda_1 = 4$ 对应的单位化向量为 $\boldsymbol{\xi}_1 = \begin{pmatrix} 1 \\ 0 \\ 0 \end{pmatrix},$

$\lambda_2 = -4$ 对应的单位化向量为 $\boldsymbol{\xi}_2 = \begin{pmatrix} 0 \\ \dfrac{1}{\sqrt{2}} \\ -\dfrac{1}{\sqrt{2}} \end{pmatrix},$

$\lambda_3 = -8$ 对应的单位化向量为 $\boldsymbol{\xi}_3 = \begin{pmatrix} 0 \\ \dfrac{1}{\sqrt{2}} \\ \dfrac{1}{\sqrt{2}} \end{pmatrix}.$

正交变换 $\begin{pmatrix} x_1 \\ x_2 \\ x_3 \end{pmatrix} = \begin{pmatrix} 1 & 0 & 0 \\ 0 & \dfrac{1}{\sqrt{2}} & \dfrac{1}{\sqrt{2}} \\ 0 & -\dfrac{1}{\sqrt{2}} & \dfrac{1}{\sqrt{2}} \end{pmatrix} \begin{pmatrix} y_1 \\ y_2 \\ y_3 \end{pmatrix},$ 则

$f = 4(y_1 - \frac{1}{2})^2 - 4y_2^2 - 8(y_3 - \frac{\sqrt{2}}{4})^2 - 5 = 0,$

得标准形方程 $4(y_1 - \frac{1}{2})^2 - 4y_2^2 - 8(y_3 - \frac{\sqrt{2}}{4})^2 = 5.$

表示双叶双曲面.

■ 习题 7 − 2

1 解题过程　设 B_n 为登上 n 级台阶的方式数,则由题意知

$B_1 = 1, B_2 = 2, B_{n+2} = B_n + B_{n+1}$,

则 $\begin{pmatrix} B_{n+2} \\ B_{n+1} \end{pmatrix} = \begin{vmatrix} 1 & 1 \\ 1 & 0 \end{vmatrix} \begin{pmatrix} B_{n+1} \\ B_n \end{pmatrix}$.

已知 $\boldsymbol{\alpha}_n = \begin{pmatrix} B_{n+1} \\ B_n \end{pmatrix}, \boldsymbol{A} = \begin{pmatrix} 1 & 1 \\ 1 & 0 \end{pmatrix}, \boldsymbol{\alpha}_{n+1} = \boldsymbol{A}\boldsymbol{\alpha}_n$,

$\boldsymbol{\alpha}_n = \boldsymbol{A}^{n-1}\boldsymbol{\alpha}_1$,

求得 $\boldsymbol{A}$ 的特征值为 $\lambda_1 = \dfrac{1+\sqrt{5}}{2}, \lambda_2 = \dfrac{1-\sqrt{5}}{2}$.

对应特征向量为 $\boldsymbol{\xi}_1 = \begin{pmatrix} \lambda_1 \\ 1 \end{pmatrix}, \boldsymbol{\xi}_2 = \begin{pmatrix} \lambda_2 \\ 1 \end{pmatrix}$.

则 $\boldsymbol{\alpha}_1 = \begin{pmatrix} 2 \\ 1 \end{pmatrix} = \dfrac{5+3\sqrt{5}}{10}\boldsymbol{\xi}_1 + \dfrac{5-3\sqrt{5}}{10}\boldsymbol{\xi}_2$.

故 $\boldsymbol{\alpha}_n = \dfrac{5+3\sqrt{5}}{10}\lambda_1^{n-1}\boldsymbol{\xi}_1 + \dfrac{5-3\sqrt{5}}{10}\lambda_2^{n-1}\boldsymbol{\xi}_2$,

$B_n = \dfrac{5+3\sqrt{5}}{10}\left(\dfrac{1+\sqrt{5}}{2}\right)^{n-1} + \dfrac{5-3\sqrt{5}}{10}\left(\dfrac{1-\sqrt{5}}{2}\right)^{n-1}$.

2 解题过程　　$u_{n+2} = u_{n+1} + 2u_n$ 可表示为

$$\begin{cases} u_{n+2} = u_{n+1} + 2u_n, \\ u_{n+1} = u_{n+1} \end{cases},$$

令 $\boldsymbol{\alpha}_n = \begin{pmatrix} u_{n+1} \\ u_n \end{pmatrix}, \boldsymbol{A} = \begin{pmatrix} 1 & 2 \\ 1 & 0 \end{pmatrix}, \boldsymbol{\alpha}_1 = \begin{pmatrix} 1 \\ 0 \end{pmatrix}$,

则 $\boldsymbol{\alpha}_n = \boldsymbol{A}\boldsymbol{\alpha}_{n-1} = \cdots = \boldsymbol{A}^{n-1}\boldsymbol{\alpha}_1$

解得 $\boldsymbol{A}$ 的特征根为 $\lambda_1 = 2, \lambda_2 = 1$.

对应特征向量分别为

$\boldsymbol{\xi}_1 = \begin{pmatrix} 2 \\ 1 \end{pmatrix}, \boldsymbol{\xi}_1 = \begin{pmatrix} 1 \\ -1 \end{pmatrix}$.

$\boldsymbol{\alpha}_1 = \begin{pmatrix} 1 \\ 0 \end{pmatrix} = \dfrac{1}{3}\boldsymbol{\xi}_1 + \dfrac{1}{3}\boldsymbol{\xi}_2$,

代入 $\boldsymbol{\alpha}_n$ 得

$\boldsymbol{\alpha}_n = \boldsymbol{A}^{n-1}(\dfrac{1}{3}\boldsymbol{\xi}_1 + \dfrac{1}{3}\boldsymbol{\xi}_2) = \dfrac{1}{3} \cdot 2^{n-1}\boldsymbol{\xi}_1 + \dfrac{1}{3} \cdot (-1)^{n-1}\boldsymbol{\xi}_2$,

故 $u_n = \dfrac{1}{3}\left[2^{n-1} + (-1)^n\right]$.

3 解题过程　　由题意得

$$\begin{cases} a_{n+2} = \dfrac{1}{2}a_{n+1} + \dfrac{1}{2}a_n, \\ a_{n+1} = a_{n+1} \end{cases}$$

记 $\boldsymbol{\alpha}_n = A\boldsymbol{\alpha}_{n-1} = \cdots = A^{n-1}\boldsymbol{\alpha}_1$,

解得 A 的特征根为 $\lambda_1 = 1, \lambda_2 = -\dfrac{1}{2}$.

对应特征向量为 $\boldsymbol{\xi}_1 = \begin{pmatrix} 1 \\ 1 \end{pmatrix}, \boldsymbol{\xi}_2 = \begin{bmatrix} \dfrac{1}{2} \\ -1 \end{bmatrix}$.

则 $\boldsymbol{\alpha}_1 = \dfrac{1}{3}\boldsymbol{\xi}_1 + \dfrac{1}{3}\boldsymbol{\xi}_2$,代入 $\boldsymbol{\alpha}_n$

$$\boldsymbol{\alpha}_n = A^{n-1}\boldsymbol{\alpha}_1 = A^{n-1}\left(\dfrac{1}{3}\boldsymbol{\xi}_1 + \dfrac{1}{3}\boldsymbol{\xi}_2\right)$$

$$= \dfrac{1}{3}\lambda_1^{n-1}\boldsymbol{\xi}_1 + \dfrac{1}{3}\lambda_2^{n-1}\boldsymbol{\xi}_2$$

$$= \dfrac{1}{3}\boldsymbol{\xi}_1 + \dfrac{1}{3}\cdot\left(-\dfrac{1}{2}\right)^{n-1}\boldsymbol{\xi}_2,$$

即 $\boldsymbol{\alpha}_n = \dfrac{1}{3}\left[1 + \dfrac{(-1)^n}{2^{n-1}}\right]$,

$\lim\limits_{n\to\infty}\boldsymbol{\alpha}_n = \dfrac{1}{3}$.

■ 习题 7-3

1 解题过程

(1) $y_1 = 400 - 100 - 25 - 30 = 245$;

$y_2 = 250 - 80 - 50 - 30 = 90$;

$y_3 = 300 - 40 - 25 - 60 = 175$.

(2) $z_1 = 400 - 100 - 80 - 40 = 180$;

$z_2 = 250 - 25 - 50 - 25 = 150$;

$z_3 = 300 - 30 - 30 - 60 = 180$.

(3) 直接消耗系数矩阵

$$A = \begin{pmatrix} \dfrac{100}{400} & \dfrac{25}{250} & \dfrac{30}{300} \\ \dfrac{80}{400} & \dfrac{50}{250} & \dfrac{30}{300} \\ \dfrac{40}{400} & \dfrac{25}{250} & \dfrac{60}{300} \end{pmatrix} = \begin{pmatrix} 0.25 & 0.1 & 0.1 \\ 0.2 & 0.2 & 0.1 \\ 0.1 & 0.1 & 0.2 \end{pmatrix}.$$

2 解题过程 $(1)\boldsymbol{A}=\begin{pmatrix} 0.10 & 0.44 & 0.33 \\ 0.04 & 0.06 & 0.13 \\ 0.02 & 0.06 & 0.27 \end{pmatrix}.$

$$(2)\boldsymbol{C}=(\boldsymbol{E}-\boldsymbol{A})^{-1}-\boldsymbol{E}=\begin{pmatrix} 0.9 & -0.44 & -0.33 \\ -0.04 & 0.94 & -0.13 \\ -0.02 & -0.06 & 0.73 \end{pmatrix}^{-1}-\boldsymbol{E}$$

$$=\begin{pmatrix} 0.17 & 0.571 & 0.563 \\ 0.054 & 0.104 & 0.223 \\ 0.035 & 0.106 & 0.391 \end{pmatrix}.$$

3 解题过程   由题意知 $\boldsymbol{Y}=\begin{pmatrix} 60 \\ 55 \\ 120 \end{pmatrix}$, $\boldsymbol{X}=(\boldsymbol{E}-\boldsymbol{A})^{-1}\boldsymbol{Y}$

$$即\ \boldsymbol{X}=\begin{pmatrix} 0.8 & -0.2 & -0.3125 \\ -0.14 & 0.85 & -0.25 \\ -0.16 & -0.5 & 0.8125 \end{pmatrix}^{-1}\begin{pmatrix} 60 \\ 55 \\ 120 \end{pmatrix}=\begin{pmatrix} 250 \\ 200 \\ 320 \end{pmatrix}.$$

得到 $x_1=250, x_2=200, x_3=320.$

4 解题过程 $(1)\boldsymbol{X}=(\boldsymbol{E}-\boldsymbol{A})^{-1}\boldsymbol{Y}=\begin{pmatrix} 879.5 \\ 1023.85 \\ 1232.22 \end{pmatrix}.$

$$(2)\ \Delta\boldsymbol{Y}=\begin{pmatrix} 40 \\ 20 \\ 25 \end{pmatrix}.$$

最终增加后的总产品为

$$\boldsymbol{X}+\Delta\boldsymbol{X}=\boldsymbol{X}+(\boldsymbol{E}-\boldsymbol{A})^{-1}\Delta\boldsymbol{Y}=\begin{pmatrix} 1031.59 \\ 1174.48 \\ 1414.65 \end{pmatrix}.$$

5 解题过程   计划期投入产出表:

（单位：万元）

产出 投入		消耗部门			终产品	总产品
		I	II	III		
生产部门	I	224	120	80	216	640
	II	96	80	48	176	400
	III	128	40	32	120	320
新创造价值		192	160	160		
总产值		640	400	320		

习题 7−4

1 解题过程　用克拉默法求解得

$$\begin{cases} P_1 = Q_2 - Q_1 + 2 \\ P_2 = Q_1 - 2Q_2 + 20 \end{cases},$$

厂商的总收入函数为

$$\begin{aligned} R &= P_1 Q_1 + P_2 Q_2 \\ &= (Q_2 - Q_1)Q_1 + (Q_1 - 2Q_2 + 20)Q_2 \\ &= 2Q_1 Q_2 + 2Q_1 + 20Q_2 - Q_1^2 - 2Q_2^2, \end{aligned}$$

总成本函数为

$$C = Q_1^2 + 2Q_2^2 + 10,$$

利润函数为

$$\pi = R - C = 2Q_1 Q_2 + 2Q_1 + 20Q_2 - 2Q_1^2 - 4Q_2^2 - 10,$$

$$\begin{cases} \pi'_{Q_1} = 2Q_2 - 4Q_1 + 2 = 0 \\ \pi'_{Q_2} = 2Q_1 - 8Q_2 + 20 = 0 \end{cases},$$

由 $\pi''_{Q_1 Q_1} = -4, \pi''_{Q_1 Q_2} = 2, \pi''_{Q_2 Q_1} = 2, \pi''_{Q_2 Q_2} = -8,$

解得 $\begin{cases} \overline{Q}_1 = 2 \\ \overline{Q}_2 = 3 \end{cases}.$

$$\boldsymbol{H} = \begin{pmatrix} -4 & 2 \\ 2 & -8 \end{pmatrix}, \boldsymbol{H} \text{ 是负定的}.$$

当 $(\overline{Q}_1, \overline{Q}_2) = (2, 3)$ 时，单位时间最大利润 $\overline{\pi} = 22$.

2 解题过程　根据题意得

利润 $L(x,y) = 100Q - 20x - 30y - 1000$

$= 1000xy + 2000x + 3000y - 1000x^2 - 500y^2 - 1000.$

$$\begin{cases} L'_x = 1000y - 2000x + 2000 = 0 \\ L'_y = 1000x - 1000y + 3000 = 0 \end{cases},$$

解得 $\begin{cases} x = 5 \\ y = 8 \end{cases}$.

$H = \begin{pmatrix} -2000 & 1000 \\ 1000 & -1000 \end{pmatrix}$,得 H 是负定的.

故 $L_{\max} = 16000$,此时 $(x,y) = (5,8)$.

3 解题过程

(1) f 的对应矩阵为 $A = \begin{pmatrix} 5 & 2 & 0 \\ 2 & 6 & -2 \\ 0 & -2 & 7 \end{pmatrix}$,

$$|\lambda E - A| = \begin{vmatrix} \lambda - 5 & -2 & 0 \\ -2 & \lambda - 6 & 2 \\ 0 & 2 & \lambda - 7 \end{vmatrix} = (\lambda - 3)(\lambda - 6)(\lambda - 9),$$

f 在 $x^T x = 1$ 下最大特征值为 9.

解方程组 $(9E - A)x = 0$,得单位化特征向量为

$$\xi = \begin{pmatrix} -\dfrac{1}{3} \\ -\dfrac{2}{3} \\ \dfrac{2}{3} \end{pmatrix}.$$

(2) f 的对应矩阵为 $A = \begin{pmatrix} 5 & -2 \\ -2 & 5 \end{pmatrix}$,

$$|\lambda E - A| = \begin{vmatrix} \lambda - 5 & 2 \\ 2 & \lambda - 5 \end{vmatrix} = (\lambda - 3)(\lambda - 7),$$

f 在 $x^T x = 1$ 下最大特征值为 7.

解 $(7E - A)x = 0$,得单位化特征向量为

$$\xi = \begin{pmatrix} -\dfrac{1}{\sqrt{2}} \\ \dfrac{1}{\sqrt{2}} \end{pmatrix}.$$

小结

1. 二次方程难以判断其形状,将其化为标准形则可直接得到.

2. 经济中常见的投入产出问题可转化为数学问题来解决.

3. 函数在限定条件下的极值问题.